David Chamberlain · *Woran Babys sich erinnern*

David Chamberlain

Woran Babys sich erinnern

Die Anfänge unseres Bewußtseins im Mutterleib

Kösel

Übersetzung aus dem Amerikanischen: Ingeborg Andreas-Hoole, München.
Die Originalausgabe erschien unter dem Titel »Babies Remember Birth. And Other Extraordinary Scientific Discoveries about the Mind and Personality of Your Newborn« bei Jeremy P. Tarcher, Inc., Los Angeles.

Für Donna Snouffer Chamberlain,
die bei diesem Buch Geburtshilfe geleistet hat

ISBN 3-466-34249-X

1 2 3 4 5 6 · 95 94 93 92 91 90

Inhalt

»Die Geschichte des Menschen während der neun Monate, die seiner Geburt vorausgehen, wäre wahrscheinlich viel interessanter und enthielte folgenschwerere Ereignisse als sämtliche sieben Jahrzehnte, die auf seine Geburt folgen.«

Samuel Taylor Coleridge, 1840

Einführung:
Wie Neugeborene wirklich sind

Was sehen wir eigentlich, wenn wir ein neugeborenes Baby betrachten, das uns mit glänzenden Augen unverblümt ins Gesicht starrt? Ist das wirklich schon eine Person? Hat dieses Baby, das schweigend die Stirn runzelt oder vor Wutgebrüll krebsrot anläuft, Gedanken und Gefühle? Dafür, daß es so winzig ist, kann sich ein Neugeborenes bemerkenswert lautstark und eindringlich Gehör verschaffen, aber will es uns damit tatsächlich etwas sagen?

Bis vor kurzem gab es über Neugeborene viele Theorien, aber wenig erwiesene Tatsachen. Unzählige Jahrhunderte lang trennte ein Abgrund der Unwissenheit die Neugeborenen vom Rest der Menschheit. So nahe wir ihnen auch waren, wir wußten doch nicht, um was für erstaunliche Wesen es sich handelte. Die gängige Meinung über Babys gründete sich auf ihre offensichtliche Winzigkeit in bezug auf Größe, Gewicht und Muskelkraft. Folglich galten Babys als – zuweilen anbetungswürdige – halbtierische oder vormenschliche Wesen ohne irgendwelche Fähigkeiten, teilnahms- und gefühllos, und man behandelte sie auch so. Die Wissenschaft des 20. Jahrhunderts war allen Ernstes der Ansicht, das Schreien von Babys sei ein »zufälliges« Geräusch, ihr Lächeln inhaltslos und ihre Weise, Schmerz auszudrücken, einfach ein »Reflex«. Falsche Informationen über Neugeborene haben das Elternsein schwerer und das Babydasein trauriger gemacht.

Für die Babys ist eine freundlichere Zukunft angebrochen. In den letzten fünfundzwanzig Jahren ist die Forschung über Neugeborene stürmisch vorangeschritten. Nie zuvor war das

Interesse am Neugeborenen so groß; gleichzeitig wurden beträchtliche öffentliche und private Gelder in die Forschung investiert und neue Untersuchungsmethoden entwickelt. Herausgekommen dabei sind neue, oft überraschende Erkenntnisse. Zu unserem immer breiteren Wissen über das Neugeborene tragen verschiedene Forschungsgebiete bei, von der Embryologie bis zur Psychologie.

Da der Großteil dieser Informationen in der Sprache von Spezialisten abgefaßt ist und vor allem in akademischen Bibliotheken zu finden ist, hatten bisher nur wenige Eltern Zugang dazu oder Zeit und Gelegenheit, die einzelnen Erkenntnisse zu einem Ganzen zusammenzusetzen. In diesem Buch habe ich die wichtigsten Fakten dieses ausgedehnten Schrifttums für eine allgemeine Leserschaft zusammengetragen, vor allem für junge oder künftige Eltern. Es ist nicht mit Anmerkungen für den wissenschaftlichen Gebrauch ausgestattet, aber der interessierte Leser findet ab Seite 270 Quellenhinweise und Literaturangaben zu jedem Kapitel.

Die führenden Forscher stimmen heutzutage ein Loblied auf die Neugeborenen an. Der Harvardwissenschaftler T. Berry Brazelton findet sie »talentiert«, Hanus Papousek, ein deutscher Pionier der Säuglingsforschung, bezeichnet sie als »frühreif«, der berühmte Kinderarzt Marshall Klaus nennt sie »erstaunlich«. Tom Bower von der Universität Edinburgh, einer der produktivsten Forscher auf diesem Gebiet, schreibt Neugeborenen »höchste Kompetenz« in bezug auf Wahrnehmung, Lernfähigkeit und Kommunikation zu.

Babys sind in unserem Jahrhundert sozusagen ihren Kinderschuhen entwachsen. Weil so viel entdeckt worden ist und der Ball gerade erst ins Rollen kommt, wird unser Jahrhundert, wie ich glaube, zur Ära des Neugeborenen werden, zur Epoche, in der wir endlich ein vollständiges und auf Tatsachen gegründetes Wissen darüber erlangen, wer diese Wesen wirklich sind.

Zu Beginn dieses Jahrhunderts zählte man auf der ganzen Welt nur eine Handvoll wissenschaftlicher Arbeiten zum Thema Neugeborene. Mitte dieses Jahrunderts konnte man bereits fast fünfhundert zitieren. In den sechziger und siebziger Jahren mußte ein Überblick über diese Literatur plötzlich mindestens zweitausend Bücher und Studien berücksichtigen. Und diese explosionsartige Zunahme an Informationen hält immer noch an. Säuglinge wurden innen und außen vermessen, mit Kameras gefilmt, die eine bis auf die Mikrosekunde genaue Analyse ermöglichen, stundenlang unausgesetzt beobachtet und in ausgeklügelten Experimenten untersucht. Das Ergebnis: Sie nehmen ständig Informationen auf und lernen aus ihren Erfahrungen auf recht ähnliche Weise wie wir.

Eine der aufregendsten Erkenntnisse dieser neuen Forschungen ist darin zu sehen, daß viele kindliche Fähigkeiten für immer frühere Altersstufen nachgewiesen werden konnten. Entwicklungspläne mit Angaben darüber, in welchem Alter mit dem Auftreten bestimmter Fähigkeiten zu rechnen ist, mußten immer wieder revidiert, die Zeitangaben immer näher an die Geburt herangerückt werden. Viele Fähigkeiten sind angeboren und schon wie beim Erwachsenen ausgeprägt, was die Forscher überraschte und viele Theorien über den Haufen warf. Eine Grundregel der Entwicklungspsychologie – daß jedes komplexe Verhalten als einfache Struktur beginnen und sich allmählich entwickeln müsse – ist heute veraltet. Es überrascht, daß viele Verhaltensweisen *von Anfang an* komplex sind.

Es hat sich erwiesen, daß viele unserer gängigen Meinungen über Babys falsch sind. Wir haben ihre Fähigkeiten mißverstanden und unterschätzt. Sie sind keine simplen Wesen, sondern komplex und alterslos – kleine Geschöpfe mit unerwartet großen Gedanken.

Babys wissen mehr, als man ihnen bisher zugestand. Minuten nach der Geburt kann ein Baby das Gesicht seiner Mutter – das es nie gesehen hat – aus einer ganzen Fotogalerie herausfinden. Babys erkennen das Geschlecht anderer Babys, auch wenn sie »verkehrt« angezogen sind, sobald sie sich bewegen; Erwachsene schaffen das nicht. Babys stecken voller Neugier und Lerneifer. Bedenken Sie einmal, wie reibungslos die Sinne bei der Geburt aufeinander eingespielt sind: Die Augen drehen sich mit dem Kopf in Richtung eines Geräuschs; die Hände werden gehoben, um die Augen vor grellem Licht zu schützen; liegt das Baby zum ersten Mal an der Brust, kann es saugen und in perfekter Gleichzeitigkeit dazu atmen.

Auch das Neuland des Lebens *vor* der Geburt ist wie nie zuvor vermessen worden. Rasterelektronenmikroskope, Fiberoptik, Speziallinsen, Ultraschallaufnahmen und andere Meßgeräte und Labortechniken bringen das Zauberkunststück fertig, daß wir uns heute ein umfassendes Bild davon machen können, wie sich jeder einzelne Teil des körperlichen Systems vor der Geburt entwickelt. Diese Entdeckungen haben unser Verständnis der vielen Fähigkeiten des Neugeborenen vertieft.

Die Neurologen haben den Zeitplan offengelegt, nach dem sich das gesamte Nervensystem entwickelt. Zum Beispiel konnte man nachweisen, daß der Geschmackssinn etwa vierzehn Wochen nach der Befruchtung zu funktionieren beginnt, das Gehör nach etwa zwanzig Wochen. Schon nach acht Wochen zeigt ein Fötus wiederkehrende Reaktionen, wenn man ihm mit einem feinen Haar über die Wange streicht, woraus man folgern kann, daß der Tastsinn bereits funktioniert. Während der Schwangerschaft werden alle Strukturen aufgebaut, die es dem Neugeborenen ermöglichen, den Geruchssinn genauso gut wie ein Erwachsener zu benutzen. Ähnliche Vorbereitungen finden statt, damit der Gesichtssinn vielseitig eingesetzt werden kann. Auch ein *Ler-*

nen vor der Geburt konnte in wissenschaftlich korrekten Experimenten nachgewiesen werden.

Unzählige Forschungsergebnisse liefern den wissenschaftlichen Beweis dafür, was viele Eltern und Großeltern schon immer wußten: Neugeborene sind wirkliche Persönlichkeiten. Die Begeisterung der Eltern über die Fähigkeiten ihrer Neugeborenen wurde früher als Eitelkeit, Voreingenommenheit oder Einbildung abgetan. Jetzt bestätigt die Wissenschaft, daß Babys soziale Wesen sind, die enge Beziehungen herstellen können, sich prägnant ausdrücken, ihre Vorlieben klarmachen und von Anfang an ihre Mitmenschen zu beeinflussen beginnen. Sie sind in der Lage, komplexe Informationen aus vielen Quellen zu verarbeiten und, mit der Unterstützung anderer, sich selbst und ihre Umgebung zu steuern.

Märchen über Neugeborene

Babys haben keine Gefühle. Einige Kinderschwestern und Ärzte reden den Eltern immer noch ein, ihre Babys hätten keine Gefühle – sie würden bei medizinischen Eingriffen nicht leiden oder ihre Mutter vermissen, wenn sie auf die Säuglingsstation gebracht werden. Man hielt es früher nicht für nötig, Säuglinge bei Operationen zu betäuben. Kreißsäle, Instrumente zur Geburtshilfe und Krankenhausroutine stammen aus Zeiten, bevor man an die Empfindungsfähigkeit von Babys glaubte, und wurden entsprechend ohne Rücksicht auf ihr Wohlbefinden entwickelt. Die Räume sind kalt, die Lampen grell, die Liegeflächen hart und eben, der Geräuschpegel hoch, der Umgang mit den Neugeborenen so, daß sie ganz aus der Fassung geraten. Neugeborene werden routinemäßig erschüttert und verletzt.

Generationenlang wurde ein unglücklicher Teil neugeborener Jungen aus vermeintlich »medizinischen« Gründen (die heute unhaltbar sind), oder auch aus »religiösen«, »kulturellen« oder kosmetischen Gründen beschnitten. Ich kann nur annehmen, daß die Eltern dies in dem irrigen Glauben hinnahmen, der kleine Junge wüßte nicht, daß er gefoltert wird. Er weiß es sehr wohl.

Hält man Babys für gefühllose Wesen, werden sie leicht zum »Opfer«, zur Unperson mit minimalen Rechten. Eine frühere, tödliche Variante dieser Ansicht rechtfertigte den Kindermord (meist an Mädchen), der den größten Teil der Menschheitsgeschichte hindurch weit verbreitet war. Heute ist Kindesmißhandlung, die einst geheime Gewalt der Eltern, dem Licht der Öffentlichkeit ausgesetzt. Säuglinge und Kleinkinder sind vielleicht die letzte Personengruppe, die gründlich mißverstanden, benachteiligt und mißhandelt wird.

1975 forderte der französische Geburtshelfer Frédérick Leboyer ein Umdenken: die Geburt ohne Gewalt. Seine Kollegen leugneten die Notwendigkeit für Veränderungen und verkündeten öffentlich den alten Irrglauben, Babys hätten keine echten Gefühle oder nähmen keinen wirklichen Anteil am Geschehen. Die neu entdeckte Wahrheit ist, daß neugeborene Babys im Besitz aller Sinneskräfte sind und sie genauso gebrauchen wie der Rest der Menschheit. Ihre Schmerzensschreie sind echt. Babys sind nicht gefühllos; *wir* waren gefühllos.

Kümmerliche Denkfähigkeit. Wahrscheinlich den größten Schaden richten jene Legenden an, die das Gehirn der Neugeborenen betreffen. Man schloß von der nur grob ausgebildeten Anatomie des Gehirns bei der Geburt darauf, es sei »primitiv« und unterentwickelt. Und weil es nur etwa ein Viertel des Gewichts und Volumens eines Erwachsenengehirns hat, sei es unfähig, die »höheren« Funktionen von Denken, Absicht und Erinnern auszuführen.

Ein Jahrhundert lang beherrschte diese Fehlmeinung sowohl

die Medizin wie auch die Psychologie und rechtfertigte die rauhen Methoden in der Geburtshilfe und bei den kinderärztlichen Untersuchungen des Babys, die als normaler Teil der Geburt akzeptiert sind. Ohne Gehirn könnten Babys keine Erfahrungen machen, keine persönliche Geschichte aufbauen, kein Bewußtsein ihrer selbst oder Intelligenz besitzen – sie könnten in der Tat nicht wirklich *da* sein. Dieser Irrglaube hat den Beginn aktiver Elternschaft künstlich hinausgezögert und verhindert, daß Neugeborene in der öffentlichen Meinung als Personen anerkannt werden. Die Begründung dafür war folgende: Kein Gehirn, keine Person; keine Person, keine Notwendigkeit, sich um sie zu kümmern.

Rückblickend betrachtet begingen die Gehirnspezialisten einen der klassischen Irrtümer der Wissenschaft: Sie sezierten das Gehirn, um herauszufinden, wie es funktioniert. Das Problem dabei ist, daß das Gehirn nur funktioniert, wenn es intakt ist. Einzelne Teile sind nicht das System. Gravierend war auch der Irrtum, das Gehirn losgelöst von seinen Verbindungen mit zwei anderen Systemen zu untersuchen, dem System endokriner Drüsen und dem Immunsystem. Die Medizin spaltete sich hier offiziell in drei Spezialgebiete auf: Neurologie, Endokrinologie und Immunologie. Die heutige Forschung zeigt, daß alle drei Teilsysteme in einem einzigen »fließenden« zentralen Intelligenzsystem bestens miteinander verbunden sind.

Daß das ganze Gehirn mehr ist als die Summe seiner Teile, läßt sich schön an einem Streit zeigen, der sich über Jahrzehnte hinzog. Es ging dabei um die Myelinscheiden, die die Nervenstränge isolieren. Ich selbst bin hier gegen eine Mauer geprallt, als ich begann, meinen Kollegen von den Geburtserinnerungen zu erzählen, von denen mir meine Patienten berichteten. Sofort kam die Reaktion: Solche Erinnerungen sind unmöglich, weil bei der Geburt die Myelinscheiden noch nicht vollständig entwickelt sind und Signale daher noch nicht richtig durch das Nervensystem übertragen werden können. Wahr ist vielmehr, daß die Myelinisierung an einigen Stellen bereits wenige Wochen nach der Befruchtung beginnt, aber erst in der Pubertät beendet ist. Sie ist kein Maßstab dafür, was das Gehirn eines Babys leisten kann.

Bauteile-Gehirn. Ein weiteres grundlegendes Mißverständnis ist der Vergleich des Gehirn eines Neugeborenen mit einer Maschine, die gerade zusammengebaut wird und erst dann funktionieren kann, wenn das letzte Teil montiert ist. Dieser Irrtum wurde noch durch die Ansicht verschärft, daß die zuerst gebildeten Gehirnteile »primitiv« und weniger wertvoll seien, die zuletzt entwickelten aber komplizierter und wichtiger. Das ist bestenfalls eine Halbwahrheit, die aber Wissenschaftler wie Eltern daran hinderte, vorgeburtliche Intelligenz wahrzunehmen, und unmenschliche Geburtspraktiken rechtfertigte. Wenn die komplexen, »höherstehenden« Teile des Gehirns noch nicht entwickelt seien, so wurde argumentiert, könne das Baby ja noch keine bedeutungsvollen Erfahrungen machen. Erinnerungen und Lernprozesse kamen da gar nicht in Frage.

Die Großhirnrinde, die beiden symmetrischen Gebilde auf der rechten und linken Seite ganz oben am Gehirn, wird zuletzt ausgebildet und besitzt jene speziellen Windungen, den neuesten Kniff der Evolution, die dem Menschen im Daseinskampf gegenüber den anderen Geschöpfen Überlegenheit verschaffen. Doch der Schluß, daß die Großhirnrinde erst arbeite, wenn sie vollständig entwickelt sei, und daß der Rest des Gehirns keine komplexe Aktivität entfalten könne, war falsch. Lange vor der Vollendung der Großhirnrinde funktionieren bereits komplexe Systeme zur Steuerung der Atmung, des Schlafens und Wachens, des Weinens, der Orientierung im Raum und der Bewegung. Geschmacks-, Tast-, Geruchssinn und das Gehör sind voll ausgebildet und miteinander

16

koordiniert. Sogar die Sehfähigkeit ist bei der Geburt schon hoch entwickelt, obwohl der entsprechende Teil der Großhirnrinde noch nicht voll entfaltet ist.

Babys können nicht denken. Bis vor kurzem stimmten die Gehirnspezialisten überein, daß das Neugeborene der beliebten Kinderbuchfigur Puh der Bär darin gleiche, daß es nur »sehr wenig Gehirn« habe. Vor kurzem veröffentlichte ein namhafter Harvard-Psychologe ein Buch über die Natur des Kindes, in dem die Großhirnrinde des Neugeborenen mit der einer Ratte verglichen wird.

Wie sollte ein so erbärmlich ausgestattetes Neugeborenes denken können? Mit großartigen Worten leugnen psychologische Theoretiker jede geistige Tätigkeit des Babys; sie sprechen von präsymbolisch, vorbegrifflich, präreflektiv. Anders ausgedrückt: Babys haben keine Worte und können nicht denken. Das knüpft an einen anderen Irrglauben an, daß man nämlich eine Sprache besitzen müsse, um denken zu können. Neue Forschungen haben gezeigt, daß Babys sehr viel denken, mit oder ohne Sprache. Beweise dafür werden Sie sehen, wenn Ihr Neugeborenes zielstrebig seine Hände ausstreckt, Sie fragend anschaut, mißbilligend die Stirn runzelt (oder brüllt), zufrieden gluckst oder aufgeregt keucht. Auch hören Neugeborene ihrer Mutter aufmerksam zu, wenn sie ihnen Geschichten vorliest, und hören am liebsten immer wieder die Geschichten, die sie bereits Wochen vor der Geburt gehört haben. Und wohlgemerkt: Sie hören aufmerksam zu, solange die Mutter *vorwärts* liest; liest sie aber *rückwärts* (also Unsinn), wenden sich die Babys schnell ab – ein weiteres Anzeichen gesunden Menschenverstandes.

Noch aufschlußreicher sind Studien der Gehirnströme, denen sich entnehmen läßt, daß Babys stark träumen. Sie träumen mehr als jeder Erwachsene. Wissenschaftler haben die Körperbewegungen und den Gesichtsausdruck träumender

Babys genau beobachtet und fanden, daß Babys beim Träumen genau wie Erwachsene reagieren und aussehen. Wie könnten sie träumen, ohne zu denken?

Kein Bewußtsein ihrer selbst. Ohne körperliche Sinnesempfindungen und ein voll entwickeltes Gehirn kann es, so jedenfalls die Legende, kein Bewußtsein der eigenen Person und anderer geben. Psychoanalytiker haben verbreitet, Neugeborene seien »autistisch« und reagierten nicht auf soziale Signale; sie seien nicht für Beziehungen und schon gar nicht für Kommunikation bereit.

»Solipsistisch« war das Wort, das der berühmte französische Psychologe Jean Piaget zur Beschreibung von Neugeborenen wählte, was besagen soll, daß sie keinerlei Bezug zur Außenwelt haben und ganz und gar mit sich selbst beschäftigt sind. Diese Theorie ist nicht länger vertretbar. Zwar war Jean Piaget ein Pionier der theoretischen Entwicklungspsychologie, aber er verfügte nicht über unser heutiges Wissen über Neugeborene. Er lehrte, es könne bis zu achtzehn Monate dauern, bis ein Baby seinem »egozentrischen« Wesen entfliehen und sich selbst als ein Objekt unter anderen betrachten könne.

Piagets Schüler hängen dieser Auffassung immer noch an. Der Bostoner Psychologe Burton White schreibt, Neugeborene seien hilflos, könnten nicht denken, eine Sprache benutzen oder mit anderen menschlichen Wesen Kontakt aufnehmen; sie seien nicht einmal fähig, sich zielgerichtet zu bewegen. Er behauptet, daß ein Baby in den ersten Lebenswochen an keinem Aspekt seiner äußeren Umgebung besonders interessiert sei.

Wenn Sie sich diese Auffassung zu eigen machen, wird Sie das davon abhalten, einen innigen Dialog mit Ihrem Neugeborenen zu führen, und Ihnen werden die vielen Geschenke entgehen, die Ihr Baby Ihnen zu geben bereit ist. Sie und Ihr Baby sind miteinander *verbunden*, keine beziehungslosen

Fremden. Was sich abspielt, ist ein Duett, kein Solo. Babys beobachten aufmerksam jede Veränderung in Ihrem Gesicht und können den Ausdruck von Trauer, Glück und Überraschung sofort nachahmen. Babys hören unglaublich genau zu, wenn Erwachsene sprechen. Filme zeigen, daß sie im Dialog mit den Eltern ebensogut die Führung übernehmen wie auch reagieren können.

Wären Babys in ihre eigene Welt versunken, könnten sie Laute nicht so gut analysieren und darauf reagieren. Sobald sie etwas Interessantes hören, unterbrechen sie ihre Mahlzeit, sogar wenn sie hungrig sind. Wenn sie andere Babys weinen hören, bewegt sie das meist so sehr, daß sie gleich mit einstimmen. Wenn sie eine Aufnahme ihres eigenen Weinens hören, können sie mitunter ganz plötzlich aufhören, selbst zu weinen – ein Anzeichen dafür, daß sie sich erkennen.

Psychologen fanden Vorläufer von einem Bewußtsein der eigenen Persönlichkeit schon vor dem Alter von zwei bis drei Jahren, in dem man das Auftreten des Bewußtseins ursprünglich ansetzte. Ein Experte schreibt, Babys würden schon im Alter von neun Monaten entdecken, daß sie selbst und andere ein Bewußtsein besitzen. Der Kinderpsychologe Colwyn Trevarthen von der Universität Edinburgh glaubt, daß die zwischenmenschliche Interaktion dem Menschen *angeboren* ist und schon bei Neugeborenen beobachtet werden kann.

Babys brauchen ihre Mütter nicht. Dieser Mythos bietet die Rechtfertigung dafür, Neugeborene weg von ihrer Mutter auf die Säuglingsstation zu bringen, was angeblich notwendig ist, um die Gesundheit der Babys zu garantieren. Wahr ist das Gegenteil. Von seiner Mutter erhält das Baby Antikörper, die es vor Infektionen schützen, sowie individuelle Zuwendung, die es auf der Säuglingsstation nicht bekommen kann. Liegt es neben seiner Mutter, wird die Regelung verschiedener

Körperfunktionen einfacher: der Körpertemperatur, des Stoffwechsels, des Hormon- und Enzymspiegels, des Herzschlags und der Atmung. Die Trennung von Mutter und Neugeborenem ist ein körperlicher Entzug und eine psychische Belastung.

Mütter wissen tief im Innersten, was Wissenschaftler gerade entdecken: Die Beziehungen zwischen Mutter und Baby sind wechselseitig, sogar magisch. Das Weinen des Babys läßt die Muttermilch fließen, die einzige vollkommene Milch für Babys auf der ganzen Welt. Das Stillen nach der Geburt beschleunigt den Ausstoß der Plazenta und schützt die Mutter vor starken Blutungen. Blick und Berührung des Babys setzen außerdem machtvoll die Gefühle und Fähigkeiten in Gang, die für erfolgreiches »Bemuttern« notwendig sind. Babys müssen die Stimme ihrer Mutter hören, ihren Schlafzyklus kennenlernen, ihren Körpergeruch und ihre Mimik erkennen. Babys müssen erfahren, daß ihre Mutter in Ordnung ist.

Das Alters-Märchen. Das Alter ist eine Statuskategorie, bei der Babys das Nachsehen haben. Unbewußt neigen wir dazu, alle Altersgruppen, die nicht unserer eigenen entsprechen, ein wenig herabzusetzen: Embryos, Föten, Neugeborene, Kinder, Jugendliche, ältere Menschen. Irgendwie erscheinen uns diese »anderen« als traurig unterlegen, nicht im Vollbesitz ihrer Kräfte und nicht in der Lage, »Personen« zu sein wie wir.

Im allgemeinen hat, wer jünger ist, auch einen niedrigeren Status. Wir meinen, ein Baby sei nicht wirklich Person genug, um ihm zuzuhören, von ihm zu lernen oder es vor unmenschlicher Behandlung zu schützen. Irgendwann später einmal wird das Baby zu einer Person werden – vielleicht, wenn es laufen, sprechen oder in die Schule gehen kann. Ungeachtet aller Vorurteile scheinen Babys schon lange vor der Geburt als Individuen zu handeln, entfalten spontane Aktivität nach ihren Bedürfnissen, drücken Vorlieben für bestimmte Geräusche, Bewegungen und Geschmacksempfindungen aus und reagieren, wenn im Mutterleib Gefahr droht. Sobald sie das Licht der Welt erblicken, sind sie mit vielen komplexen Tätigkeiten beschäftigt, um einen Zusammenhang zwischen akustischen und optischen Eindrücken herzustellen, Arbeits- und Ruhephasen zu steuern und ehrliche Lernbereitschaft zu beweisen. Mit Hilfe ihrer kommunikativen Fähigkeiten verwickeln sie Sie in einen Dialog, stellen enge Beziehungen her und bringen Ihnen, ohne daß Sie es überhaupt merken, bei, gute Eltern zu sein.

Emotionen, die Sprache für alle Altersgruppen, spiegeln sich im Gesicht aller Babys. Es hat lange gedauert, bis wir diese Tatsache anerkennen. Beobachten Sie Ihr Kind einmal auf den Ausdruck von Glück, Überraschung, Trauer, Angst, Ärger, Ekel, Interesse und Schmerz hin.

Geburtserinnerungen: Ein neuer Markstein

Vielleicht wird die letzte große wissenschaftliche Schranke, die der vollen Anerkennung von Babys als Personen im Wege steht, dann fallen, wenn wir die Möglichkeit akzeptieren, daß schon bei der Geburt ein komplexes, persönliches Erinnerungsvermögen vorhanden ist. Skeptische Eltern kommen manchmal zu dieser Überzeugung, wenn sie ihr Zweijähriges spontan über die Geburt erzählen hören. Sobald wir wissen, daß Neugeborene ausgezeichnet lernen können und daß Lernen und Gedächtnis Hand in Hand gehen, fällt es uns leichter, Geburtserinnerungen zu akzeptieren. Manche brauchen keine weiteren Argumente, weil sie durch die eine oder andere Methode auf ihre eigenen Geburtserinnerungen gestoßen sind. Andere haben diese Erinnerungen unter Hypnose oder bei einem psychischen Durchbruch in einer Therapie entdeckt.

Gedächtnis trägt zum Bewußtsein der eigenen Person bei; beides ist ebenso miteinander verknüpft wie Lernen und Erinnern. Ohne Erinnern ist Erfahrung nutzlos und Individualität stark in Frage gestellt.

Nirgends enthüllt sich die geistige Aktivität eines Babys überraschender als in der Fähigkeit, sich an seine Geburt zu erinnern und als Erwachsener unter gewissen Bedingungen wieder Zugang zu dieser Erinnerung zu finden. Geburtserinnerungen sind Zeit-Einschlüsse, die eindrucksvolle Zeugnisse von Persönlichkeit und Denken enthalten.

Ich entdeckte diese Geburtserinnerungen im Lauf meiner Arbeit als Psychologe, als ich Hypnose einsetzte, um dem Ursprung psychischer Probleme auf die Spur zu kommen. Bei meinen Patienten tauchten immer wieder Erinnerungen an die Geburt auf; ich hatte nicht gewußt, daß so etwas überhaupt möglich war. Die Erinnerungen, die sie mir mitteilten, brachten mich dazu, mich auf ein Studien- und Forschungsabenteuer einzulassen, das mittlerweile schon fünfzehn Jahre dauert. Herausgekommen dabei sind wissenschaftliche Abhandlungen mit vielen Fußnoten – und eben dieses Buch. Ich mußte erst einmal alles über die Neugeborenen selbst lernen, über den Geburtsprozeß und die Komplexität von Gedächtnis und Bewußtsein. In diesem Buch möchte ich Sie an meinen interessantesten Entdeckungen teilhaben lassen.

Immer wieder berichteten mir meine Patienten bis in verblüffende Details hinein, was ihnen bei der Geburt zugestoßen war, auch die Gedanken, die sie als Babys hatten. Ich entdeckte eine unerwartete Reife in diesen »Babygedanken«. Hinter den Worten stand Autorität und das volle Bewußtsein ihrer eigenen Person. Sie kannten und liebten ihre Eltern. Ihr Charakter schien nicht in einem einfachen Sinn alters- oder entwicklungsabhängig zu sein; er war von Anfang an vorhanden.

22

Diese Berichte bewegten mich so stark, daß ich begann, sie (mit Erlaubnis der Patienten) aufzuzeichnen; schließlich wurden Hunderte von Berichten auf Band aufgenommen, abgeschrieben und ausgewertet. 1980 fand ich eine Methode, um die Zuverlässigkeit der Erinnerungen zu beweisen: Ich verglich die unter Hypnose zugänglich gemachten Erinnerungen von Mutter-Kind-Paaren.

Manche hypnotisierte Patienten haben ungewöhnlich lebhafte oder bis in Einzelheiten genaue und vollständige Erinnerungen. Diese als Hypermnesie bezeichnete Fähigkeit ist oft untersucht, bewundert und von Experten jahrzehntelang angezweifelt worden. Ein vor kurzem erstellter kritischer Überblick über Experimente auf diesem Gebiet bestätigte, daß Personen unter Hypnose ein merklich größeres Erinnerungsvermögen sowohl für verbales als auch nichtverbales Material haben, vorausgesetzt, es ist bedeutungsvoll und wird durch eine Methode freigesetzt, die als »freies Erinnern« (free recall) bekannt ist. Untersuchungen haben gezeigt, daß solche Erinnerungen leichter zugänglich sind, die mit starken Bildern, Emotionen, Empfindungen oder Bedeutung verknüpft sind. Erinnerungen können aber auch verfälscht werden, wenn der Untersuchende Suggestivfragen stellt, der untersuchten Person Antworten in den Mund legt oder sie mit seiner Fragemethode zur Eile drängt oder verwirrt.

Erzählende, Moment um Moment abspulende Geburtsberichte sind selten, obwohl viele Menschen dazu durchaus in der Lage wären. Diese sehr erstaunlichen Berichte haben alle Vorteile ausgereifter Sprache, da die Babys inzwischen herangewachsen sind. Sie enthüllen scharfsinnige Gedanken und tiefe Gefühle zur Zeit der Geburt.

Seit 1975, als mir die erste dieser Geburtserinnerungen mitgeteilt wurde, habe ich sowohl beflügelnde als auch bedrückende Berichte gehört. Vielleicht weil ich Psychologe bin und die Menschen von ihrem Leidensdruck zu mir getrieben werden, wurde ich wiederholt mit den verborgenen Wunden konfrontiert, die feindselige Worte, Gefühlsausbrüche oder beunruhigende Fragen bei der Geburt geschlagen haben. Diese psychischen »Geburtsnarben« können und sollten vermieden werden. Kreative Therapien sind nötig, um mit geburtsbedingten Problemen fertig zu werden.

Ich möchte Ihnen nun rasch versichern, daß nicht alle Babys mit psychischen Problemen geboren werden. Babys, deren Empfängnis begrüßt wurde, auf die sich die Eltern in der Schwangerschaft vorbereiteten und die sanft in liebevolle Hände geboren wurden, beginnen das Leben positiv. Sie schauen mit ungeheurem Interesse und voller Neugier in die Welt hinaus, handeln mit einem Gefühl der Sicherheit und stellen eine feste Verbindung zu ihren Eltern her.

Wahrscheinlich haben schon Tausende von Erwachsenen mit Hilfe eines Rebirthing-Therapeuten, eines Primärtherapeuten oder eines Dianetik-»Auditors« bewußten Zugang zu ihren eigenen Geburts- oder Vorgeburtserinnerungen gesucht. Eine kleinere Zahl stieß während eines veränderten Bewußtseinszustands zufällig auf Geburtserinnerungen: unter Drogeneinfluß, im Traum, beim Phantasieren oder Meditieren. Einige wenige Erwachsene können von sich sagen, sie hätten sich schon immer an Teile ihrer Geburt erinnert, hätten aber aus Angst davor, sich lächerlich zu machen, nicht gewagt, davon zu erzählen. Allmählich werden Berichte von Geburtserinnerungen leichter akzeptiert, und mehr dieser Erwachsenen treten ans Licht. Falls auch Sie dazu gehören, würde es mich freuen, wenn Sie Ihre Geburtserinnerungen niederschreiben und mir schicken möchten.

Bisher waren die zusammenhängenden, einen Moment nach dem anderen wiedergebenden Geburtserzählungen, die sich unter Hypnose erhalten lassen, nur einem kleinen Spezialistenkreis bekannt. Diese Berichte werden hier erstmals einer breiten Öffentlichkeit vorgestellt, mit der großzügigen Er-

24

laubnis der beteiligten Männer, Frauen und Kinder. Wort-
wörtliche Berichte wurden zugunsten der Kürze, um Wieder-
holungen zu beseitigen und auf grammatische Richtigkeit
hin überarbeitet, und zur besseren Lesbarkeit wurden meine
eigenen Worte während der Sitzungen weggelassen.

In ihren Geburtserinnerungen beschreiben mittlerweile erwachsen gewordene »Babys«, was sie während der Wehen
erlebten, wie sie von Ärzten und Schwestern behandelt wurden, und was ihre Eltern sagten und taten. Solche Erinnerungen beunruhigen die Eltern, stacheln Wissenschaftler zum
Widerspruch an und können nicht immer innerhalb des be-
grenzten Rahmens unseres heutigen Wissens erklärt werden.
Was wir in Geburtserinnerungen entdecken, stimmt überein
mit den Ergebnissen moderner Forschung: Das Gehirn des
Neugeborenen, sein Nervensystem und seine Sinne sind aktiv und aufeinander eingespielt; es empfindet eine normale
Bandbreite menschlicher Gefühle, die auch ausgedrückt werden, während der Geist des Kindes wach und aufnahmebe-
reit ist, auf Entdeckungsreisen geht und unermüdlich jede
neue Erfahrung verarbeitet.

Solange man glaubte, Babys hätten weder Sinnesempfindungen noch Verstand, war ein Erinnerungsvermögen logischer-
weise ausgeschlossen, und jeder Hinweis darauf wurde beiseite geschoben. Diese Skepsis hat sich bis heute erhalten. Die
offiziellen Publikationsorgane für Psychologie und Hypnose
zögerten, Artikel über Geburtserinnerungen abzudrucken;
daher haben amerikanische Forscher ihre Arbeiten auf diesem Gebiet manchmal im Ausland veröffentlicht, da dort die
Aufnahmebereitschaft größer war.

In Wien gründeten europäische Psychologen und Ärzte 1971
einen Verband, der sich speziell der pränatalen Psychologie
widmet: die International Society for Study of Prenatal Psychology (ISPP). Dessen Publikationen erscheinen auf Deutsch
unter dem Titel »Mitteilungen der Internationalen Studienge-

meinschaft für Pränatale Psychologie« in Bern. Weil in den großen, bereits bestehenden Berufsverbänden kein Raum für Aufsätze und Symposien aus ihrem Fachbereich war, gründeten Forscher aus Kanada und den USA 1983 gemeinsam den Nordamerikanischen Verband für Prä- und Perinatale Psychologie (Pre and Perinatal Psychology Association of North America, PPPANA). Ich gehöre ebenfalls zu den Gründungsmitgliedern. An der ersten Zusammenkunft dieser neuen Gruppe nahmen fünfhundert Teilnehmer und fünfundfünfzig Referenten aus neun Ländern teil. Seither wird alle zwei Jahre ein ähnlicher Kongreß veranstaltet.

Dank der überwältigenden Beweise für die Fähigkeiten von Neugeborenen und der eindrucksvollen Fortschritte in unserem Wissen von Gehirn, Psyche und Bewußtsein sind wir heute in der Lage, Geburtserinnerungen wohlwollender zu beurteilen. Geburtserinnerungen verdienen große Aufmerksamkeit. Was wir aus ihnen lernen können, kann unsere Lebensweise verändern, unsere Auffassung von Elternsein, Empfängnis, Schwangerschaft und Geburt und auch, wie wir uns gegenseitig erziehen. Manche Geburtserinnerungen rütteln an liebgewordenen Überzeugungen der Wissenschaftler und an den Erwartungen der Eltern. Wer sorgfältig zuhört, erfährt aus ihnen viel über den Unterschied zwischen Gehirn und Geist, über die üblen Folgen von Geburtstraumata und, was vielleicht das wichtigste ist, über neue Dimensionen des menschlichen Bewußtseins.

Geburtserinnerungen sind kleine Dokumentarberichte, private Geschichten von öffentlicher Bedeutung. Nachdem ich so viele von ihnen gehört habe, verstehe ich, wie die Anfänge des Lebens gestört, heilige Momente ruiniert und Hürden aufgerichtet werden können, die Frustration und Elend verursachen. Eine schlechte Geburt kann wie ein Dorn im Fleisch sein, der sich immer wieder entzündet. Geburtsberichte enthüllen auch die Qualität des Lebens von Müttern und Vätern und den rechtschaffenen Charakter der Helfer. Diese Berichte weisen uns darauf hin, daß eine sichere, bedeutsame Geburt kein Zufall ist; sie ist ein »heiliges« Ereignis, das jeden Beteiligten inspiriert.

Im Lauf des 20. Jahrhunderts hat sich die Geburt abrupt von der häuslichen Umgebung ins Krankenhaus verlagert. Was immer ein Familienereignis gewesen war, ist zum medizinischen Fall geworden. Die psychologische Qualität der Geburt hat darunter gelitten. Babys geben dem in ihren Geburtserinnerungen beredten Ausdruck. Angesichts dieser Zeugnisse erkennen wir erst reichlich spät die potentiell negativen Effekte der Geburt auf Körper und Psyche. Wir müssen offen werden für die Notwendigkeit einer *guten* Geburt.

Vielleicht sind Sie nicht auf die Klugheit und Reife gefaßt, die diese Geburtsberichte enthüllen. Was Babys an tiefen Einsichten zeigen, geht weit über alles hinaus, was ihr Alter oder der physische Entwicklungsstand ihres Gehirns erwarten lassen. Daher finden es manche Menschen unmöglich, an Geburtserinnerungen zu glauben. Doch die Beweise nehmen ständig zu. Sie bringen die alten Märchen, die den Babys so lange einen untergeordneten Status zugewiesen haben, ins Wanken.

Beim Lesen dieses Buches wird Ihnen vielleicht langsam bewußt werden, daß diese neuen Informationen über Neugeborene gar nicht nur sie allein betreffen. Hier bekommen wir über Umwege entscheidende Informationen über *uns selbst* – ein Fenster öffnet sich, durch das wir einen Blick darauf werfen können, was uns zu Individuen macht. Vielleicht werden Sie selbst neugierig darauf, wie Ihre eigene Geburt Sie beeinflußt hat. Zwar handelt dieses Buch von Babys, nicht von Therapie, doch die Leser werden an verschiedenen Stellen des Buches Hinweise auf die Bezüge zwischen Geburt und späterem Leben finden, dazu ein paar Informationsmöglichkeiten im Abschnitt »Quellen und Literaturhinweise«.

Wenn man über die Reife des Neugeborenen und die Entwicklung des Lebens vor der Geburt liest, wird irgendwann die Frage unausweichlich, welche Konsequenzen sich daraus für das Thema Abtreibung ergeben. Leser, die meine persönliche Meinung dazu kennenlernen möchten, finden im Anhang dazu kurze Bemerkungen. Auch weiß ich, wie leicht sich Eltern Sorgen oder Vorwürfe machen, daß sie ihren Kindern durch ihr Verhalten bei Schwangerschaft und Geburt Schaden zugefügt haben könnten. An sie möchte ich einige Worte des Trostes und der Besonnenheit richten (siehe S. 266).

Auf Sie warten nun Berichte glücklicher und unglücklicher Geburtstage. Sie werden Weisheit aus »Kindermund« strömen hören und Tugenden begegnen, die keine Beziehung zum Alter zu haben scheinen. Vielleicht werden diese Informationen Sie überraschen, Sie auf sich selbst neugierig machen, Ihre eigenen geheimen Ahnungen über Babys bestätigen und Ihre Ehrfurcht vor dem Leben bestärken.

Erster Teil:
Ihr außergewöhnliches Neugeborenes

1 Körper und Gehirn entstehen

Seit Anbeginn der Menschheitsgeschichte tragen die Frauen ihre Kinder aus, aber sie konnten nie so in ihr Inneres sehen, wie es heute möglich ist. Das Wachstum im Dunkel des mütterlichen Körpers ist nicht länger von Geheimnissen umgeben und dem Verständnis entzogen. Die Wissenschaft hat viele »Fenster« geöffnet, durch die Sie sehen können, was da drinnen vor sich geht.

Ein Fenster, das die Embryologie aufgestoßen hat, erlaubt uns zu sehen, welche Körperpartien unseres Babys sich Tag um Tag, Woche um Woche, Monat um Monat entwickeln. Wir erfahren, was wir wann aufbauen. Der Zeitplan der Entwicklung in der Gebärmutter steckt voller Überraschungen; die Kenntnis darüber hilft uns, bewußter etwas für unser Baby zu tun.

Durch ein weiteres Fenster – das der Neurologen und Biochemiker – erblicken wir das Gehirn auf neue Weise; wir verstehen, wie es möglich ist, daß unser Baby schon lange vor der Geburt viele Anzeichen von Intelligenz erkennen läßt. Dieses Wissen kann uns dabei helfen, uns selbst ebenso wie unser Baby zu verstehen. Neue Erkenntnisse lassen darauf schließen, daß Mütter und Väter nicht zu warten brauchen, um mit ihrem Ungeborenen in bedeutsame Wechselbeziehung zu treten. Der Schlüssel, um sich der stillen Gebärmutter mitteilen und sich mit ihr verständigen zu können, ist das Wissen, was drinnen passiert.

Das Wunder der Empfängnis

Liane führte seit langem Tagebuch über ihre Temperaturkurve und ihre fruchtbaren Tage. In einer Nacht, als sie und ihr Mann sich geliebt hatten und sie vor dem endgültigen Einschlafen vor sich hin döste, hatte sie ganz deutlich den Eindruck, daß sich mit ihrem Körper etwas Spirituelles ereignete. Als sie am nächsten Morgen aufwachte, verkündete sie: »Wir haben jetzt unser Baby.« Sie kreiste das Datum auf dem Kalender ein und schrieb »Empfängnis« darüber. Sie sagte, daß das erlebte Gefühl einzigartig und endgültig war. Es stellte sich heraus, daß sie es richtig gedeutet hatte.

Wie kann eine Frau *spüren*, daß sie empfängt? Der Vorgang spielt sich im Bruchteil einer Sekunde ab und ist vielen Gefährdungen ausgesetzt. Etwa zwei Wochen nach der Menstruation wartet ein einziges Ei nach dem Verkehr auf den Ansturm einer Unzahl von Spermien. 200 Millionen ausgesandte Spermien zappeln sich wie verrückt ab, um zu dem Ei zu gelangen; das Elektronenmikroskop zeigt, daß sie das Ei, sobald sie es berühren, lange Zeit »umschlingen«, bis schließlich eine Samenzelle hineingezogen wird. Dann verändert sich die Membran der Eizelle und verbarrikadiert sich gegen alle anderen Spermien. Verläuft dieser Vorgang erfolgreich, was etwa in vierzig Prozent der Fälle geschieht, beginnt die Schwangerschaft.

In den ersten vierundzwanzig Stunden nach der Vereinigung von Samenzelle und Ei teilt sich die befruchtete Eizelle in zwei Zellen. Das setzt sich in einem Prozeß der Zelltransformation und der Zelldifferenzierung immer weiter fort, bis mehrere hundert Milliarden Zellen existieren, die zu all den Körperstrukturen und Organen des Babys angeordnet sind. Heute sind die Wachstumsstadien für jeden einzelnen Körperteil durch Fotos belegt.

In den ersten zehn Tagen nach der Empfängnis macht die

winzige Kugel sich vervielfältigender Zellen (Blastula oder Blastozyste genannt), die für das bloße Auge kaum sichtbar ist, langsam die Reise in die Gebärmutter. Hier wird die glückliche Blastozyste – wiederum schaffen es etwa vierzig Prozent – einen sicheren Platz finden, um sich in der Gebärmutterschleimhaut einzunisten.

Nach nur drei Wochen hat der Embryo einen Kopf und einen Schwanz, schwimmt in der Flüssigkeit der Fruchtblase, die ihn gegen Erschütterungen schützt, und entwickelt Segmente, die sich schließlich zu Gehirn und Rückenmark ausbilden werden. In der vierten Woche haben die Ansätze von Herz, Blutkreislauf und Verdauungstrakt zu wachsen begonnen. Arme und Beine beginnen in der fünften Woche zu knospen. Schon fängt das Herz an, Blut zu pumpen, während sich noch die Umbildung von einer Kammer zu vier Kammern mitsamt Verbindungsventilen vollzieht, die im Alter von zwei Monaten beendet sein wird.

Während Sie sich vielleicht immer noch fragen, ob Sie schwanger sind, entwickeln sich das Gehirn, die Augen, die Leber und die Ohren. Der sechs Wochen alte und nur 1,5 Zentimeter große Embryo schwebt sicher in seiner silbrigen Fruchtblase. Mit sieben Wochen sind das Gesicht, die Augen, die Nase, die Lippen und die Zunge erkennbar, dazu die ersten Ansätze von Zähnen und Knochen. In der achten Woche sind die Finger und Hände gut ausgebildet, die Zehengelenke deutlich sichtbar, und die Muskeln fangen an, sich zu bewegen. In der zehnten Woche sind sämtliche Grundstrukturen des Körpers vorhanden.

Das Nervensystem des Babys

Den ersten Hinweis auf das Funktionieren des kindlichen Nervensystems erhalten wir durch die Aktivierung des Herzmuskels mit fünf Wochen und durch meßbare Gehirnströme mit sechs Wochen.

Kaum zwei Monate nach der Empfängnis reagiert das Baby, wenn ein feines Haar über seine Wangen streicht, indem es den Kopf abwendet, seinen Oberkörper und die Hüften beugt und die Arme und Schultern weit genug reckt, um das Haar wegzustoßen. Obwohl diese Bewegung gewöhnlich als Reflex beschrieben wird, glaube ich, daß man die Reaktion am besten als erstes Empfinden von Berührung versteht.

Ab dieser ersten Reaktion auf ein Streichen über die Wange nimmt die Empfindsamkeit in allen Körperteilen zu, wie Wissenschaftler aus der ganzen Welt belegt haben. In Amerika existieren Nachweise dieser Sinnesempfindungen schon seit 1932, als Forscher der Universität Pittsburgh sie im Film festzuhalten begannen.

Es überrascht nicht, daß das Gesicht des Babys in den ersten paar Monaten der Schwangerschaft am stärksten reagiert, anfänglich mit Mund-, Lippen- und Zungenbewegungen sowie mit Schlucken. Unser ganzes Leben lang sind unsere Gesichter empfindsam, aufmerksam und ausdrucksvoll. Vierzehn Wochen nach der Empfängnis wurden mißtrauisch blinzelnde und spöttisch grinsende Mienen gefilmt. Da diese Grimassen oft im Zusammenhang mit störenden Eingriffen in den Uterus standen, sind sie möglicherweise als sinnvolle Reaktionen auf diese Geschehnisse zu deuten. Ein Schmollmund, ein finster verzogenes Gesicht und angespannte Augenpartien sind schon im sechsten Schwangerschaftsmonat mit hörbarem Weinen in Verbindung gebracht worden. Eine der Situation entsprechende Mimik und lautliche Äußerungen legen nahe, daß Körper und Gehirn bereits durch eine Art »zentrale Intelligenz« verbunden sind.

Das Gesicht ist nicht der einzige Bereich, wo Nervenreaktionen schon im Frühstadium des Lebens im Mutterleib zu beobachten sind. Die Genitalregion reagiert im Alter von zehn

Wochen auf ein Streichen, die Handflächen nach elf, die Fußsohlen nach zwölf Wochen. Dies sind die wichtigen Hautflächen, die schließlich beim Erwachsenen die größte Anzahl und Vielfalt an Nervenzellen besitzen werden.

Mit elf Wochen dann reagieren die Arme und Beine eines Babys auf das Streichen mit einem Haar, mit fünfzehn bis siebzehn Wochen auch der Bauch und das Gesäß. Wenn Sie hineinfassen und Ihr Ungeborenes berühren könnten, würden Sie entdecken, daß so gut wie alle Körperteile in der siebzehnten Woche auf leichte Berührungen reagieren.

Rasches Wachstum

Das Ungeborene wächst rasch, erweitert und vervollkommnet seine Grundstrukturen und entwickelt immer komplexere Verbindungen zwischen Blutgefäßen und Nerven. Drei Monate nach der Empfängnis wandern Augen und Ohren in ihre richtige Position, und das Knochengerüst ist klar umrissen. Das Baby kann seine Hände zusammenführen und beginnt vielleicht, am Daumen zu lutschen (bei der Geburt haben manche Babys eine kleine Schwiele am Daumen, die das bezeugt). Die Atemwege, von der Nase bis zu den vielfältigen Verästelungen in der Lunge, sind bereit für die ersten Atemzüge.

Einen Monat später hat Ihr Ungeborenes, jetzt zwölf bis fünfzehn Zentimeter groß, einen fertig geformten Mund und Lippen und atmet Fruchtwasser durch seinen Mund ein und aus. Dieses Ein- und Ausatmen von Flüssigkeit sorgt dafür, daß sich die Atemmuskulatur gut entwickelt und in der Lage sein wird, unermüdlich zu arbeiten, wenn die Flüssigkeit bei der Geburt durch Luft ersetzt wird. Die winzigen Lungenbläschen, die sich mit Luft füllen, nehmen während der Schwangerschaft und in den ersten acht Jahren nach der Geburt an

Zahl und Größe ständig zu – einer der Gründe, warum Kinder viel frische, saubere Luft zum Atmen brauchen.

Die Atmung Ihres Ungeborenen wird beschleunigt bzw. verlangsamt, wenn Sie Nikotin, Koffein, Alkohol oder andere Drogen zu sich nehmen. Ärztliche Messungen haben ergeben, daß eine verlangsamte Atmung die Gesundheit des Babys negativ beinflußt. Eine beschleunigte Atmung, die eintritt, wenn die Mutter raucht, gilt als verstärktes Ringen des Babys um genügend Sauerstoff. Alle diese Tatsachen zeigen, daß die Atmung eines der ersten Verhaltensmuster ist, das von dem Lebensstil der Mutter beeinflußt wird.

In der zwanzigsten Woche, der Halbzeit des Wachstums, ist das Ungeborene fast dreißig Zentimeter lang und knapp ein Pfund schwer. Die Augenlider und Augenbrauen sind voll entwickelt; jetzt fängt der kleine Körper an, Fett anzusetzen. Und auch Sie beginnen, merklich runder zu werden. Legt der Vater sein Ohr an Ihre Bauchdecke, kann er vielleicht den Herzschlag seines Babys hören. Ungefähr jetzt können Sie vielleicht auch den Unterschied zwischen Händen, Füßen, Kopf und Hinterteil spüren, wenn Ihr Baby strampelt, Sprünge vollführt und sich dreht. Wenn Sie immer wieder merkwürdige kleine, rhythmische Stöße spüren, so heißt das, daß Ihr Baby gerade vom Schluckauf geschüttelt wird.

Die nächsten drei Monate legt das Baby stark an Gewicht zu. Im achten Monat entwickelt sich ein schützendes Fettpolster, das das Baby nach der Geburt mit warm hält. Die Stöße des Babys sind jetzt beeindruckend kräftig. Im neunten Monat wird die Behausung recht eng, und vielleicht können Sie die Bewegungen der Arme und Beine beobachten, wie sie langsam über Ihren Bauch wandern.

In diesen letzten Monaten pumpt Ihr Körper das Baby voll mit Antikörpern, den von Ihnen über viele Jahre hinweg aufgebauten Proteinen, die Krankheitserreger bekämpfen. Dieses Geschenk wird einst weitergegeben, wenn eine Tochter sie schließlich der nächsten Generation übermittelt. Weitere Antikörper sind in dem wäßrigen Kolostrum enthalten, dem Vorläufer der Muttermilch. Außerdem produziert die Plazenta sowohl für Sie als auch für Ihr Baby Gammaglobulin, das in den letzten drei Schwangerschaftsmonaten und nach der Geburt zusätzlichen Schutz bietet.

Wenn es auf die vierzigste Woche zugeht, zeigt Ihr Baby einen deutlicheren Schlaf- und Wachrhythmus und weint auch erkennbarer. Messungen der Gehirnwellen während dieser letzten drei Monate ergeben eine bessere Strukturierung, eine beständigere Aktivität und eine bessere Abstimmung zwischen linker und rechter Gehirnhälfte.

Um die vierzigste Woche herum wird schließlich Ihr Ungeborenes ein Hormonsignal aussenden (über das die Wissenschaftler gerne mehr wüßten), das Ihren Körper dazu veranlaßt, die Schwangerschaft zu beenden. Die Gebärmutterkontraktionen, die Sie spüren, bedeuten den Beginn der Wehen.

Bewegungstraining vor der Geburt

Noch nicht einmal zwei Monate nach der Empfängnis beginnt die Entwicklung desjenigen Teils des kindlichen Nervensystems, der mit Schwerkraft und räumlichem Gleichgewicht zu tun hat: des Vestibularapparats. Mit Hilfe dieses Systems richtet Ihr Baby seine Bewegungen nach den Ihren aus. Wenn Sie einen Kopfstand machen oder tanzen, spürt Ihr Baby die Veränderungen in Lage, Geschwindigkeit und Richtung und versucht, sich in eine stabile Position zu bringen. Wenn Sie herumspringen, wird auch Ihr Baby herumspringen, ob es das will oder nicht.

Ihr winziges Ungeborenes benutzt seinen Vestibularapparat nicht nur dazu, um sich Ihren Bewegungen anzupassen, sondern auch, um sein eigenes Bodybuilding-Programm zu beginnen. Lange bevor Sie es merken, trainiert Ihr Ungeborenes regelmäßig, mit kurzen Pausen dazwischen. Im Alter zwischen zehn und zwölf Wochen ist ein plötzlicher Ausbruch von Aktivität zu beobachten: Das Baby rollt sich von einer Seite auf die andere, streckt und beugt den Rücken und den Nacken, rudert mit den Armen und strampelt mit den Beinen. Die Füße werden eingezogen und ausgestreckt und schlagen rasch an die Wände der Fruchtblase.

Bei diesem »Training« scheinen sämtliche Muskeln des Ungeborenen in Anspruch genommen zu werden, wie die Ärzte im südafrikanischen Johannesburg meinen, die diese Aktivität bei sechsundvierzig Schwangeren untersucht haben. Der ausdauerndste »Sportler« hielt siebeneinhalb Minuten ohne Unterbrechung durch; das Baby mit den längsten Ruhepausen gönnte sich dennoch nur fünfeinhalb Minuten Rast.

Holländische Wissenschaftler sind der Meinung, da diese Kreiselbewegungen anmutig, zwanglos und spontan seien, wären sie ein frühes Beispiel für die Initiative und das Ausdrücken der eigenen Persönlichkeit beim Ungeborenen. (Vielleicht werden Sie erleichtert sein, wenn Sie wissen, daß nicht *Sie* für alles verantwortlich sind und daß Ihr Ungeborenes jetzt schon seine eigenen Tätigkeiten verfolgt!) In dieser kreativen Gymnastik verbirgt sich der Beweis für die Zusammenarbeit von Gehirn und Geist – was man nicht so früh erwartet hätte.

Das Wachstum des Gehirns

Von allem, was sich in Ihrem Kopf zusammendrängt, nimmt das Gehirn den größten Raum ein. Es ist nicht ein einziges Organ, sondern eine komplexe Gruppe von Organen mit verschiedenen Fähigkeiten. Diese Gruppe zu verstehen wird vor allem dadurch erschwert, daß die einzelnen Teile mittels komplizierter Verbindungen zusammenarbeiten. Obwohl wir viel darüber gelernt haben, ist die Arbeitsweise dieser Organe noch von vielen Geheimnissen und Widersprüchen umgeben.

Und so entwickelt sich das Gehirn Ihres Ungeborenen: Etwa drei Wochen nach der Empfängnis beginnen sich die Grundlagen des Rückenmarks und des Gehirns zu bilden. In der zwölften Woche sind sie bereits an Ort und Stelle. Das obere Ende des Rückenmarks mündet in den Gehirnstamm, den unteren Teil des Gehirns, der in den ersten sieben Wochen rasch wächst. Daraus entfalten sich, wieder etwas höher, das Mittelhirn und das Endhirn. Der faltenreiche äußere Rand des Endhirns ist die Hirnrinde, der Kortex, in der Evolution die letzte Errungenschaft des menschlichen Gehirns. Die charakteristischen Falten und Windungen der Hirnrinde sind kein Zufall. Dank dieser genialen Anordnung können sehr viel mehr Gehirnzellen (Neuronen) auf begrenztem Raum untergebracht werden.

Je nach den Umständen vervielfältigen sich die Gehirnzellen des Ungeborenen und wachsen, bis zwischen zwanzig und zweihundert Milliarden davon existieren. Die Wissenschaftler glauben im allgemeinen, daß eine größere Anzahl dieser Arbeitseinheiten dem Baby den Vorteil verschafft, mehr Informationen speichern und austauschen zu können. Gehirnzellen gibt es in verschiedenen Formen, aber alle haben charakteristische Verzweigungen (Dendriten) und lange Stiele (Axone, Neuriten), mit denen sie wie entwurzelte Bäume aussehen. Die Zweige reichen bis zu den Nachbarzellen und formen mit ihnen Verbindungsstellen (Synapsen). Hier geschehen chemische Wunder, wenn Botenstoffe, sogenannte Neurotransmitter, »Nachrichten« austauschen. Diese erstaunlichen chemischen Substanzen sitzen in kleinen Knötchen, bis zu 50.000 in einer einzigen Kortexzelle. Trotz dieser ungeheuren Vielschichtigkeit jagen Signale durch dieses Nervennetzwerk hin und her und gelangen auf geordneten Bahnen und rechtzeitig zu den richtigen Muskeln, Drüsen und Organen. Die letzten fünfzig Jahre hindurch haben Experten bezweifelt, daß beim Ungeborenen und Neugeborenen diese Reize richtig übermittelt werden. Ihr Zweifel stützte sich auf die späte Entwicklung des Myelins, einer Fett-Isolierschicht, die schließlich alle Nerven umhüllt. Man glaubte, daß Nerven ohne Myelinhülle Signale nicht richtig übertragen könnten. Diese Hypothese war eines der wichtigsten Argumente, die man gegen die zahlreichen Entdeckungen über die Fähigkeiten der Neugeborenen ins Feld führte.

So sehen die Tatsachen aus: Der Prozeß der Myelinbildung geht allmählich vor sich; innerhalb des Nervensystems gibt es starke Abweichungen. Bei der Geburt ist er noch weitgehend unvollständig, aber das scheint keine Rolle zu spielen; einige Nerven sind sogar bis zur Pubertät nicht vollständig umhüllt, lange nachdem das Gehirn ein fortgeschrittenes Entwicklungsstadium erreicht hat. Angesichts der vielen Fähigkeiten vor und nach der Geburt, die nachgewiesen werden konnten, ist die Frage der Myelinbildung anscheinend völlig belanglos.

Den größten Teil des vergangenen Jahrhunderts hindurch haben die Wissenschaftler die Teile des Gehirns nach dem Zeitpunkt ihrer Entwicklung und nach ihrer Lage bewertet; Teile, die nahe am unteren Ende sitzen und zuerst entstehen (Hirnstamm), wurden als weniger wertvoll als die höher gelegenen Teile betrachtet, die zuletzt reifen (die Großhirnrinde). Man nahm an, daß ohne Kortex Erfahrungen für das Ungeborene bedeutungslos bleiben müßten. Die Ärzte waren sicher, daß Babys alles, was ihnen im Mutterleib oder bei der Geburt zustieß, nicht bewußt erleben, erkennen oder sich daran erinnern könnten. Die routinemäßige Geburtshilfe baute auf diesen Glauben auf.

Die Großhirnrinde des Ungeborenen war Gegenstand intensiver Erforschung, um bestimmen zu können, wann sie voll entwickelt und vermutlich funktionsfähig wäre. Die Wissenschaft verwendet als Reifekriterium das Vorhandensein von Dendriten und Dendritenfortsätzen, den Nervenverästelungen, bei denen die Informationen aus sämtlichen Körperteilen eintreffen. Mit Elektronenmikroskopen fand man solche Dendriten und Dendritenfortsätze zwischen der zwanzigsten und achtundzwanzigsten Schwangerschaftswoche an Ort und Stelle. Man darf also nicht mehr mit Fug und Recht verkünden, Ungeborene und Neugeborene besäßen keine höheren Gehirnzentren. Diese Strukturen nehmen an Anzahl und Komplexität bis zur Geburt und auch noch danach immer weiter zu.

Einen weiteren Beweis dafür, daß die Großhirnrinde des Neugeborenen arbeitet, liefern Messungen der Gehirnströme. Sie zeigen, daß das Gehirn auf visuelle und akustische Reize sowie auf Berührungen bereits am Ende des siebten Schwangerschaftsmonats reagiert. Damit wird die Annahme weiter gestützt, daß Ihr Baby sogar schon im Mutterleib dazu in der Lage ist, auf Erfahrungen sinnvoll zu reagieren. Was diese Messungen nicht erklären, sind die vielen Anzeichen von Intelligenz, die schon viel früher im Leben des Fötus entdeckt worden sind.

Die Gehirnexperten liefern für solche Fähigkeiten des Ungeborenen nur unbefriedigende Erklärungen; das hat zu neuen Theorien über das Gehirn und sein Verhältnis zum Körper geführt. Die neuen Theorien stärken denjenigen Eltern und Forschern den Rücken, die herausfinden wollen, ob ein Baby schon im Mutterleib oder im Kreißsaal zuhören, leiden oder etwas lernen kann. Für den australischen Neurochirurgen Richard Bergland ist das Gehirn selbst eine riesige *Drüse*, da es Hormone produziert, Rezeptoren oder Empfangsstationen für anderswo im Körper produzierte Hormone besitzt und von Hormonen durchspült wird; auch an den Fasern der einzelnen Nerven wandern Hormone hin und her. Daher auch der neue Name: »*feuchtes*« Gehirn (wet brain). Für die Neugeborenen bedeutet das, daß alle bisherigen Annahmen, wann das »Gehirn« zu arbeiten beginnt, vom Tisch gefegt sind.

Eine der aufregendsten Entdeckungen über dieses neue »flüssige« Gehirn ist, daß sich viele wichtige Teile des körperlichen Nachrichtensystems außerhalb des Kopfes befinden. Dieses Kommunikationsnetz konnte mit Hilfe radioaktiver Moleküle aufgedeckt werden. Man fand heraus, daß bestimmte Hormone zu bestimmten Rezeptoren passen wie Schlüssel ins Schlüsselloch. Am National Institute for Mental Health (das zur öffentlichen Gesundheitsbehörde der USA gehört, *Anm. d. Ü.*) orteten Candace Pert und seine Kollegen die Rezeptoren für fünfzig oder mehr Neuropeptide, jene Aminosäureverbindungen, die direkt von Nervenzellen produziert werden. Diese wichtigen Säfte wandern als Informationsträger praktisch durch alle Körperflüssigkeiten. Andere Molekularboten zwischen Gehirn und Körper benutzen die Nervenbahnen als Wege.

Da Pert die tatsächlichen Schauplätze im Gehirn und im Körper ausgemacht hat, wo die verschiedenen Nachrichtenüberträger tätig werden, gelangt er zu der gesicherten Erkenntnis, daß die Neuropeptide drei Systeme verbinden: erstens das Nervensystem (Gehirn, Rückenmark und Sinnesorgane), zweitens das System endokriner Drüsen (Hormone), und drittens das Immunsystem (Milz, Knochenmark, Lymphknoten und die anderen spezialisierten Zellen, die Krankheiten bekämpfen). All das zusammen ergibt ein großes Nachrichtennetz, in dem Signale sowohl ans Gehirn ausgesandt als auch von ihm empfangen werden.

Bei Eltern wie Babys ist die »Intelligenz« des Immunsystems gleichermaßen ausgeprägt. Im Gegensatz zu Gehirnstrukturen, die fest am Ort bleiben, *bewegen* sich die Zellen des Immunsystems durch den Körper, orten und verschlingen tumorartige Gebilde und Fremdkörper, bessern Wunden aus und bekämpfen gemeinsam mit den Neuropeptiden Krankheitserreger. Immunzellen sind nicht nur mit Rezeptoren für Neuropeptide ausgestattet, sondern auch mit »Intelligenz«: Sie können Neuropeptide und andere chemische Substanzen, die sich auf die Gesundheit und auf das emotionale Befinden auswirken, selber *herstellen*. So können Immunzellen unter anderem Endorphine produzieren, die natürlichen, körpereigenen »Lustmoleküle« (Opiate). Pert erklärt: »Ich kann das Gehirn nicht vom Körper getrennt sehen.«

Dank dieser Grundlagenforschungen hält man heute die Nervensynapsen nicht mehr für *das* entscheidende Glied der Informationsverarbeitung, sondern richtet die Aufmerksamkeit mehr auf die im gesamten Körper und Gehirn des Neugeborenen vorhandenen Rezeptoren, bei denen die Informationen der Neuropeptide eintreffen. Beta-Endorphine, die Freudenbringer, die vor allem in der Hirnanhangdrüse (Hypophyse) produziert werden, finden sich schon ab der siebten Schwangerschaftswoche im Blut. In der zwölften Woche funktioniert die Produktion dieser Substanzen in der Hypophyse schon ähnlich wie beim Erwachsenen. Andere Peptide sind während des zweiten Schwangerschaftsdrittels gefunden worden. Der Hypothalamus, ein Gehirnteil, der eng mit der Hypophyse verbunden ist, scheint in weniger als vier Monaten voll entwickelt zu sein. Forscher vermuten, daß das Vorhandensein dieser Substanzen und Gebilde einen Zweck hat, und daß sie wahrscheinlich funktionieren, sobald sie da sind.

Für die Frage, ob das Ungeborene ein Bewußtsein besitzt, ist die Entdeckung dichter Ansammlungen von Neuropeptid-Rezeptoren im Gehirnstamm von höchster Bedeutung – einer so großen Zahl, daß Pert glaubt, der Gehirnstamm müsse deswegen als Teil des limbischen Systems betrachtet werden, desjenigen Gehirnteils, der für die Gefühle und das Gedächtnis die wichtigste Rolle spielt. Da sich der Gehirnstamm als einer der ersten Gehirnteile entwickelt, liefert diese Entdeckung eine neue Grundlage für die Annahme, schon im ersten Schwangerschaftsdrittel existiere ein Gedächtnis.

Nahrung fürs Gehirn

Das Gehirn wächst in Schüben während der gesamten Schwangerschaft und entwickelt sich noch Jahre nach der Geburt weiter. Die Qualität dieser Entwicklung hängt viel von den Eltern ab. Eines der Märchen, die einst von Schwangerschaftsexperten verbreitet wurden, besagte, daß »bei Mangelernährung das Gehirn verschont bleibt«; das heißt selbst wenn sich die Mutter schlecht ernährt, werde das Gehirn des Babys vorrangig vor seinem Körper versorgt. Erst im letzten Viertel dieses Jahrhunderts wurde diese Theorie als Wunschdenken entlarvt.

Viele Studien zeigen heute, daß Babys, die vor der Geburt mangelhaft ernährt wurden, ein Gehirn von geringerem Gewicht und geringeren Ausmaßen haben. Alle Teile des Gehirns sind von der Verkümmerung betroffen: Neuronen, Synapsen, Neurotransmitter und Myelin. Am meisten leidet die Leber des Fötus, welche die Glukose produziert, die Nahrung des Gehirns. Die unterentwickelte Leber müht sich ab, ein Gehirn zu versorgen, das mehr als das Doppelte der verfügbaren Glukosemenge bräuchte. Wenn sich eine Mutter in der Schwangerschaft gut ernährt, gibt sie ihrem Baby etwas unschätzbar Wertvolles mit: ein voll entwickeltes Gehirn.

Die Entwicklung von Körper und Gehirn Ihres Babys kann auch durch verschiedene giftige (toxische) Substanzen, Medikamente, Viren und Schadstoffe gestört werden, die unter der Bezeichnung Teratogene zusammengefaßt werden (Stoffe, die Mißbildungen beim Fötus hervorrufen können). Dieses Problem ist so schwerwiegend, daß einige Staaten der USA Teratogenlisten herausgegeben haben, um über Medikamente, Chemikalien und andere Einflüsse zu informieren, die das Ungeborene schädigen können. (Für die Bundesrepublik gibt es nichts Entsprechendes; *Anm. d. Ü.*) Auch Bücher geben hier Orientierungshilfe. Das Thema ist zu umfassend, als daß ich im einzelnen darauf eingehen könnte, aber alle Väter und Mütter sollten sich bewußt sein, daß sie am Arbeitsplatz möglicherweise toxischen Substanzen ausgesetzt sind, die Unfruchtbarkeit oder kindliche Mißbildungen verursachen können.

Auch Medikamente, vom Arzt verschrieben oder nicht, können dem Fötus gefährlich werden. Eines der verbreitetsten Teratogene ist Alkohol. Schon im antiken Griechenland warnte Plato die Eltern, daß ihre Trunkenheit geschwächte Kinder hervorbringen werde. Die moderne Forschung gibt ihm recht. Alarmierende Konsequenzen für die Eltern weist eine Studie auf, die zeigt, daß selbst Alkoholkonsum zur Zeit der *Empfängnis* verheerende Folgen haben kann. Das Risiko von Mißbildungen der Augen, Ohren, Lippen, des Kopfes und des Gesichts ist dann bedeutend höher.

Das aktive Ungeborene

Vom Standpunkt der Mutter aus sind die Anzeichen eines intelligenten Lebens in ihrem Bauch sehr gering. Die schwachen Stöße, die Sie zum ersten Mal zwischen der sechzehnten und zweiundzwanzigsten Schwangerschaftswoche spüren, sind nicht wirklich die ersten Bewegungen Ihres Kindes, sondern nur die ersten, die Sie wahrnehmen. Der Neuseeländer Sir William Liley, ein Pionier auf dem Gebiet der pränatalen Forschung, erklärte das so: Die Gebärmutter ist wie die meisten inneren Organe unempfindlich gegen Berührung; wird die Uteruswand aber durch Bewegungen gedehnt, überträgt sich das auf die Bauchdecke, wo Sie es spüren.

Ihr Ungeborenes hat viele Empfindungen und ist laufend damit beschäftigt, es sich drinnen bequem zu machen. Es ändert ständig seine Lage, um mit Ihnen Schritt zu halten, und weicht jedem länger anhaltenden Druck aus, wie ihn zum Beispiel ein Instrument ausübt, das der Arzt auf Ihrem Bauch ansetzt; auch zieht es sich zurück, wenn irgend etwas gegen einen hervorstehenden Körperteil stößt. Liley merkte, wie aktiv und empfindsam diese kleinen Körper sind, als er versuchte, für sie diagnostische und therapeutische Methoden zu entwickeln, die in der Gebärmutter angewandt werden können. Auf so gut wie jede Bewegung der Mutter reagierte auch der Fötus mit einer Bewegung. Bevor die Arbeit am Ungeborenen beginnen konnte, mußte die Mutter fünfzehn Minuten regungslos daliegen, um den Fötus ruhig zu stellen. Dann durfte die Bauchdecke in letzter Minute durch nichts mehr berührt werden, sonst veränderte der Fötus wieder seine Lage und könnte damit alle Arbeit zunichte machen.

In der ersten Schwangerschaftshälfte bietet die Gebärmutter dem Fötus eine relativ geräumige, runde Behausung. Das Mikroklima drinnen ist warm und feucht, beim Baby wechseln schläfriges Halbwachsein und Aktivität miteinander ab. Die Temperatur drinnen liegt etwa ein Zehntel Grad über der Ihren, und wenn Sie Fieber bekommen, bekommt es auch Ihr Baby. Das Fruchtwasser erreicht zwischen der 28. und 32. Schwangerschaftswoche sein maximales Volumen, und bis dahin kann sich der kleine Passagier ganz ausstrecken. Doch dann nimmt das Fruchtwasser ab und die Körpermasse zu, so daß es zunehmend schwieriger wird, es sich bequem zu machen.

Während der Platz enger und Ihr Baby größer wird, wird es gezwungen, sich in die Senkrechte zu begeben. Je nachdem, ob Ihr Baby seine Beine lieber anzieht oder ausstreckt, liegt es mit dem Kopf lieber nach unten oder nach oben. Liley entdeckte, daß Babys sich mit Füßen und Beinen vom einen Ende der Gebärmutter zum anderen vorwärtsstoßen. Will das Baby einmal auf der anderen Seite liegen, muß es sich der Länge nach spiralförmig herumrollen, wobei sich die Wirbelsäule in der Mitte um 180 Grad drehen muß.

Lileys Filme zeigen, daß diese pränatalen Ballettbewegungen mit einem Strecken und Drehen des Kopfes beginnen. Als nächstes drehen sich die Schultern. Schließlich drehen sich die Lendenwirbel und Beine mit Hilfe langer Muskelstränge an der Wirbelsäule. Dies wurde schon in der 26. Woche beobachtet und ist eine Leistung, die außerhalb der Gebärmutter erst zwei oder drei Wochen nach einer Geburt bei voll ausgetragener Schwangerschaft wiederholt werden kann. Hier werden die einzigartigen Vorteile des Lebens im Wasser sichtbar, einer Umgebung, die es dem Ungeborenen monatelang relativ einfach macht, Aktivität zu entfalten und einen Ausdruck seiner selbst zu finden. Bei solchen Bewegungen läßt sich ein hervorragendes Zusammenwirken von Gehirn und Körper nicht abstreiten.

Der Körper Ihres Babys, der nun reif für die Geburt ist, besitzt sehr dehnbare und biegsame Bandscheiben und Gelenke, so daß es sich auf engstem Raum zusammenkauern kann. Die Knochenplatten des Schädels, die das Gehirn schützen, gleiten bei Druck übereinander und nehmen dann langsam wieder ihre normale Lage ein. In Ihnen ist ein Baby herangewachsen, das alles hat, was es braucht, um den Geburtskanal sicher zu passieren.

2 Wach und bewußt

Lang, lang mußten die Neugeborenen kämpfen, bis sie uns davon überzeugen konnten, daß sie fühlen, tasten, riechen, hören und sehen können. Mütter haben wahrscheinlich schon immer bereitwilliger an sie geglaubt als Väter, und Väter bereitwilliger als Ärzte. Neugeborene wirken so mitleiderregend winzig und unfertig, so offensichtlich schlecht fürs Leben gerüstet, doch ihre Kleinheit und Schläfrigkeit täuschen. Stehen die Babys nach der Geburt unter Einwirkung von Medikamenten, wird diese Täuschung noch verstärkt.

Während Sie sich mit Ihrem Neugeborenen vertraut machen, wird sich Ihr Baby mit *Ihnen* vertraut machen, und zwar mit denselben Mitteln: den Sinnen. Vielleicht sind Sie überrascht, wenn Sie erfahren, daß Ihr Baby das ungefähr genausogut kann wie Sie. Es war schwierig, diese neuen Erkenntnisse zu erringen, und für viele sind sie vielleicht schwer anzunehmen.

1891 unterstellte der Psychologe William James, Neugeborene seien »durch Augen, Ohren, Nase, Haut und Eingeweide gleichzeitig einem solchen Ansturm« von Reizen ausgesetzt, daß sie die Welt als »einen einzigen großen, dröhnenden Wirrwarr« erleben müßten. Diese Ansicht beruhte nicht auf Erkenntnissen aus der Säuglingsforschung – die es zu dieser Zeit noch nicht gab –, sondern auf einer leicht nachvollziehbaren Logik, der sich die meisten Leute anschlossen. Wenn Sie bedenken, daß Jahrtausende vor James und fast ein Jahrhundert nach ihm ähnliche Irrtümer gang und gäbe waren, können Sie sich ein Bild davon machen, welchen Hürdenlauf die Babys vor sich hatten.

In den letzten hundert Jahren herrschte unter den Experten die Meinung vor, das Gehirn eines Babys sei noch nicht entwickelt und daher bei der Geburt von keinem großen Nutzen. Eltern mochten ihre Babys zwar vergöttern, mußten sich aber mit der Tatsache abfinden, daß sie dumm seien. Wissenschaftler hatten kein Interesse daran, die Sinneseindrücke der Neugeborenen zu erforschen, weil sie glaubten, dem Gehirn des Neugeborenen fehle die Fähigkeit, diese Eindrücke zu ordnen und auszuwerten.

Trotz zahlreicher neuer Erkenntnisse über die Sinnesorgane der Neugeborenen findet man noch heute manchen Geburtshelfer, der da seine Zweifel hegt. Die Praktiken der Geburtshilfe haben sich nicht viel geändert: grelle Lampen, kalte Räume, schmerzhafte Handgriffe am Baby. Allzuoft benehmen sich die Ärzte und Helfer bei der Geburt wie Elefanten im Porzellanladen und tun den Sinnen des Babys Gewalt an, weil sie glauben, solche Sinne existierten nicht. Auch Eltern laufen Gefahr, während der Schwangerschaft auf den zarten Sinnen ihres Ungeborenen herumzutrampeln, wenn sie sich nicht bewußt sind, daß die Sinnesorgane schon arbeiten.

Das Ungeborene entfaltet im Mutterleib seine Sinne ganz allmählich und in der Stille. Das Empfindungsvermögen auf Berührungsreize breitet sich etwa zwischen der achten und der siebzehnten Schwangerschaftswoche recht rasch vom Gesicht ausgehend bis in so gut wie alle Hautregionen aus.

In der zehnten bis zwölften Schwangerschaftswoche beginnt Ihr Ungeborenes mit seinem regelmäßigen Bewegungstraining und stellt damit unter Beweis, daß die Sinnesempfindungen, die mit der Bewegung von Muskeln, Sehnen und Gelenken zu tun haben, voll funktionieren. Auch zeigen sich bereits einige Mechanismen zur Wahrung des Gleichgewichts, und alle Teile des Systems, das die Bewegungen von Kopf und Körper Ihres Kindes sowie die Wirkung der

Schwerkraft registriert, sind nach etwa der Hälfte der Schwangerschaft voll ausgebildet.

Temperaturveränderungen wahrnehmen

Das Temperaturempfinden Ihres Babys zeigt sich an seinen Reaktionen auf extreme Hitze und Kälte im Mutterleib, obwohl die allgemeine Temperaturregelung von der Mutter übernommen wird. Während der Schwangerschaft hat Ihr Baby eine etwas höhere Körpertemperatur als Sie. Das Neugeborene braucht etwa eine Woche, bis es seine Körpertemperatur völlig selbständig regeln kann. Das heißt, daß das Baby einen Schock erlebt, wenn es plötzlich der Kälte des Kreißsaals ausgesetzt wird.

Forschungen zeigen, daß die Körpertemperatur des Neugeborenen am besten gesteuert wird, wenn das Baby engen Kontakt zu seiner Mutter hat. Babys schwitzen oder keuchen nicht, um übermäßige Hitze loszuwerden, sondern ihre Haut rötet sich, sie werden weniger aktiv, schlafen ein und strecken sich aus wie zum »Sonnenbaden« – das alles hilft ihnen, ihren Körper abzukühlen. Babys reagieren auf einen plötzlichen Anstieg oder Abfall der Temperatur geschickt durch gezieltes Anpassen ihrer täglichen Kalorienaufnahme. Fällt oder steigt die Temperatur in ihrer Umgebung um fünf Grad Celsius, trinken die Babys insgesamt zwar dieselbe Menge Flüssigkeit wie vorher, aber bemerkenswerterweise ändern sie je nach Bedarf das Verhältnis von Milch und Wasser und trinken zum Beispiel mehr Wasser als Milch, wenn es heiß ist. Der Geschmackssinn und das Gehör entwickeln sich früh in der Schwangerschaft und werden schon Monate *vor* der Geburt von Ihrem Baby benutzt. Der Geruchssinn und die Sehfähigkeit sind *bei* der Geburt einsatzfertig.

50

Schmecken

Schmecken ist eine der grundlegenden Möglichkeiten, die Dinge um uns herum kennenzulernen. Babys machen ständig davon Gebrauch. Man muß gut auf sie aufpassen, weil sie wirklich *alles* in den Mund stecken. Das haben sie schon im Mutterleib geübt.

Diese Fähigkeit des Schmeckens wird Ihrem Baby durch etwa fünftausend Geschmacksknospen ermöglicht, die aus etwa fünfzig »Schmeckzellen« aufgebaut sind und auf der rauhen Zungenoberfläche und den benachbarten Gebieten sitzen. Diese Schmeckzellen sind mit dem Hirnstamm durch zwei Nervenstränge verbunden, die für Gebiete rund ums Gesicht und den Mund zuständig sind. Mikroskopische Untersuchungen haben den Entwicklungsplan für all die zarten Strukturen aufgedeckt, die zum Schmecken nötig sind (Sinneszellen, Knospen, Poren und Mikrovilli).

Die Geschmacksknospen werden mit acht Wochen sichtbar und sind in der dreizehnten Woche wie beim Erwachsenen entwickelt. Innerhalb einer weiteren Woche werden sie von den Poren und haarartigen Mikrovilli umgeben, die das System vervollständigen. Danach finden in diesen Reizempfängen keine wesentlichen Veränderungen mehr statt, außer daß sie sich zahlenmäßig vervielfältigen und weiter ausbreiten. Diese Befunde machen es wahrscheinlich, daß die Geschmacksknospen ab der fünfzehnten Woche funktionieren. Andere Studien zeigen, daß das Ungeborene mit zwölf Wochen zu schlucken beginnt. Nimmt man all diese Ergebnisse zusammen, gelangt man zu der Annahme, daß Ihr Baby etwa 25 Wochen *vor* der Geburt Geschmackserlebnisse hat. Was die Babys in dieser Zeit vor allem zu kosten bekommen, ist das umgebende Fruchtwasser. Diese Flüssigkeit ist ziemlich komplex und kann durchaus eine Herausforderung für das Geschmacksempfinden sein. Diese silbrige Kantine stellt

Köstlichkeiten bereit wie Glukose, Fruktose, Milchsäure, Brenztraubensäure, Zitronensäure, Fettsäuren, Phosphatide, Kreatinin, Harnstoff, Harnsäure, Aminosäuren, Polypeptide, Proteine, Salze und andere organische Produkte. Wir können den Geschmack dieses organischen Schmauses nur erahnen. Außerdem saugen Babys im Mutterleib an ihren Fingern, Händen und Zehen, wie wir auf Ultraschallaufnahmen und Fotos aus der Gebärmutter sehen können.

Studien mit radioaktiven Indikatoren zeigen, daß Ungeborene im letzten Schwangerschaftsdrittel stündlich zwischen fünfzehn bis vierzig Milliliter Fruchtwasser trinken. Das summiert sich zu vierzig Kalorien täglich, wenn die Schluckbewegungen normal sind. Große, gut genährte Babys schlukken schneller, kleine, ausgesprochen schlecht ernährte Babys sehr langsam.

Wird ins Fruchtwasser eine bitter schmeckende Substanz eingespritzt, hören die Babys sofort auf, davon zu trinken. Umgekehrt schlucken manche Babys doppelt soviel, wenn Saccharin eingespritzt wird. Alkohol und Nikotin scheinen den Appetit zu dämpfen; Babys, die von ihren Müttern damit belastet werden, haben ein geringeres Geburtsgewicht. Trinkt und raucht die Mutter regelmäßig, sind die Kinder in der Regel klein und untergewichtig; in den ersten Lebensjahren ist ihre Anfälligkeit für Krankheiten und ihr Risiko zu sterben größer.

Nach der Geburt zeigt Ihr Baby ausgeprägte Geschmacksvorlieben. Was Babys mit vielen Erwachsenen teilen, ist der Hang zum Süßen. In der Regel saugen sie verstärkt, wenn sie eine süße Flüssigkeit bekommen; Bitteres und Saures hat den gegenteiligen Effekt. Verglichen mit den Reaktionen Erwachsener auf diese Geschmacksreize scheinen Babys weniger stark auf Bitteres, aber stärker auf Saures zu reagieren, so daß es durchaus möglich ist, daß einige der Sinne Ihres Babys schärfer sind als die Ihren. Präsentiert man ihnen eine Auswahl natürlicher Zucker, greift das Baby lieber zu Fruktose als zu Glukose und Laktose: je süßer, je lieber. Das bedeutet, daß Sie Ihrem Baby nicht erst beizubringen brauchen, Süßes zu mögen, sondern mit den Süßigkeiten eher zurückhaltend sein sollten, damit auch andere Geschmackserlebnisse eine Chance bekommen.

Um herauszufinden, wie feinfühlig die Geschmacksknospen der Neugeborenen eigentlich sind, entwickelten der Psychologe Lewis Lipsitt und seine Kollegen von der Brown University in Providence, Rhode Island, ein spezielles Bettchen, in dem die Licht- und Geräuschreize gesteuert werden konnten und die Saugtätigkeit, die Atmung und die Herzaktivität ständig mit einem Schreiber aufgezeichnet wurden. Sie erfanden ein »Saugmeter«, um die Saugfrequenz und den Saugdruck zu messen, dazu einen Spezialsauger und eine Pumpvorrichtung, die genau abgemessene Tropfen Flüssigkeit abgeben. So konnten sie mit großer Genauigkeit den Babys verschiedene Flüssigkeiten und Geschmackszusammenstellungen anbieten. Die Instrumente zeigten an, wenn sich die Sauggeschwindigkeit erhöhte oder verlangsamte, kürzere oder längere Pausen eingelegt wurden, und wenn ein Baby während einer Saugperiode häufiger saugte.

Die Ergebnisse: Neugeborene Babys reagieren heftig und kritisch auf winzigste Veränderungen in der chemischen Zusammensetzung der Flüssigkeiten, die die Zunge erreichen. Unterschiedliche Saugmuster für verschiedene Flüssigkeiten konnten eindeutig auf den Geschmack dieser Flüssigkeiten zurückgeführt werden.

In diesen Experimenten mit dem Geschmackssinn zeigten die Babys auch Gedächtnisleistungen und lernten rasch aus Erfahrungen. Zum Beispiel ließen Kinder, die bei süßen Flüssigkeiten pro Minute häufiger als sonst saugten, sofort in ihrem Eifer nach, wenn man ihnen einfaches Wasser gab. Ein Geschmacksexperiment beeinflußt das nächste. Säuglingsschwestern, denen dies nicht bewußt ist, können gestillte Babys mit gesüßten Tees und Fertignahrung ganz aus dem Konzept bringen.

In einem Experiment wurde jeweils ein Tropfen einfaches Wasser, leicht gesüßtes Wasser oder leicht gesalzenes Wasser verabreicht und dabei die Länge der folgenden Saugperiode gemessen. Neugeborene erkannten rasch die süßen Tropfen und saugten länger, beim einfachen Wasser kürzer und noch viel kürzer bei den salzigen Tropfen. Die Babys konnten Salz noch in extrem niedrigen Konzentrationen herausschmecken.

Andere Experimente zeigen, daß Sie Ihrem Baby ganz genau am Gesicht ablesen können, wie ihm etwas schmeckt. In einer Experimentreihe an der Hebräischen Universität in Jerusalem bot der Psychologe Jacob Steiner Neugeborenen Süßes, Saures und Bitteres an, fotografierte ihre Reaktionen und bat dann unabhängige Betrachter, herauszufinden, welche Babys welche Kostprobe bekommen hatten. Sämtliche Reaktionen auf die Proben wurden allein aufgrund des Gesichtsausdrucks richtig erkannt.

Alle Menschen scheinen mit ähnlicher Mimik auf bestimmte, ganz unterschiedliche Geschmacksempfindungen zu reagieren. Steiner konnte das feststellen, als er Frühgeborenen, blinden Babys und Erwachsenen verschiedene Kostproben reichte. Sämtliche Versuchspersonen kniffen bei Saurem die Lippen zusammen, würgten oder spuckten bei Bitterem und machten bei Süßem ein erfreutes, zufriedenes Gesicht.

Das Gehör

Das Gehör ist die Lautbrücke zwischen Ihnen und Ihrem Baby, ein Weg, die große Welt da draußen kennenzulernen und mit ihr Verbindung aufzunehmen. Laute wahrzunehmen ist Voraussetzung für die Geburt von Sprache. Nicht hören zu können ist ein schweres Handikap, die Gabe des Hörens zu besitzen ein unendliches Abenteuer. Während der Schwangerschaft ist das Gehör wie eine private Telefonleitung, die lange vor der Geburt die Unterhaltung mit der Familie erlaubt.

Schon eine Woche nach der Befruchtung kann man an Ihrem Ungeborenen die ersten Ansätze von Ohren feststellen. Nach etwa der Hälfte der Schwangerschaft sind ausgeklügelte Labyrinthe, Kammern und Gänge mit eindrucksvollen Nerven- und Gehirnverbindungen vollendet. Der Schneckennerv, der unmittelbar dem Hören dient, bekommt schon früh seine isolierende Myelinhülle, und die Schläfenlappen des Gehirns, zu denen das Ohr seine Signale sendet, sind bei der Geburt voll myelinisiert. Da andere Teile des kindlichen Gehirns und Nervensystems bei der Geburt nur teilweise isoliert sind, scheint das Gehör sehr vorrangig behandelt zu werden.

Der französische Pionier der Gehörforschung, Alfred Tomatis, weist darauf hin, daß die Corti-Zellen, die besonderen Sinneszellen, mit denen das Ohr so dicht bestückt ist, ähnlich wie in der Haut gefundene Sinneszellen beschaffen sind. Man kann sich also die Hörzellen des Ohrs als eine Art Haut vorstellen – oder, was noch aufregender ist, die Haut als eine Art Verlängerung des Ohrs betrachten – die *Haut* als ein riesiges Ohr!

Noch über zwei weitere Wege gelangen die Signale zum Ohr: über die Luft und über die Knochen; daher können wir das ganze Knochengerüst als Empfangsantenne auffassen, die mithilft, Geräusche zu lokalisieren.

Die Forscher sind der Meinung, daß Babys schon in der achtzehnten Schwangerschaftswoche zu hören beginnen. In der 28. Woche sind die Reaktionen des Babys auf Geräusche so beständig, daß man ein funktionales, auf andere bezogenes Hören jetzt sicher annehmen kann.

Bei einem der ersten Nachweise zum Hörvermögen des Ungeborenen spielte man in einer Londoner Entbindungsklinik vier bis fünf Monate alten Föten Musik vor. Beethoven, Brahms und Hard Rock machten sie unruhig, Vivaldi und Mozart beruhigten sie.

Viele schwangere Mütter haben über die Reaktion ihres Ungeborenen auf Geräusche einiges zu erzählen. Im englischen Essex besuchte eine schwangere Frau ein sehr lautes Rockkonzert. Das Baby strampelte so heftig, daß die Mutter mit einer gebrochenen Rippe heimkam. Ein anderes Paar erinnert sich, wie wild ihr Baby beim Kinothriller *Jäger des verlorenen Schatzes* um sich stieß. Mein eigener Enkel reagierte auf einen Film über den Vietnamkrieg so ungestüm, daß seine Mutter das Kino verlassen mußte. Ungeborene scheinen uns sagen zu wollen, daß sie laute Geräusche hören können und gar nicht lieben. Meiner Meinung nach fordern sie keine Stille, aber wenigstens mehr Frieden und Harmonie.

Weitere Belege für das Gehör des Ungeborenen liefert eine High-Tech-Studie über die ersten Schreie. 1955 schloß sich der amerikanische Spezialist für kindliche Sprachentwicklung Henry Truby einem internationalen Forscherteam in Stockholm an, das mit den neuesten akustischen Geräten Babygeschrei analysierte. Ein Gerät splitterte Laute in viertausend Segmente pro Sekunde auf. Ein Spektrograph produzierte äußerst detaillierte Stimmporträts, »Schreiabdrücke«, die genauso individuell wie Fingerabdrücke waren.

Über Ähnlichkeiten im Lautmuster ließ sich ein Individuum und seine Gruppe erkennen. Mit Hilfe dieser Muster und anhand von Röntgenfilmen entdeckte man, daß Babys im Mutterleib nicht nur hören, sondern anscheinend auch die Sprache *erlernen* und die feinen neuromuskulären Bewegungen der Sprechorgane »einüben«, die nach der Geburt beim Schreien und Bilden von Lauten ausgeführt werden.

In den Stimmporträts von fünf Monate alten Frühgeborenen, die nur 900 Gramm wogen, fanden die Forscher in Tonmelodie, Rhythmus und anderen sprachlichen Merkmalen Entsprechungen zur Mutter. Diese revolutionäre Entdeckung besagt nicht nur, daß die Babys ihre Mütter hören, sondern daß sie tatsächlich Sprachunterricht nehmen. Bereits die Ungeborenen hatten etwas vom persönlichen Akzent und der Sprechweise der Mutter übernommen.

Ungeborene mit normalem Gehör reagieren auf Töne, die gezielt auf sie in die Gebärmutter ausgestrahlt werden; Babys, die sich bei der Geburt als taub erwiesen, reagieren auf diese Töne im Uterus nicht. Ungeborene können unter einem Sprachmangel leiden, wenn ihre Mutter stumm, taub oder sehr ruhig und in sich gekehrt ist. Bei der Geburt weinen diese Babys auf merkwürdige Weise oder überhaupt nicht und lassen dadurch erkennen, daß ihnen der Sprachunterricht gefehlt hat.

Es gibt mehrere Gründe, warum die Stimme der Mutter eine so große Bedeutung für ihr Baby annimmt. Im Mutterleib ist das Gehör des Babys besser imstande, die hohe Stimme der Mutter als die tiefe Stimme des Vaters wahrzunehmen. Laut Dr. Tomatis sind jene Zonen, die für den Empfang von Tönen hoher Frequenz zuständig sind, schon vor der Geburt gut entwickelt, während sich die Bereiche für niedrigere Frequenzen erst in der Pubertät voll ausbilden. Diese überraschende Tatsache erklärt, warum zu diesem Zeitpunkt die männliche Stimme um etwa eine Oktave und die weibliche Stimme um ein paar Töne abfällt – ein weiteres Beispiel, wie das Sprechen vom Gehör beeinflußt wird.

Ein zweiter Grund, warum die mütterliche Stimme gegenüber der väterlichen den Vorzug erhält, liegt darin, daß das Ungeborene mehr durch die Übertragung der Schallwellen über die Knochen als über die Luft hört; die Gebärmutter ist ein Resonanzkörper. Damit die Väter überhaupt durchdringen, müssen sie besondere Anstrengungen unternehmen. Um sich in das Empfangsnetz von Knochen und Nerven einzuschalten, müssen sie nahe heranrücken, deutlich und auch etwas höher sprechen als gewohnt.

Das Ungeborene kann sich der mütterlichen Stimme nie entziehen. Ihre Stimme ist eine Konstante; Ihr Baby badet sich darin. Das kann schwere Verantwortung bedeuten. Wer sonst muß Tag und Nacht *alles* hören, was Sie von sich geben? Dr. Tomatis warnt die Mütter, daß die frühesten Wahrnehmungen von Tönen im Mutterleib Ihr Baby dazu anregen oder aber es davon abschrecken können, zuzuhören und sich mitzuteilen. In extremen Fällen, wenn der Mutterleib ein Lärmkäfig ist, möchte sich ein Baby vielleicht gar nicht auf das Leben einlassen. Wenn Ihre Stimme ständig schrill, zornig und beunruhigend ist, wird Ihr Ungeborenes möglicherweise lernen, sie zu fürchten. Versuchen Sie, ihm etwas vorzusummen, zärtlich zu singen und leise zu sprechen. Die Beziehung zwischen Ihnen und Ihrem Kind beginnt mit dieser Privatleitung zur Gebärmutter.

Natürlich darf man auch andere Geräusche nicht vergessen. Plötzlicher Lärm in einem ruhigen Raum kann Ihr Ungeborenes erschrecken; Sie können das am Ultraschall-Bildschirm verfolgen. Im Alter von 25 Wochen kann Ihr Baby Sie überraschen, wenn es bei einem Konzert zu strampeln beginnt, sobald die Pauke schlägt. Töne, die an das Ungeborene gesendet werden, beschleunigen seinen Herzschlag und versetzen es in Bewegung, wie Lester Sontag, der bei der Erforschung des Verhaltens von Babys im Mutterleib Pionierarbeit geleistet hat, 1947 entdeckte.

Ihre Bauchhöhle bietet selbst eine gewisse klangliche Unterhaltung. Die lautesten Geräusche in Ihrem Inneren, die Ihr Baby erreichen, kommen wahrscheinlich von Ihrem Magen und Darm, mit Spitzenwerten von 85 Dezibel. Zu den mit einer Lautstärke von 55 Dezibel zu hörenden Geräuschen zählen der ständige Hintergrund des in den großen Arterien rauschenden Bluts, das den Uterus und die Plazenta versorgt und gemeinsam mit dem Herzen pulsiert. Heute gibt es Tonkassetten, Spielbären und sogar Therapieräume, die diese Geräusche aus der Gebärmutter nachahmen. Auf Ihr Neugeborenes wirken sie einzigartig und machtvoll.

Der Psychologe Lee Salk untersuchte Hunderte von Madonnenstatuen und -gemälden und fand heraus, daß in achtzig Prozent der Fälle die Mutter das Kind auf dem linken Arm hält. Er glaubt, darin zeige sich, wie intuitiv das Geräusch, das die Neugeborenen am besten kennen und an das sie gern erinnert werden, erkannt wird. Ihr Baby wird sich besonders behaglich fühlen, wenn Sie es auf Ihrer linken Seite über Ihrem Herzen halten. Das erklärt vielleicht auch, warum sich Babys oft durch das langsame Ticken einer alten Uhr oder ein auf fünfzig bis neunzig Schläge eingestelltes Metronom beruhigen lassen.

Bei einem berühmt gewordenen Experiment ließ Salk auf einer Säuglingsstation die Aufnahme von Herztönen abspielen. Er notierte die Nahrungsaufnahme und die Gewichtszunahme der Babys. Eine Gruppe von Neugeborenen hörte Herztöne, die in der normalen Geschwindigkeit von zweiundsiebzig Schlägen in der Minute schlugen. Salk nahm die Lautäußerungen der Babys mit einem Mikrophon auf. Die Ergebnisse wurden mit einer ähnlichen Gruppe verglichen, die die Herztöne nicht hörten. Bei derselben Nahrungsmenge nahmen siebzig Prozent der Babys aus der Herztöne-Gruppe stärker zu, auch schliefen sie besser und weinten seltener. Geschahen diese erfreulichen Dinge, weil die Babys an ihre Mütter erinnert wurden?

Eine interessante Anmerkung zur Studie Salks: Einmal versuchte er, den Babys einen rasenden Puls von 128 Schlägen pro Minute vorzuspielen. Die Babys konnten das nicht ertragen. Sie gerieten so außer sich, daß dieser Teil des Experiments abgebrochen werden mußte.

Wie Sie nach alledem wohl nicht anders erwarten, ist Ihr Baby bei der Geburt mit einem sehr guten Gehör ausgestattet. Gesunde Neugeborene hören etwa so gut wie Erwachsene, wie die Messung der akustisch evozierten Hirnstammpotentiale zeigt. Neugeborene können die kleinsten Lauteinheiten (Phoneme) sogar besser wahrnehmen als Erwachsene. Aus der Messung der Herzreaktion auf Laute kann man schließen, daß das Gehör von Neugeborenen noch einen so tiefen Bereich wie 40 Hertz erfaßt. Laute müssen wohl länger als 300 Millisekunden dauern, um beim Neugeborenen anzukommen, aber in der natürlichen Umgebung eines Babys liegen viele Geräusche innerhalb dieses Rahmens.

Ihr Neugeborenes kann erkennen, aus welcher Richtung ein Geräusch kommt, und wird sich in der Erwartung, etwas zu sehen, dem Geräusch zuwenden. Dieses täuschend einfache Verhalten erfordert in Wirklichkeit das Zusammenspiel dreier Sinnessysteme: Hören, Bewegung und Sehen. Babys können auf Geräusche, die von links und rechts kommen, reagieren, besonders gut aber erfassen sie Geräusche direkt vor ihnen, was einen Forscher zu dem Schluß veranlaßt, diese Fähigkeit müsse angeboren sein.

Sogar im Schlaf hört ein Baby Geräusche, wie Messungen von Gehirnströmen ergeben haben. Falls Sie mit Ihrem Ehekrach warten, bis das Baby schläft, täuschen Sie sich vielleicht selbst, aber nicht Ihr Baby. Einfache Klickgeräusche von 60 Dezibel wurden vom Gehirn des Neugeborenen sowohl in aktiven als auch in ruhigen Schlafphasen wahrgenommen.

Ihr Baby kommt auch mit der Fähigkeit zur Welt, verschiedene Arten von Schreien zu deuten. Neugeborene erkennen den Unterschied zwischen Aufnahmen von weinenden, wirklichen Babys, weißem Rauschen (einem unspezifischen, gleichbleibenden Geräusch) und computersimuliertem Weinen. Echtes Weinen bringt Babys eindeutig mehr aus der Fassung, am meisten aber das Schreien von Babys, die ihnen im Alter am nächsten stehen, so daß man den Eindruck bekommt, sie sprächen »dieselbe Sprache«. Wir wissen nicht, wie sie lernen konnten, die besondere Klangfarbe und die stimmliche Eigenart dieser Altersgruppe ohne entsprechende Erfahrungen herauszuhören.

Daß Babys sich durch das Schreien anderer Babys beunruhigen lassen, hat manche Forscher zu der Annahme geführt, Mitgefühl sei eine angeborene menschliche Eigenschaft.

Der Geruchssinn

Ihr Baby kann damit beginnen, seine Umwelt zu erschnuppern, sobald Luft in seine Nasenhöhlen strömt. Die Forschung hat herausgefunden, daß der Geruchssinn beim Menschen nicht so hoch entwickelt ist wie das Gehör und das Sehvermögen. Doch weil dieser Sinn wichtige Funktionen hat – vor möglichen Gefahren zu warnen, bei der Nahrungssuche zu helfen, den Eßgenuß zu erhöhen und sogar die Verdauung zu verbessern –, ist die Fähigkeit, Gerüche zu unterscheiden, zweifellos im Repertoire Ihres Babys vorhanden. Das zeigt sich deutlich an Reaktionen, die Sie leicht beobachten können: am Gesichtsausdruck, an Bewegungen und an Veränderungen des Herzschlags und des Atemmusters, wenn Ihr Baby bestimmten Gerüchen ausweichen will oder sich von ihnen angezogen fühlt.

Die Riecheindrücke werden von einem kleinen Feld registriert, das oben in jedem Nasenflügel sitzt und etwa die Größe einer Briefmarke hat. Das schleimüberzogene Gewebe enthält hier eine große Anzahl von Sinneszellen, die von feinen Härchen gesäumt sind, welche in die Luftwege der Nasenflügel hineinragen. Diese Riechhärchen sind Verästelungen des Riechnervs, der Signale nach oben an die Unterseite des Gehirns sendet. Ebenfalls in der Nase sitzen die Enden eines anderen Nervs, der direkt auf Substanzen aus der Luft reagiert und eine blitzschnelle, schmerzhafte Empfindung hervorruft wie beim Einatmen einer Wolke Ammoniak. Dieses Alarmsystem schützt sowohl Babys wie Eltern.

Im Mutterleib beginnt die Nase Ihres Babys um die sechste Woche herum, ein Profil zu entwickeln, und ist in der fünfzehnten Woche schön ausgestaltet. Mit diesem unglaublichen Instrument wird Ihr Kind schließlich in der Lage sein, mehrere hundert Gerüche zu erkennen. Bei der Geburt zeigt Ihr Baby ohne jede Übung oder Erfahrung starke Duftvorlieben.

Jacob Steiner, der die Reaktion Neugeborener auf verschiedene Geschmacksempfindungen in Fotos festhielt, wiederholte diese Prozedur mit Gerüchen, wobei den Babys Wattebäusche unter die Nase gehalten wurden. Erwachsene hatten aus einer großen Zahl künstlicher Gerüche diejenigen ausgesucht, die einem »frischen« und einem »verdorbenen« Geruch entsprechen. Ein künstlicher Geruch nach verdorbenen Eiern und ein konzentrierter Fischgeruch wurden einstimmig als widerwärtig klassifiziert, ein verdünntes künstliches Butteraroma wurde als »milchig« und einigermaßen angenehm empfunden, Banane, Vanille, Schokolade und Erdbeere galten als sehr angenehm.

Babys, die gerade geboren waren und noch nichts Eßbares zu sich genommen hatten, reagierten in Steiners Experiment auf die Gerüche verschiedener Speisen mit eindeutigen Zeichen von Abneigung oder Befriedigung. Der Gesichtsausdruck bei angenehmen Düften ähnelte der Reaktion auf süße Geschmackserlebnisse im bereits geschilderten Schmeck-Experiment; die Reaktion auf widerwärtige Gerüche glich dem Ausdruck von Ekel bei bitteren Kostproben. Sogar Babys, die mit Mißbildungen der Großhirnrinde geboren waren, reagierten wie die anderen und stellten damit die frühe Entwicklung dieser Sinnesempfindung unter Beweis.

Ihr Baby wird Ihren Körpergeruch rasch erkennen, und dieser Geruch stellt ein weiteres Bindeglied zwischen Ihnen beiden dar. Bei einem Experiment hielt man den Versuchsbabys benutzte Stilleinlagen an die eine Seite des Kopfes und unbenutzte an die andere; die Kleinen drehten sich häufiger zur Seite mit den benutzten Einlagen und zeigten damit, daß sie den Geruch erkennen. Das können sie schon wenige Tage nach der Geburt. Macht Ihr Baby noch ein paar Tage länger die Erfahrung Ihrer Nähe, kann es Ihre benutzten Stilleinlagen von denen anderer Mütter unterscheiden.

Wenn Sie stillen, wird Ihr Baby auch rasch lernen, Ihren besonderen Unterarmgeruch auszumachen. In einem Experiment mit zwei Wochen alten Babys konnten die Kleinen allein aufgrund der einzigartigen Unterarmduftnote ihre eigenen Mütter unter anderen herausfinden. Babys, die Flaschennahrung bekamen, konnten das nicht. Dies ist ein Beispiel für Lernen aus Erfahrung.

Ihr Baby ist auch in der Lage, bestimmte Gerüche aus Mischungen herauszuriechen. Um das zu testen, haben die Experimentatoren verschiedene Zusammensetzungen aus Lakritze, Knoblauch, Essig und Alkohol verwendet. Die Neugeborenen waren eindeutig in der Lage, den Unterschied zwischen getrennt dargebotenen Duftpaaren sowie zwischen einzelnen Bestandteilen von Mischungen zu erkennen.

Das Sehvermögen

Blicke sind wahrscheinlich die wichtigste Verbindungsbrücke Ihres Babys zu Ihnen. Nach all den Tagen im Mutterleib, in denen das Baby nur fühlen, schmecken und hören konnte, scheint es ganz versessen darauf, die Gesichter von Mutter und Vater anzuschauen. Neugeborene haben eine geradezu unheimliche Fähigkeit, bei der Geburt ihre Eltern unter anderen herauszufinden, und sie kommen mit einem wachen Bewußtsein zur Welt, so daß sie Mutter oder Vater etwa eine Stunde lang intensiv betrachten können, bevor sie schließlich einschlafen. Von allen Sinnen ist das Sehvermögen am komplexesten und wurde von den Forschern am eingehendsten untersucht. Das frühkindliche Sehvermögen entpuppt sich als immer »besser«, je besser und einfallsreicher die Methoden der Forscher werden (gleiches läßt sich auch für alle anderen Sinne sagen). Vor nur zwei Jahrzehnten hieß es in einem Lehrbuch für Kindermedizin, das Sehvermögen des Neugeborenen umschließe wenig mehr als die Empfindlichkeit gegenüber Licht. Wir wissen heute, daß Babys bei der Geburt ihre Augen bereits richtig benutzen können. Das Sehvermögen mag in seiner ganzen Vielschichtigkeit noch nicht vollkommen sein, aber es ist schon hoch entwickelt und den unmittelbaren Bedürfnissen angemessen. Schließlich brauchen Neugeborene keine Verkehrsschilder oder Mikrofilme zu lesen; worauf sie vorbereitet sind, ist der Anblick ihrer Eltern.

Sehen erfordert die Entwicklung und das Zusammenspiel einer Reihe von Körperteilen: das Auge selbst, die Muskeln, die das Auge bewegen und einstellen, spezialisierte Photorezeptoren im Auge, die licht- und farbempfindlich sind, der Sehnerv und seine Stationen (Gehirnstamm und Thalamus) auf dem Weg zu den Sehzentren der Großhirnrinde. Vollkommene Sehfähigkeit ist erreicht, wenn sämtliche Teile dieser erstaunlichen Kette zusammenwirken.

Im Vergleich mit dem übrigen Körper Ihres Neugeborenen, der im Lauf der Zeit ein Vielfaches seiner jetzigen Größe erreichen wird, wächst das Auge nur um das Zwei- bis Dreifache seines Gesamtvolumens, und das in kurzen zwei Jahren. Das Bild auf der Netzhaut von allem, was Ihr Baby betrachtet, wird sich auf das Doppelte vergrößern, wenn die Retina im ersten Jahr ihre volle Größe wie beim Erwachsenen erreicht. Damit kann das Kind viel effektiver sehen. Wissenschaftler versuchen gegenwärtig, die Wirkungen der zahlreichen Veränderungen abzuschätzen, die in dieser Periode rascher Entwicklung stattfinden. Viele der Sehfunktionen Ihres Neugeborenen erreichen bei der Geburt schon fast Erwachsenenniveau.

Beim Sehen werden Impulse vom Auge durch den Sehnerv in verschiedene Gehirnteile geleitet, wo sie ausgewertet werden. Die ersten Teile dieses Systems zeichnen sich zwischen sieben und zehn Wochen nach der Befruchtung ab. Aufbau und Wachstum dauern in manchen Bereichen bis zu zwei Jahre nach der Geburt.

Die Pupillen Ihres Neugeborenen beginnen sofort, sich der Lichtstärke anzupassen. Das ist sowohl bei Frühgeburten wie bei voll ausgetragenen Kindern zu beobachten. Sie blinzeln und werfen den Kopf in den Nacken, sobald sie zu grellem Licht ausgesetzt werden. Helligkeitsschwankungen führen nicht nur zu beträchtlichen Veränderungen der Pupillengröße, sondern auch zu Änderungen von Puls und Atemrhythmus. Bei Tests, bei denen man Babys paarweise Tafeln unterschiedlicher Helligkeit vorführte, schienen die Babys einen mittleren Helligkeitsgrad zu bevorzugen.

Zwar ist sich die Forschung nicht einig, was die Fähigkeit des Neugeborenen betrifft, Gegenstände in unterschiedlichen Entfernungen scharf zu sehen, doch unter günstigen Umständen kann ein Baby feine Details unterscheiden und legt sogar eine Sehschärfe an den Tag, die der Erwachsener nicht nachsteht. Bei kurzen Entfernungen von 25 bis 60 Zentimetern kann das Neugeborene durchaus scharf sehen. Ein Wissenschaftler hat die Sehschärfe des Neugeborenen mit der einer Hauskatze verglichen – wobei es nicht schlecht abschnitt.

Einige Tests haben ergeben, daß ein Neugeborenes Gegenstände fast ebensogut mit den Augen verfolgen kann wie Erwachsene, die dieselben Tests mitmachten. Neugeborene können mit den Augen Streifen oder Punkte fixieren, die sich über ein Feld von 180 Grad bewegen. Die beiden Augen sind gut koordiniert und die Augenbewegungen gezielt. Studien über den Fortschritt des Sehens im ersten Lebensjahr haben gezeigt, daß die Sehschärfe im Alter von einem Monat wesentlich besser ist als bislang angenommen und daß das Auflösungsvermögen mit acht Monaten vollkommen entwickelt ist. Mit Hilfe neuer Methoden haben Forscher herausgefunden, daß Babys unter gewissen Bedingungen bereits mit einem Monat einen Gegenstand fixieren und scharf sehen können; eine merkliche Verbesserung dieser Fähigkeit ist in den ersten zwei bis drei Monaten nach der Geburt zu erwarten.

Neugeborene sind ganz Auge. Wenn sie wach sind, richten sie ständig ihre Blicke auf irgendwelche Objekte, dabei bewegen sich die Augen etwa jede halbe Sekunde. Das ständige »Sichten« der Umgebung beginnt unmittelbar nach der Geburt. Infrarotkameras zeigen, daß das sogar im Dunkeln so weitergeht.

Wenn Sie Ihr Neugeborenes im ruhigen Wachzustand abpassen, können Sie sehen, wie gut es einen langsam bewegten Gegenstand mit den Augen verfolgen kann. Am vierten Tag nach der Geburt tritt zur Augenbewegung die Bewegung des Kopfes hinzu und vergößert das Blickfeld zur Seite. Das Verfolgen eines Gegenstands in der Senkrechten ist schwieriger, aber der Blickkontakt jedweder Art mit bewegten Objekten beweist eine feine motorische Koordination. Die Fähigkeit Ihres Babys, ein bewegtes Objekt im Blickfeld zu behalten, setzt ein ständiges Korrigieren durch die Augenmuskeln voraus.

Vielleicht fragen Sie sich, ob Ihr Neugeborenes Farben wie Sie empfindet. Wissenschaftler haben sich sehr angestrengt, um herauszufinden, wie früh Babys die Fähigkeit des Farbensehens entwickeln. Nach ausgeklügelter Detektivarbeit glauben heute die Forscher, daß Neugeborene von den Stäbchen und Zapfen, die fürs Farbensehen zuständig sind, frühzeitig Gebrauch machen. Viele Experimente mit ein, zwei oder drei Monate alten Babys zeigen, daß sie auf Farben ähnlich reagieren wie Erwachsene. Es sieht so aus, als sei Farbe eine »Universalsprache«, die Ihr Baby mit Ihnen teilt.

Von vier Monate alten Babys werden Farben in derselben Weise erkannt und zugeordnet wie von Erwachsenen. Das wird offenkundig, wenn sie eine neue Farbe in einer vertrauten Gruppe sofort ausfindig machen und diese Farbe dann bei verschieden geformten Gegenständen weiter verfolgen. Psychologen sehen darin einen Beweis für die Begriffsbildung. Im wesentlichen »wissen« Babys, daß Farbe eine Klassifikationskategorie ist. Dies setzt eine bemerkenswerte Reife des Gehirns und der Nervenbahnen voraus.

Was Ihr Neugeborenes am liebsten sieht, konnte mit Hilfe eines einfachen Verfahrens aufgedeckt werden, das Robert Fantz von der Case Western Reserve University entwickelt hat. Fantz beobachtete durch ein Guckloch die Augen des Neugeborenen, während es einen Gegenstand betrachtete. Er registrierte die Zeitspanne, während der sich das Objekt auf der Hornhaut spiegelte, und konnte damit nicht nur angeben, was betrachtet wurde, sondern auch, wie lange es betrachtet wurde – ein Maß für das Interesse.

Ein frühes Ergebnis der Forschungen von Fantz war, daß Babys von Geburt an bestimmte Formen mit den Augen fixieren und sie voneinander unterscheiden konnten. Anders ausgedrückt: Babys beginnen unmittelbar nach der Geburt, selektiv an dem, was um sie herum vor sich geht, Anteil zu nehmen, und »beginnen, mit dem ersten Augenblick *Wissen* über ihre Umgebung zu *erwerben*.«

Hat ein Neugeborenes die Wahl zwischen mehreren Objekten, betrachtet es in der Regel gemusterte Flächen länger als ungemusterte einfarbige Flächen, komplizierte Muster länger als einfache, geschwungene Linien länger als gerade, Farben länger als Schwarz-Weiß, dreidimensionale Objekte länger als zweidimensionale, und Gesichter lieber als alles andere. Aus alledem läßt sich schließen, daß Ihr Neugeborenes

Verlangen nach Vielfalt, Komplexität, Farbe und realen Szenen und Menschen hat.

Normales Sehen umschließt auch das Tiefensehen, um Objekte in der Entfernung auszumachen, ihre Bewegung oder Lage zu erkennen und ihre Größe im Verhältnis zu der eigenen zu bestimmen. Stützt man Neugeborene so ab, daß sie ihre Arme frei bewegen können, strecken sie die Ärmchen nach Gegenständen aus und greifen danach. Das können sie noch nicht sehr gut, weil sie noch mehr Übung brauchen, um ihre Arm- und Handmuskeln kontrollieren zu können, aber ihr Bemühen läßt Interesse, Zielstrebigkeit und Tiefenwahrnehmung erkennen.

In einem Experiment bewegte Tom Bower von der Universität Edinburgh einen großen Schaumgummiwürfel direkt auf Neugeborene zu. Sie reagierten, indem sie die Augen aufrissen, den Kopf zurückwarfen und die Hände vors Gesicht hielten – eine intelligente Verteidigungsstrategie. Als Bower mit Hilfe von Polaroidfiltern und Spezialbrillen ein *illusionäres* Objekt vortäuschte, griffen die Neugeborenen ebenfalls danach und fingen an zu schreien, wenn sie nichts fassen konnten. Offensichtlich bedienten sie sich ihrer Tiefenwahrnehmung, wurden aber durch die Brille getäuscht. Die Babys sahen verwirrt aus, wenn ihre Pläne und Erwartungen so durchkreuzt wurden. Bower zog den Schluß, daß viele visuelle Fähigkeiten eher angeboren als erlernt sind, wenn sich auch die Gewandtheit im Gebrauch dieser Fähigkeiten in den ersten paar Monaten nach der Geburt durch Übung verbessert.

Weitere Beweise für gezielte Bewegung und Tiefensehen liefern Experimente, die von dem schwedischen Psychologen Claes von Hofsten, Uppsala, durchgeführt worden sind. Bauschige Kugeln aus roter, blauer und gelber Wolle wurden an einer motorgetriebenen Stange aufgehängt. Die Wolle kreiste vor den Augen des Babys, dessen Arm-, Hand-, Gesichts- und Augenbewegungen mit Video aufgenommen wurden.

Neugeborene waren eindeutig dazu in der Lage, Augen und Hände nach den kreisenden Knäueln auszurichten. Dabei waren die meisten Bewegungen der Arme und Hände nach vorn gerichtet, was erkennen ließ, daß Absicht dahintersteckte. Wenn die Babys das kreisende Garn gut fixierten, kamen sie ihrem Ziel näher. Die Kameras hielten fest, wie sich die Hände bei ihrer Vorwärtsbewegung öffneten und langsamer wurden, wenn sie sich ihrem Ziel näherten. Wenn die Babys beim ziellosen Herumrudern mit den Ärmchen zufällig einen Wollball berührten, den sie nicht bemerkt hatten, wandten sie die Augen blitzschnell in diese Richtung. Falls der nahende Ball zuerst durchs Auge erfaßt wurde, gesellte sich ihm schnell die Hand zu, was eine rasche Koordination von Augen und Händen verrät.

Die Babys versuchten nicht, die Wolle tatsächlich anzufassen, zeigten aber ihre Aufmerksamkeit, indem sie die Hände danach ausstreckten und sie betrachteten. Das Zusammenspiel von Sehen, Bewegung und Berührung, das sich hier so schön demonstrieren ließ, ist nicht gelernt, sondern bereits vorgeprägt. Dreidimensionales Sehen und Hand-Auge-Koordination verlängern also die Liste der Fähigkeiten, die Ihrem Baby bei der Geburt einsatzbereit zur Verfügung stehen.

Bei aller getrennten Erforschung der einzelnen Sinne fällt es schwer, nicht davon beeindruckt zu sein, wie genial die Neugeborenen mehrere Sinneswahrnehmungen kombinieren und zu einem Gesamtbild zusammenfügen – wenn sie zum Beispiel nach einer Geräuschquelle auch mit den Augen forschen, sich von einem Geruch abwenden, schneller saugen, um einen bestimmten Geschmack oder Klang hervorzurufen, oder ihre Arme nach etwas Gesehenem ausstrecken. Dieses reibungslose Zusammenspiel aller Formen sinnlicher Wahrnehmung belegt eindrucksvoll, daß bei der Geburt die Sinnesorgane und das Gehirn Ihres Babys bereits perfekt zusammenarbeiten.

3 Lernen und Erinnern

Solange die Meinung herrschte, Babys hätten weder ein besonders gut entwickeltes Gehirn noch Sinnesempfindungen, konnte man schwerlich ernsthaft annehmen, daß sie sich erinnern oder lernen könnten. Eltern, die mit ihren Ungeborenen im Mutterleib sprachen, brauchten sich keine Hoffnung zu machen, ihr Verhalten rational rechtfertigen zu können. Ein solches Verhalten wurde freundlich als leicht verschroben tituliert, als Tick, den das Elternsein eben so mit sich bringt.

Die Dinge haben sich geändert. Heute wird man Sie vielleicht fragen, warum Sie *nicht* mit Ihrem Ungeborenen sprechen. Bücher und Kurse leiten Sie an, wann Sie damit anfangen und was Sie sagen sollen. In psychologischen Labors haben zahllose Testreihen gezeigt, daß Babys auf dieselben klassischen Weisen lernen wie wir. Ein Beweis für Lernprozesse ist immer auch ein Beweis für das Vorhandensein von Gedächtnis, denn die Voraussetzung für Lernen ist die Erinnerung.

Wenn Sie bei Ihrem Baby nach Anzeichen von Lernen und Erinnern Ausschau halten, werden Sie leicht fündig werden. Sie werden merken, daß Ihr Baby seiner Umwelt Augen und Ohren mit unglaublichem Interesse zuwendet. Von seinem Schlafbedürfnis einmal abgesehen stürzt sich Ihr Baby mit sämtlichen Sinnen begierig ins Leben, stellt sich rasch auf Gerüche und Geräusche ein und legt einen wahren Heißhunger nach Erfahrungen an den Tag.

Sogar wenn Babys hungrig sind, unterbrechen sie möglicherweise ihre Mahlzeit, um einem interessanten Geräusch zuzuhören. Die Entdeckung, daß Babys lieber zuhören als essen, war eine Überraschung für die Psychologen, die glaubten, daß Hunger einer der Grundtriebe ist, die dem menschlichen Verhalten zugrunde liegen. Der Triumph der Neugier über den Hunger spricht Bände über die geistige Wachheit der Babys.

Babys scheinen das Lernen zu genießen; werden sie angeregt, geht es ihnen gut. Dank unserer neuen Erkenntnisse, wie das frühe Zusammenspiel von Körper und Gehirn funktioniert, lassen sich solche Dinge heute leichter erklären als früher.

Im ersten und zweiten Kapitel haben wir gesehen, wie früh das Ungeborene auf Reize zu reagieren beginnt (nach acht Wochen), und ab wann sein Verhalten einen sinnvollen Zusammenhang aufweist (nach zwölf Wochen). Manches davon läßt sich als Ausdruck von Gedächtnis- und Lerntätigkeit auffassen. Es ist gut vorstellbar, daß verschiedene »Trainings«-Bewegungen, die ab dem dritten Schwangerschaftsmonat zu beobachten sind, aus dem Gedächtnis wiederholt werden. Die »Ballett«-Drehung nach sechs Monaten Schwangerschaft ist vielleicht eine gründlich eingeübte akrobatische Leistung, die auf Gedächtnisleistung und Lernprozessen beruht. Diese Art von Gedächtnis bezeichnet man als prozedurales Gedächtnis (wie man etwas macht).

Das Saugen am Daumen, das bei Ungeborenen im Alter von viereinhalb Monaten zu beobachten ist, wird vielleicht erst erlernt und dann aus dem Gedächtnis wieder ausgeführt. Im Mutterleib erworbene Atemrhythmen, die durch die ständige Einnahme toxischer Substanzen gebremst oder beschleunigt worden sind, werden vielleicht auch nach der Geburt fortgesetzt, wenn die Substanzen selbst nicht länger vorhanden sind – ein weiteres Beispiel für Lernprozesse im Mutterleib.

In Lee Salks Herzschlag-Experiment (Kapitel 2) erklärt sich das Entsetzen der Neugeborenen, die ein Pulsgeräusch von 128 Schlägen pro Minute hören, vielleicht durch das Aufblitzen einer Erinnerung an eine frühere Erfahrung. Die Pulsfrequenz des Ungeborenen kann sich verdoppeln, wenn die Mutter heftig erschrickt. Möglicherweise erinnert sich das Neugeborene daran und ist deshalb so verstört, wenn es später den rasenden Puls hört.

Verschiedene Arten von Gedächtnis beim Ungeborenen

Ein vorgeburtliches Gedächtnis offenbarte sich in den Stimmporträts schwedischer Frühgeborener, die gewisse Sprachmerkmale von ihren Müttern gelernt hatten. Damit sind Gedächtnis und Lernfähigkeit für ein Alter von fünf Monaten nach der Befruchtung bezeugt. Aus den Untersuchungen geht hervor, daß Ihr Ungeborenes sorgfältig auf Ihre Stimme lauscht und gewisse Eigenarten Ihrer Sprechweise erlernt, was sich an Stimm-Spektrogrammen von Ihnen beiden ablesen läßt.

Ihr Neugeborenes kann sich möglicherweise auch an Musik erinnern, die es vor der Geburt gehört hat. In dem Buch *Das Seelenleben des Ungeborenen* erzählt Thomas Verny die Geschichte des Dirigenten Boris Brott vom Hamilton-Symphonieorchester, Ontario. Als junger Mann entdeckte Brott, daß er bestimmte Stücke spielen konnte, ohne sie je gesehen zu haben. Als er zum ersten Mal eine bestimmte Partitur dirigierte, ging ihm die Cello-Stimme ganz merkwürdig unter die Haut; er wußte schon vor dem Umblättern, wie es weitergehen würde. Als er dem Phänomen nachforschte, fand er heraus, daß seine Mutter, eine Berufscellistin, diese Stücke in der Schwangerschaft immer wieder geübt hatte.

Schlaflieder, die Sie in der Schwangerschaft singen, können nach der Geburt eine ungewöhnlich starke, beruhigende Wirkung auf Ihr Baby haben. Väter, die sich dem Ungeborenen mit den Worten vorgestellt haben: »Hier spricht dein Va-

72

ter…«, berichteten, wie faszinierend diese Worte auf ihre Babys wirkten, als sie nach der Geburt wiederholt wurden.

Erstaunlicherweise kann Ihr Neugeborenes Wörter erlernen und sie voneinander unterscheiden. Dieses sogenannte semantische Gedächtnis ist eine unter mehreren Gedächtnisarten, die zur Zeit erforscht werden. Psychologen aus Boston baten Mütter, zwei Wochen nach der Geburt die ausgefallenen Wörter *tinder* (Zunder) und *beguile* (betören) sechsmal täglich jeweils zehnmal zu wiederholen, das Ganze über einen Zeitraum von zwei Wochen hinweg.

Am Ende des Trainings und nach einer Unterbrechung von bis zu 42 Stunden zeigten die Babys eindeutige Anzeichen des Wiedererkennens: durch Augenaktivität, Drehen des Kopfes und Heben der Augenbrauen. Während der Testperiode erkannten die Babys diese merkwürdigen Wörter und reagierten stärker darauf als auf ihren eigenen Namen. Die Forscher schlossen daraus, daß der Erfolg auf dem häufigen und regelmäßigen Hören dieser Wörter beruhte.

Dasselbe Forscherteam fand aufregende Beweise dafür, daß Neugeborene Sprache in derselben Weise verarbeiten wie wir. Mit nur 72 Stunden alten Neugeborenen führten sie Experimente zur Worterkennung durch: Von links und rechts wurden bestimmte Wörter geäußert, dabei notierte man die Kopfdrehungen der Kinder. Benutzt wurden die Wörter *tinder* und *beagle* (eine Hunderasse), das eine als Standardwort, das andere als neue Alternative. Neugeborene reagierten auf das vertraute Wort, das immer wiederholt wurde, wie erwartet; sie schenkten ihm immer weniger Beachtung. Als das neue Wort eingeführt wurde, merkten sie auf. Dieses Verhaltensmuster beweist, daß sie das wiederholte Wort im Gedächtnis behielten und es mit dem neuen verglichen.

Das Ungeborene kann sich sogar Geschichten »merken«, eine Entdeckung, die die Psychologen Anthony DeCasper und Melanie Spence an der Universität von North Carolina machten. Sie baten schwangere Mütter, in den letzten sechs Schwangerschaftswochen die Geschichte *The Cat in the Hat* (Die Katze im Hut) von Dr. Seuss zweimal täglich laut vorzulesen. Ein paar Tage nach der Geburt wurden den Babys Aufnahmen zweier Geschichten vorgespielt, die bekannte und eine weitere, noch nicht gehörte Geschichte von Dr. Seuss. Die Neugeborenen bekamen dazu Kopfhörer und einen speziellen Sauger, mit dessen Hilfe sie die vorgespielten Geschichten umschalten konnten, indem sie rascher oder langsamer saugten. Zehn von zwölf Neugeborenen stimmten ihre Sauggeschwindigkeit so ab, daß sie die vertraute Geschichte zu hören bekamen.

Das läßt vermuten, daß die Babys die Geschichte hörten und im Gedächtnis speicherten, den Unterschied zwischen den beiden Geschichten erkannten und die bekannte Geschichte bevorzugten. Wir wissen natürlich nicht, woran sie sich genau erinnerten oder was die Geschichte für sie bedeutete. Waren es nur angenehme Worte, bedeutungsloses Geplätscher?

Diese Frage wird teilweise durch eine weitere Studie beantwortet, die Pariser Psychologen mit ähnlichen Geräten durchführten. Die französischen Neugeborenen bewiesen, daß sie die Stimme ihrer Mutter aus einer Reihe anderer Stimmen herausfinden konnten. Auch zeigten sie ihre Vorliebe für die Stimme ihrer Mutter, indem sie ganz verschieden schnell saugten, je nachdem was nötig war, um sie zu hören – aber nur, wenn sie normal vorlas. Las die Mutter die Wörter rückwärts vor, wandten die Babys ihre Aufmerksamkeit ab. Der Klang der mütterlichen Stimme allein genügte nicht.

Die Bedeutung von Gedächtnis

Ohne Gedächtnis und Lernen wäre der Fortgang des Lebens bedroht. Was wäre, wenn Sie mitten auf der Autobahn Ihr

Gedächtnis verlören oder wenn Sie eines Morgens aufwachten und nicht mehr lesen könnten? Erfahrung ist unbezahlbar, aber ohne Gedächtnis und Lernprozesse wird sie wertlos. Ein solches Unglück erleben Familien, in denen jemand von einer Gehirnerkrankung befallen wird. Der Kranke erkennt vielleicht seine nächsten Angehörigen nicht mehr oder kann sich nicht erinnern, was ihm gerade gesagt wurde. Eine Beziehung mit jemandem aufrechtzuerhalten bedeutet, ein Stück erinnerte Geschichte weiterzutragen. Die Erinnerung an Ihre eigene Geschichte gibt Ihnen das Gefühl Ihres Selbst, Ihre Identität.

Zum Glück für uns alle arbeitet das Gedächtnis normalerweise gut, und wir können von jeder neuen Erfahrung profitieren – das heißt wir lernen. Manchmal lernen wir rasch, manchmal langsam, aber früher oder später haben wir begriffen und passen unser Verhalten dem an, was in unserem Gedächtnis haftet.

Wie leicht einem Baby das Lernen fällt, wird in einem einfachen Experiment mit zwei Schnullern deutlich. Zuerst verband man Neugeborenen die Augen und gab ihnen einen Schnuller, so daß die Information auf den Tastsinn beschränkt blieb. Eine Gruppe erhielt einen normalen Schnuller, die andere einen Schnuller, der mit kleinen Knötchen besetzt war. Dann zeigte man den Babys die Schnuller, und sie betrachteten denjenigen länger, den sie zuvor im Mund gespürt hatten. Was die Babys durch ihren Tastsinn gelernt hatten, war sofort über das Medium Sehen verfügbar.

Wenn Sie Ihr Baby auf dem Arm halten, wird es sich an Sie schmiegen und Ihre Formen erkunden. Dabei spielen wohl innere wie äußere Sinnesempfindungen wie auch das Gedächtnis mit. In einer an der Universität Genf durchgeführten Studie bat man Frauen, neugeborene Babys im Dunkeln auf den Arm zu nehmen und dabei keinen Ton von sich zu geben. Die Babys lagen entspannter und schmiegten sich enger an, wenn sie von ihren eigenen Müttern hochgehoben wurden – also erkannten sie trotz Fehlen visueller und akustischer Anhaltspunkte ihre eigenen Mütter. Wie in Kapitel 2 berichtet lernen gestillte Neugeborene Ihren persönlichen Brust- und Unterarmgeruch in der ersten Woche kennen.

In den ersten Tagen, die Sie zusammen verbringen, wird Ihr Baby von Ihnen etwas über den Unterschied von Tag und Nacht lernen. Sie beide müssen zusammensein, damit das geschehen kann. Eine Forschergruppe aus Boston notierte die Aktivität in den Bettchen der Neugeborenen, die zusammen mit anderen Babys auf der Säuglingsstation lagen, und von Babys, die im Zimmer ihrer Mutter waren. Bei ihren Müttern lernten die Babys den Unterschied zwischen Tag und Nacht bereits in drei Tagen und begannen, ihr Wach- und Schlafmuster darauf einzustellen. Die Babys von der Säuglingsstation hatten es nach elf Tagen noch nicht gelernt.

Natürlich sind Sie nicht das einzige Objekt, auf das Ihr Baby seine Aufmerksamkeit richtet. Wenn man Neugeborenen Bilder von Gesichtern, Doppelpfeilen, Hanteln und Sternen zeigt, können sie sich daran erinnern. Vier Tage alte Neugeborene betrachten das neue Bild, das einer Reihe vertrauter Bilder zugefügt wurde, häufiger. Sogar Frühgeborene können neue Farbmuster von bekannten unterscheiden.

Entdeckungen über das Lernen

Im Lauf der Jahre konnten durch psychologische Experimente viele Beweise für die Lernfähigkeit von Babys erbracht werden, aber das lief nicht ohne Versuche und Irrtümer ab. Rückblickend eigneten sich die ersten Methoden, mit denen die frühkindliche Lernfähigkeit getestet wurde, mehr für Tiere oder für Erwachsene als für Babys. Die Resultate waren enttäuschend, und die Forscher zogen manchmal die falschen Schlüsse. Angebliche Mängel bei Babys entpuppten sich als Mängel bei den Experimentatoren und ihren Methoden. Kritiker geben heute zu, daß Gedächtnis und Lernfähigkeit bei Babys grob unterschätzt worden sind. Sogar die beliebteste Art von Experiment (bei der jeweils nur eine Variable getestet wird) ist irreführend, weil sie die natürliche Komplexität der Neugeborenen nicht berücksichtigt. Daß wir trotz so eingeschränkter Experimente so viel über die Neugeborenen herausfinden konnten, ist selbst schon ein Beweis für ihre Flexibilität.

Babys haben uns eine Menge gelehrt. Sie lassen sich nicht wie Ratten behandeln. Sobald sie sich zu langweilen beginnen, steigen sie aus dem Experiment aus. Wenn sie müde oder unruhig sind, haben sie anderes im Kopf als Tests und schneiden entsprechend schlecht ab. Was die Psychologen gelernt haben, kann Ihnen viel Mühe ersparen, wenn Sie Ihr Baby beim Lernen unterstützen wollen. Hier sind vier Grundregeln:

1. Nehmen Sie mit Ihrem Baby Kontakt auf, wenn es ganz wach und noch nicht mit etwas anderem beschäftigt ist (im sogenannten ruhigen Wachzustand).
2. Wählen Sie Reize, die einfach und langsam genug sind, um die Aufmerksamkeit Ihres Babys auf sich zu lenken.
3. Wiederholen Sie die Dinge oft genug.
4. Seien Sie aufmerksam für alle Anzeichen, wie gut Ihr Baby die Erfahrung verkraftet und verarbeitet.

Weil sich Babys körperlich oder verbal noch nicht so ausdrücken können wie Erwachsene, müssen Sie ihr angeborenes Kommunikationssystem kennenlernen und benutzen. In wissenschaftlichen Studien bedeutet das, äußerst aufmerksam zu beobachten und etwas zu finden, das als Signal dienen kann, eine Geste oder ein Verhalten, das im Repertoire des Babys bereits vorhanden ist und gemessen oder aufgenommen werden kann. Unter diesen Bedingungen zeigen Neugeborene, wie gut sie aufpassen und begreifen können. Sie machen ihre Sache sogar so gut, daß der Lernexperte Lewis Lipsitt von der Brown University vor langem einmal sagte, das Neugeborene sei ein »fast so tüchtiger Lernorganismus, wie es jemals werden kann.«

Was entdeckt wurde, kann für Sie aufregend und erschreckend zugleich sein: Neugeborene scheinen unablässig zu lernen. Im Labor bekommt dieses Lernen verschiedene Namen: klassische Konditionierung, Konditionierung durch Verstärkung, Habitualisierung und Imitation. Hinter jedem dieser Begriffe steckt etwas, das Ihnen zu einem besseren Verständnis Ihrer selbst und Ihrer Kinder verhelfen kann.

Der erste wissenschaftliche Beweis dafür, daß Babys lernen können, stammt von russischen Psychologen, die mit dem erstmals von Iwan Pawlow aufgedeckten Prozeß der klassischen Konditionierung experimentierten. Dazu gehören Wiederholung und die Koppelung unabhängiger Ereignisse. Der amerikanische Psychologe David Spelt benutzte 1948 diesen Mechanismus, um Ungeborenen zwei Monate vor der Geburt beizubringen, auf den Klang eines Vibrators und das von ihm erzeugte Gefühl zu reagieren. Während der Vibrator fünf Sekunden an den Bauch der Mutter gehalten wurde, ertönte ein lautes Geräusch: eine Klapper wurde gegen eine Schachtel geschlagen, was erwartungsgemäß das Ungeborene zu einer Lageveränderung veranlaßte. Nach vielen solchen Geräuschkoppelungen lernten die Ungeborenen, ihre Lage schon dann zu verändern, wenn allein der Vibrator in Gang gesetzt wurde.

Bei einer der frühesten amerikanischen Studien (von 1928) läutete man mit einer Glocke und stach dabei das Baby mit einer Nadel in die Fußsohle (etwas, was man heute nicht mehr tun würde). Natürlich weinte es. Nach einem Dutzend gekoppelter Versuche reichte schon der Klang der Glocke aus, um das Kind zum Weinen zu bringen. Im Krankenhaus werden bei Babys routinemäßig Blutproben aus den Fersen entnommen. William Liley berichtet von Babys in Neuseeland, die in den ersten 72 Stunden nach der Geburt zehn Einstiche in die Fersen bekamen. Noch Wochen und Monate später begannen diese Babys sofort zu schreien und sich wegzudrehen, wenn jemand gedankenlos nach ihren Füßchen faßte. Sie erinnerten sich.

Unter anderem wurden bei Babys konditioniert: die Herzfrequenz, Erweiterung und Verengung der Pupillen, Blinzeln, Saugen und verschiedene Reflexe. Achten Sie bei Ihren täglichen Aktivitäten mit Ihrem Baby auf zufällige Koppelungen oft wiederholter Ereignisse mit unangenehmen Dingen. Zum Beispiel kann in Familien, in denen oft zum Schlafengehen oder bei Mahlzeiten gestritten wird, schließlich schon allein das Schlafengehen oder Essen negative Gefühle auslösen. Auf der anderen Seite können Sie positive Koppelungen schaffen (Spaß in der Badewanne, glückliche Ferien), die zu glücklichen Assoziationen führen.

Sie können selbst mit der Konditionierung experimentieren, indem Sie sich den Babkin-Reflex zunutze machen, bei dem sich der Mund des Babys weit öffnet, wenn Sie seine Handflächen fest drücken. Um diesen Reflex zu konditionieren, haben Forscher kurz vor dem Drücken der Handflächen die Arme des Babys von den Seiten zum Kopf hochgeführt. Nach einer Reihe von Versuchen lösen schon die Armbewegungen den Reflex aus, ohne daß die Handflächen überhaupt gedrückt werden. Babys haben auch gelernt, auf bestimmte Laute hin mit dem Babkin-Reflex zu reagieren.

Wie wir alle lernen Babys rascher, wenn unmittelbar auf ihr Verhalten eine eindeutige Konsequenz folgt, egal ob positiv oder negativ. Falls das Verhalten Aufmerksamkeit oder eine andere Belohnung zur Folge hat, ist eine Verstärkung des

Verhaltens zu erwarten; falls etwas spürbar Negatives folgt (Strafe), ist eine Abschwächung oder ein Einstellen des Verhaltens zu erwarten.

Viele Experimente mit Babys zeigen, wie schnell sie herausfinden, was sie tun müssen, um das Gewünschte zu bekommen. In einer der eindrucksvollsten Studien dazu gelang es einen Tag alten Neugeborenen, eine komplexe Reihe von Ereignissen zu bewältigen, die man zu Drehungen des Kopfes in Bezug setzte. Die Forscher gingen davon aus, daß Babys in der Regel ihren Kopf auf diejenige Seite drehen, auf der sie an der Wange berührt werden. Normalerweise tun sie das in etwa dreißig Prozent der Fälle. Haben sie nach dem Drehen des Kopfes Zugang zu einer süßen Flüssigkeit, stieg die Zahl auf 83 Prozent. Nachdem diese Voraussetzung einmal geschaffen war, brachte man den Babys bei, den Kopf beim Klang einer Glocke nach links und beim Geräusch eines Summers nach rechts zu drehen, um an die Zuckerlösung heranzukommen. Die Babys kamen rasch auf den süßen Geschmack des Erfolgs.

Dann wurden die Signale vertauscht, die Belohnung für Kopfdrehungen in die entgegengesetzte Richtung gegeben. Babys, die »Glocke – links« und »Summer – rechts« gelernt hatten, mußten das jetzt vergessen und »Glocke – rechts« und »Summer – links« lernen, um sich die Belohnung zu verschaffen. Das Verhalten stellte sich allmählich um und führte wieder zu einem verläßlichen Erfolg. Neugeborene haben all das in dreißig Minuten bewältigt. In anderen Experimenten haben Babys gelernt, ihren Kopf auf visuelle Anreize hin zu drehen – sie lassen sich also nicht nur durch Süßigkeiten motivieren.

Eine andere Art von Lerntest beruht auf dem vorhersagbaren Verhalten, daß wir unsere Reaktionen einstellen, wenn wir immer wieder demselben Reiz ausgesetzt sind, zum Beispiel Geräuschen, Lichtern, Geschmacksempfindungen oder Gerüchen. Zuerst richten wir unsere Aufmerksamkeit darauf, verlieren dann das Interesse und nehmen schließlich gar keine Notiz mehr. Dies ist eine wichtige Form der Anpassung, die es uns erspart, unsere Mühe und Aufmerksamkeit an bedeutungslose Dinge zu verschwenden.

Ihr Baby wird einem gleichbleibenden Geräusch eine Weile zuhören, wenn es aber zu lange anhält, wendet es seine Aufmerksamkeit ab, ein Vorgang, der als Habitualisierung bezeichnet wird. Nach einer gewissen Pause jedoch löst das Geräusch erneut eine Reaktion aus (Dishabitualisierung). Habitualisierung und Dishabitualisierung zeigen, daß Ihr Baby den Unterschied zwischen Bekanntem und Neuem erkennt. Um diese Unterschiede herauszufinden, muß es sich daran erinnern können, was alt ist, und wahrnehmen können, was neu ist – eine bedeutsame Verarbeitung von Informationen. Daher enthüllt Ihnen dieser Lerntyp einen weiteren Aspekt des Bewußtseins Ihres Neugeborenen.

Neugeborene haben Habitualisierung und Dishabitualisierung für alle fünf Sinne bewiesen. Habitualisierung von Geräuschen läßt sich durch Veränderungen der Herzfrequenz nachweisen. Die Herzfrequenz von Babys nimmt mit wiederholter Darbietung desselben Lauts ab. Eine Veränderung im Lautmuster erregt neues Interesse, und die Herzfrequenz steigt rasch an. Bevor ich darüber Bescheid wußte, unterhielt ich meine Babys oft damit, daß ich in einer merkwürdigen Weise summte. Ich langweilte sie mit etwas Voraussehbarem und beobachtete sie, wie sie allmählich träge wurden, dann überraschte ich sie durch einen Wechsel in Ton und Rhythmus und sah zu, wie sie auflebten. Wir hatten beide unseren Spaß daran.

Da Habitualisierung eine normale Gehirnreaktion ist, kann sie als diagnostischer Test verwendet werden. Geburtstraumata beeinträchtigen die Habitualisierung. Einige hirngeschädigte Babys zeigen überhaupt keine Habitualisierung;

sie reagieren einfach immer weiter. Babys von Müttern, die bei der Geburt hohe Dosen von Betäubungsmitteln erhielten, brauchen bis zu viermal so viele Versuche, um einen Reiz zu habitualisieren, wie Babys, deren Mütter eine geringe Dosis bekommen hatten. Diese unterschiedliche Reaktion läßt sich bis zu einem Monat nach der Geburt nachweisen.

Möglicherweise erfährt Ihr Baby schon vor der Geburt eine Form von Habitualisierung. Eine Studie hat ergeben, daß sich Babys, die vor der Geburt mehrere Monate in der Umgebung des Flughafens vom japanischen Osaka gelebt hatten und in einer Klinik geboren wurden, die in der Einflugschneise lag, durch den starken Flugzeuglärm nicht stören ließen. Babys, die aus einer ruhigeren Umgebung in jene Klinik kamen, waren auf diesen Lärm nicht vorbereitet. Die Hälfte von ihnen wachte schreiend auf, wenn ein Flugzeug über die Klinik hinwegflog.

Das Baby in Ihrem Bauch lauscht Bekanntem und Neuem in Ihrem Summen und Gesang, nimmt die Atmosphäre seines Zuhauses auf und hört den Geschichten zu, die Sie laut vorlesen. Wenn Sie in einer lauten Umgebung wohnen, wird es sich an Lärm gewöhnen und vielleicht aufwachen, wenn es verdächtig still wird.

Jahrzehntelang waren die Psychologen begeistert, wie rasch Kleinkinder Verhaltensweisen nachahmen, die sie in ihrer Umgebung sehen. Imitation ist für uns alle eine wichtige Lernmethode. Bis vor kurzem jedoch waren die Entwicklungspsychologen sicher, daß Babys durch Nachahmung erst lernen könnten, wenn sie fast ein Jahr alt wären. Aufgrund theoretischer Überlegungen erklärte man alles andere für unmöglich; wenn es dennoch vorkam, sagten die Experten, es müsse sich um etwas anderes handeln.

Zwar gibt es im Kreis der Psychologen immer noch Einwände, aber Experimente, die in mehreren unabhängigen Forschungsstätten auf der ganzen Welt durchgeführt wurden, belegen, daß Neugeborene tatsächlich etwas nachahmen können. Eine solche Entfaltung kindlicher Gehirnleistungen ist eine Klasse für sich; es handelt sich um eine völlig unübliche Art des Lernens – Lernen ohne ermüdende Wiederholung (klassische Konditionierung, Habitualisierung), ohne Belohnung (Verstärkung) und sogar ohne Üben. Es ist eine komplexe, aber angeborene geistige Fähigkeit.

Wenn Sie Ihr Baby im ruhigen Wachzustand abpassen (wenn es nicht anderweitig beschäftigt ist) und ihm die Zunge herausstrecken, werden Sie wahrscheinlich eine Imitation vorgeführt bekommen. Dies wurde von Andrew Meltzoff und Keith Moore an der Universität von Washington systematisch untersucht. Sie stellten eine Gruppe von Neugeborenen zusammen, setzten sie in gut gepolsterte Babysitze in einer kontrollierten Umgebung und machten ihnen mehrere Gesten vor: Sie streckten die Zunge heraus, spitzten die Lippen, machten den Mund weit auf und bewegten die Finger.

Alles wurde auf Video aufgenommen, eine Kamera filmte die Gesichter der Babys, eine andere das Gesicht des Wissenschaftlers. Die Babys hatten das Gesicht dieses Forschers vor dem Test nie gesehen. Die Reaktionen der Babys wurden dann von einer Gruppe von Beobachtern ausgewertet, die nicht wußten, welche der vier Gesten gezeigt worden waren. Die Babys waren in der Lage, sämtliche Gesten nachzuahmen.

Sie waren außerdem in der Lage, sich an eine Geste zu erinnern und sie nach einer kurzen Pause zu wiederholen. Die Forscher steckten den Babys nach dem Vorführen der Geste für zweieinhalb Minuten einen Schnuller in den Mund und verhinderten damit wirkungsvoll eine sofortige Reaktion. Als der Schnuller herausgenommen wurde, imitierten die Babys gleich die Geste, die sie zweieinhalb Minuten zuvor gesehen hatten – ein Beweis gleichermaßen für Gedächtnis und Imitationsvermögen. Meltzoff bezeichnet dies als angeborene Fähigkeit, die es dem Neugeborenen ermöglicht, ab dem Zeitpunkt der Geburt an sozialen Erfahrungen teilzuhaben. Neugeborene können auch den mimischen Ausdruck von Gefühlen nachahmen. Der Gesichtsausdruck von Erwachsenen, der Glück, Trauer und Überraschung spiegelte, wurde von etwa sechsunddreißig Stunden alten Neugeborenen erfolgreich imitiert, wie die Experimente von Tiffany Field und ihrer Kollegen an der Universität von Miami zeigten. Bei der Auswertung waren nur Mund, Augen und Augenbrauen der Babys zu sehen, und alle Gesichtsausdrücke wurden richtig zugeordnet. Zur Kontrolle wurden auf einem geteilten Video-Bildschirm die Gesichter der Babys und der erwachsenen Modelle nebeneinander verglichen. Spätere Experimente desselben Forscherteams erwiesen, daß auch Frühgeborene diese Leistung vollbringen konnten. Field bezeichnet das Imitationsvermögen als »eine ganz besondere Fähigkeit.«

Spaß am Lernen

Die Forscher, die sich am meisten mit Lernvorgängen bei Säuglingen befaßten, haben entdeckt, daß Lernen für Babys wichtig, anregend und befriedigend ist. Eine der ersten Entdeckungen hierzu wurde mit Hilfe von Mobiles gemacht. Eine Gruppe von Babys bekam Mobiles, die sie mit Beinen oder Armen bewegen konnten, während die andere Gruppe Mobiles hatte, die sie lediglich passiv beobachten konnten. Babys, die herausfanden, daß sie durch eigene Aktivität das Mobile in Schwung bringen konnten, lachten und glucksten beglückt. Die passiven Beobachter taten das nicht. Nicht das Mobile selbst, sondern die Entdeckung der persönlichen Kontrolle darüber begeisterte die Kinder.
Zwei weltweit führende Säuglingsforscher, Hanus Papousek aus München und Tom Bower aus Edinburgh, haben er-

kannt, daß Babys beim Lernen Vergnügen ausdrücken. Das heißt nicht, daß Ihr Baby Lernen nur amüsant und nicht mühsam finden wird. Papousek beschreibt, daß Babys eine vorhersagbare Reihe von Emotionen durchlaufen, wenn sie an einem Problem arbeiten, genau wie Erwachsene. Auf ihren Gesichtern zeichnen sich deutlich Verwirrung, Verlegenheit, Mißbehagen und Befriedigung ab, je nachdem in welchem Stadium der Problemlösung sie sich befinden. Ihr Gesichtsausdruck scheint mit dem Erfolg ihrer Lernbemühungen zusammenzuhängen.

Lernen und Problemlösen sind geistige Spiele, die Spaß machen. Wenn Babys die Lösung eines Problems entdecken oder irgend etwas in den Griff bekommen, leuchtet ihr Gesicht auf und sie lächeln. Bower berichtet von einem blinden Baby, das man noch nie hatte lächeln sehen. Als die Beine des Babys an einem Mobile befestigt wurden, das Geräusche von sich gab, wenn es sich bewegte, entdeckte das Baby rasch, daß es das Geräusch durch Strampeln selbst auslösen konnte. Dieses Erlebnis brachte es zum ersten Mal zum Lächeln.

Bower merkt an, daß Babys aufhören, bei Experimenten im Psychologie-Labor mitzuarbeiten, wenn die Aufgaben zu einfach oder eintönig sind. Wenn Babys eine bestimmte Aufgabe gelöst haben, verlieren sie das Interesse und schalten ab, bis etwas Neues kommt. Um sie zum Weitermachen zu bewegen, müssen die Psychologen dafür sorgen, daß die Aufgaben eine Herausforderung darstellen, aber keine zu große.

Dieses Prinzip können Sie bei Ihrem Baby anwenden. Erfolgreiche Erziehung setzt Fingerspitzengefühl voraus. Wenn die Aufgaben zu unbestimmt oder zu schwierig sind, wird sich die Neugier Ihres Babys in Angst und Unbehagen verwandeln. Ist die Aufgabe zu einfach, kann Langeweile aufkommen.

Daß Babys einfach aus Spaß an der Sache lernen, sorgte in der Wissenschaft für Überraschung. Man war daran gewöhnt,

Babys durch ermüdende Koppelungen oder durch den An-
reiz verschiedener Belohnungen lernen zu lassen, und stellte
verwundert fest, daß die Babys einfach weiterlernten, nachdem die Belohnungen aufhörten. Das überzeugte die Wissenschaftler, daß Lernen an sich schon Belohnung genug war, ein
Genuß für den Geist.

Durch Anregung fördern

Wenn Sie Ihrem Baby helfen wollen, sich zu entwickeln und
seine Möglichkeiten voll auszuschöpfen, bietet Ihnen das
neue Forschungsgebiet frühkindlicher Stimulation Unterstützung und Orientierung.
Soll Ihr Baby ein Kinderzimmer bekommen? Vor nicht allzu
langer Zeit galt das als die beste Einrichtung für ein Baby –
ein Zimmer ganz für es allein. Babys wurden stundenlang
allein gelassen, und die Eltern glaubten, sie täten ihnen einen
Gefallen damit. Schließlich wurde das in der Klinik auch so
gehandhabt, und dort wußte man wohl, was das beste fürs
Baby sei. Damals kam niemand auf die Idee, daß die Babys
dabei zu kurz kämen oder in ihrer Entwicklung gehemmt
würden. Die Frauen der »zivilisierten« Länder bedauerten
die Mütter in »primitiven« Ländern, die ihre Babys im Trage-
tuch überall mit herumschleppen mußten. Aber diese Babys
waren Glückspilze.
Heute gibt es reichlich Forschungsmaterial über die Vorteile
eines verstärkten, nicht eines verringerten Kontakts mit Neugeborenen. Sogar kurze Spannen erhöhter Aufmerksamkeit
um den Zeitpunkt der Geburt herum können die Gesundheit,
Entwicklung und Lernfähigkeit des Babys merklich verbessern.
Anregung kann einem Baby in vielen Formen geboten werden, aber die erste, primäre Stimulation sollte sich auf die

Nähe zur Mutter und Familie konzentrieren: Behalten Sie das Neugeborene nach der Geburt bei sich, nehmen Sie es auf den Arm, knuddeln Sie es und stillen Sie es; spielen Sie ihm Musik vor, zeigen Sie ihm Farben und Dinge, die es anschauen und anfassen kann; und bieten Sie ihm eine normale Umgebung, die mit Aktivitäten und Gesprächen Erwachsener erfüllt ist. Das heißt nicht, daß Sie es nach der Geburt einer chaotischen Betriebsamkeit aussetzen sollen, sondern lassen Sie es am normalen, friedlichen Umgang der Eltern teilhaben.

Babys scheinen sich über Anregung zu freuen und sich gut dabei zu entwickeln, vorausgesetzt, man tut des Guten nicht zuviel. Ist das der Fall, wird Ihr Baby Zeichen des Unbehagens erkennen lassen, sich zurückziehen, abstumpfen oder einschlafen. Um das richtige Gleichgewicht zu finden, sollten Sie sich von den Vorlieben Ihres Babys leiten lassen. Ziel soll nicht sein, dem Kind etwas aufzuzwingen oder es überwältigenden Eindrücken auszusetzen, sondern ihm eine Vielfalt sinnlicher Erfahrungen anzubieten: Bewegung, Schmecken, Riechen, Berühren, Sehen und Hören. Dieses Angebot einer leichten »Gymnastik« für Geist und Sinn ist genau das Gegenteil der Isolation von Babys in ruhigen Babyzimmern bei stundenlangem Nichtstun, wie es vielfach üblich ist.

Die körperliche, emotionale und geistige Entwicklung Ihres Babys läßt sich meßbar fördern, wenn Sie ihm zusätzliche Aufmerksamkeit und Anregung geben. Wenn Sie außer der Reihe Zeit mit Ihrem Baby verbringen, macht sich das außerordentlich bezahlt. Die Kindermediziner Marshall Klaus und John Kennell haben siebzehn Experimente einzig mit dieser Zeitvariablen ausgewertet. Babys, die nach der Geburt auch nur fünfzehn Minuten mit ihren Müttern verbringen konnten, lächelten mehr und weinten weniger, als man sie drei Monate später mit einer Kontrollgruppe von Babys verglich, die sofort auf die Säuglingsstation gebracht worden waren. Eine Studie ergab, daß der frühe Kontakt zwischen Mutter und Kind zu besserer Sprachentwicklung und höherer Intelligenz führte. Von einer Gruppe aus achtundzwanzig Müttern blieb die Hälfte unmittelbar nach der Geburt eine Stunde mit ihren Babys zusammen und die nächsten drei Tage jeweils fünf Stunden täglich. Die andere Hälfte konnte nach der Entbindung nur einen kurzen Blick auf ihre Babys werfen, hatte die nächsten zwölf Stunden nur kurzen Kontakt mit ihnen und zu den Mahlzeiten jeweils eine halbe Stunde. Am Ende des ersten Monats waren die Unterschiede zwischen den Babys bereits offenkundig. Als sie im Alter von zwei und von fünf Jahren erneut getestet wurden, schnitten die Kinder mit dem intensiveren frühen Kontakt zu ihren Müttern bei Intelligenztests durch die Bank besser ab und waren auch in Sprachverständnis, Breite des Wortschatzes und verbaler Ausdrucksfähigkeit überlegen.

In den Stunden nach der Geburt ist die Wahrnehmungsfähigkeit und Empfindsamkeit Ihres Babys besonders geschärft. Wenn bei der Geburt keine Medikamente benötigt wurden, dürfen Sie erwarten, daß Ihr Baby eine Stunde oder länger wach ist und mit großen Augen um sich blickt. Dies ist die Zeit, einander anzuschauen und sich auf andere, sehr persönliche Art einander mitzuteilen. In diesen Momenten scheinen Gedächtnis und Lernfähigkeit Ihres Babys einen Schub zu machen. Die Forscher sind sich nicht sicher, ob die überraschende Wirkung verstärkter Zuwendung bei der Geburt auf den äußerst wachen Zustand des Neugeborenen zurückgeht oder auf die Wirkung, die das Baby auf seine Mutter ausübt. Wie auch immer: Sobald sich die Mütter wirklich für ihre Babys öffnen, wird jeder folgende Austausch zwischen ihnen reicher.

Studien haben bei Babys, die häufiger auf den Arm genommen wurden, eine höhere Gewichtszunahme und ein schnelleres Wachstum sowie eine frühere Entwicklung der motorischen Koordination und der Muskelbeherrschung nachgewiesen. Beobachtet man Eltern, die mehr frühen Kontakt mit ihren Babys hatten, Monate und Jahre später, scheinen sie mehr Vertrauen, Interesse und Zuneigung zu ihren Kindern zu zeigen. Die Babys haben mehr Vertrauen, sind zufriedener und selbstsicherer, lächeln früher und häufiger und sind im Umgang mit ihren Müttern persönlicher als Babys, die nicht in den Genuß dieser verstärkten Aufmerksamkeit kamen.

Ein lebenswichtiges Bedürfnis nach Anregung ist bei Frühgeborenen und untergewichtigen Babys zu beobachten. Ruth Rice, eine Krankenschwester und Psychologin, wies nach, daß ein genau festgelegtes Ritual von Streicheln und Massieren diesen Babys helfen konnte, in ihrer neurologischen Entwicklung aufzuholen. In einer Frühgeborenenstation in Florida, die lauter Babys unter vier Pfund beherbergte, ließ die Psychologin Tiffany Field ein Berührungsprogramm durchführen, das dreimal täglich fünfzehn Minuten dauerte. Das Programm umfaßte Streicheln und Knuddeln, Aufsetzen, Bewegen der Beinchen und Ärmchen und zum Schluß eine Massage – alles Dinge, die jede Mutter tun könnte.

Schon zehn Tage dieser Anregung hatten eine außerordentliche Wirkung. Die Babys in der Testgruppe nahmen bei derselben Anzahl von Mahlzeiten und der gleichen Kalorienaufnahme durchschnittlich 47 Prozent mehr zu – Wunder des Stoffwechsels. Diese Babys waren auch länger wach, körperlich aktiver, zeigten eine größere Toleranz gegenüber störenden Geräuschen, konnten sich besser beruhigen und selbst trösten und verließen die Klinik sechs Tage früher. Als sie acht Monate später noch einmal untersucht wurden, waren die Testkandidaten größer, schwerer, hatten einen größeren Kopf und zeigten weniger Anzeichen neurologischer Probleme als die Kontrollgruppe von derselben Säuglingsstation, die nur die normale Pflege bekommen hatte. Bei diesen Ergebnissen ist es kein Wunder, daß heute Massage und körperliche Aktivität anstatt Isolierung für alle Babys empfohlen werden.

Mütterliche Energie kann stark gefährdete Babys retten. In Bogotá, Kolumbien, wurden vier Pfund leichte Babys (mit einer Überlebenschance von fünfzig Prozent) durch die »Känguruh- Methode« gerettet. Anstatt die Frühchen in den Brutkasten zu stecken, packten die Kinderärzte sie mit dem Kopf nach oben zwischen die Brüste ihrer Mütter, damit sie sie ständig mit sich herumtragen konnten. Die Milch, der Herzschlag, die Stimme und die ständige Aktivität der Mutter schlugen zu Buche: Die Infektionsraten, Erkrankungen und Todesfälle sanken; neun von zehn Babys überlebten.

Ein klarer Tribut an den kindlichen Geist ist die Infant Stimulation Education Association (Bildungsverband für frühkindliche Stimulation), die von einer weiteren Krankenschwester und Psychologin, Susan Ludington aus Los Angeles, gegründet wurde. Dieses Institut bietet eine umfassende Ausbildung in frühkindlicher Stimulation, veranstaltet Kurse und gibt Literaturverzeichnisse und eigene Veröffentlichungen heraus. Susan Ludington geht davon aus, daß Babys eine Chance erhalten sollten, ihre Möglichkeiten voll zu entfalten, und daß sie mit der Geburt ein Recht haben auf Anregungen, die ihre Entwicklung fördern.

Als Vorschlag zur Anregung des Gleichgewichtssinns weist das Institut darauf hin, daß Babys gern hochgenommen und wieder auf den Boden gesetzt werden, geschaukelt und im Kinderwagen herumgefahren. Sie mögen geradlinige und kreisförmige Bewegungen, aber kein Rütteln oder Schütteln, bei dem das Gehirngewebe gequetscht werden kann. Oder ein Vorschlag zur Stimulation des Tastsinns: Streicheln Sie Ihr Kind mit verschiedenem Material wie Pelz, Samt, Wolle und Satin; sagen Sie dabei:»(Name des Kindes), das ist weich. Kannst du fühlen, wie weich? Wie fühlt sich das an? Magst du Weiches? Das Weiche ist auf deiner rechten Seite, jetzt auf der linken Seite. Das Weiche sitzt auf deiner Nase, deiner Brust, deiner Hand, auf deinem Knie.«

Das Better Baby Institute in Philadelphia, das von Dr. Glenn Doman gegründet wurde, gibt Müttern Unterricht, wie sie ihren Kindern Lesen und Mathematik beibringen, dazu ihre Intelligenz und ihre körperliche Entwicklung fördern können. Am Institut ist man der Meinung, je jünger die Kinder sind, desto besser könnten sie lernen. Es bietet Eltern eine große Vielfalt an Kursen, Büchern und Lehrmaterial in vielen Sprachen und Ländern. Doman begann seine Arbeit mit großen Erfolgen bei gehirngeschädigten Kindern, deren Eltern er half, das Wachstum und die Lernvorgänge ihres Kindes zu beschleunigen.

Wer sein Baby schon vor der Geburt stimulieren will, kann sich bei The Prenatal University (Ungeborenen-Universität) Rat holen, ein Programm, das von dem Geburtshelfer Rene Van de Carr in Hayward, Kalifornien, organisiert wird. Lehrbücher und Videos zeigen, wie Sie ab dem fünften Monat Ihr Ungeborenes zu einem »Strampelspiel« bewegen können. Die Aufforderung, zu bestimmten Übungszeiten zu strampeln, lehrt das Ungeborene, daß Aktion zur Kommunikation werden kann.

Die zweite Lektion beginnt mit »Hallo, hier ist Papi« und führt Wörter ein wie »klopfen«, »reiben« und »drücken«, die von taktilen Reizen begleitet werden. Nach und nach kommen Musik und ein paar Buchstaben des Alphabets, außerdem Demonstrationen von Hell, Dunkel, Warm und Kalt dazu. Besonderer Wert wird auf Wörter und Erfahrungen gelegt, die bei den Wehen und der Geburt zur Kommunikation benutzt werden sollen, zum Beispiel: »Jetzt drückt's«, womit dem Kind später eine Wehe erklärt werden wird.

Betrachtet man die ersten tausend »Absolventen« des Lehrgangs, stellt man fest, daß sie bei der Geburt weniger schreien, beim Herausgleiten aus dem Geburtskanal oft die Augen geöffnet haben, wacher sind, sich leichter durch Klopfen, Reiben oder Musik beruhigen lassen und körperlich besser entwickelt sind. Nach der Geburt können sich diese Babys anscheinend rascher drehen, scheinen früher sprechen zu lernen, unabhängiger zu handeln und sich länger konzentrieren zu können.

Ein Experiment mit einer Kontrollgruppe (einer ähnlichen Gruppe, die nicht die Erfahrungen des Programms machte) zeigte, daß dieses einfache Programm vorgeburtlicher Kommunikation auf die Mütter und Väter eine genauso bedeutsame Wirkung hatte wie auf die Babys. Die Mütter hatten mehr positive Schwangerschaften, ihre Bindung zu ihrem Baby war stärker, sie verstanden die Reaktionen ihres Babys besser, fanden den Geburtsvorgang einfacher als erwartet und hatten eine niedrigere Zahl von Kaiserschnitten als Mütter, die nicht an dem Programm teilgenommen hatten.

Die Entdeckung, daß sich Neugeborene erinnern und lernen können, daß sie von ihren Sinnen und einem offensichtlich gut entwickelten Gehirn voll Gebrauch machen, ist eine freudige Überraschung. In den nächsten Kapiteln werden wir sehen, wie Neugeborene diese Fähigkeiten einsetzen, um ihre individuelle Persönlichkeit auszudrücken und mit unerwarteter Gewandtheit die Kommunikation mit der Außenwelt aufzunehmen.

4 Eine gewinnende Persönlichkeit

Wie alle Eltern werden Sie schließlich entdecken, daß nicht alle Babys gleich sind. Schon im Mutterleib lassen die Babys ihre Vorlieben erkennen, reagieren unterschiedlich auf Gefahr und machen ihre Gymnastik mehr oder weniger schwungvoll. Aus dem ganzen Spektrum von Signalen, das bei Ihnen ankommt, werden Sie ein Gefühl für die Persönlichkeit da drinnen entwickeln.

In Atmung und Herzschlag sind Sie eins mit Ihrem Ungeborenen. Sie beide teilen die Mahlzeiten, den Raum, Lachen und Trauer, während der Strom von Körperflüssigkeiten zwischen Ihnen nie abreißt. Wenn Sie trinken, trinkt auch Ihr Baby. Wenn Ihr Baby Schluckauf hat, spüren Sie ein rhythmisches Zucken. Sie werden sich dabei ertappen, daß Sie mit Ihrem Ungeborenen reden, ihm vielleicht auch einen Namen geben, Geringfügiges wie Ernsthaftes mit ihm besprechen. Fragt man Eltern, ob sie wirklich glauben, daß da im Bauch eine Person steckt, die solchen Gesprächen folgen kann, antworten die meisten zurückhaltend und ausweichend. Aber sie reden weiter mit ihrem Ungeborenen – wenn nicht wissenschaftlich begründet, dann intuitiv, wenn nicht vor fremden Ohren, dann eben heimlich.

Bis vor kurzem fanden Eltern, die vor oder kurz nach der Geburt bei ihren Babys nach Anzeichen von Persönlichkeit suchten, bei der Wissenschaft wenig Rückhalt. Heute gibt es bei dem ständig wachsenden Wissen über das Leben im Mutterleib und das Verhalten von Neugeborenen auch Hinweise auf jene charakteristischen, individuellen Strukturen und Verhaltensmuster, die die Persönlichkeit ausmachen.

Mit den neuesten Geräten haben Wissenschaftler beobachtet, aufgenommen, getestet, gefilmt und analysiert, wie Neugeborene von ihren Sinnen, Muskeln und dem Bewußtsein Gebrauch machen. Sie strecken aktiv die Ärmchen aus, erkunden ihre Umwelt, experimentieren, lassen sich Reaktionen einfallen und verfolgen Interessen. Sie sind in der Lage, sich selbst zu steuern, ihre Gefühle auszudrücken und inhaltsvolle Beziehungen aufzubauen. Da sie uns ihr Behagen und Unbehagen mitteilen, üben sie einen starken Einfluß auf ihre Betreuer aus. Durch ihre Reaktionsbereitschaft zeigen sie, daß sie mit uns einen Dialog aufnehmen wollen.

Frühe Anzeichen von Persönlichkeit

Die ersten Zeichen eines Ausdrucks von Persönlichkeit und Selbststeuerung kommen aus dem Bauch, in dem sich Ihr Ungeborenes als aktiver Passagier befindet, der strampelt, sich dreht und windet, nach Lust und Laune herumturnt und sich ständig Ihren Aktivitäten und Stimmungen anpaßt. Über die Wochen und Monate hinweg wird Ihr Baby mit Sicherheit auf verschiedene Arten von Musik reagieren, auf vertraute Stimmen, Angriffe auf Ihre Person, Unfälle, Feuerwerke und Gefühlsstürme. Die Reaktionen, die Sie dabei spüren, sind wahrscheinlich mehr als mechanisch; sie können sehr persönlich sein.

Wie in Kapitel 1 beschrieben, kann Ihr Baby ein Fitneß-Fan sein. Wenn wir mit Ultraschall die Ungeborenen auskundschaften, sehen wir, wie vielfältig und spontan ihre Aktivitäten sind. Gerade durch die Spontaneität werden sie ein Mittel, um die eigene Persönlichkeit auszudrücken. Etwa zehn bis zwölf Wochen nach der Befruchtung beginnt das Ungeborene, das noch nicht einmal dreißig Gramm wiegt, mit Schwung und Regelmäßigkeit zu »trainieren«, wann es ihm beliebt. Die fötalen Bewegungen sehen in diesem Alter nicht mechanisch aus, sondern anmutig und fließend.

Am Ende des dritten Monats weist jedes Ungeborene individuelle Züge auf. Die Gesichtsmuskeln entwickeln sich in einem vererbungsbedingten Muster, so daß der Gesichtsausdruck dem Ihren schon ähnlich wird. Das Gesicht wird hübscher; die Stimmbänder bilden sich fertig aus und bieten weitere Möglichkeiten, sich auszudrücken.

Anzeichen von Persönlichkeit beim Ungeborenen wurden erstmals von dem Neuseeländer Pionier der Pränatologie vermeldet, Sir William Liley. Er beschrieb das Ungeborene als Wesen, das »die Schwangerschaft sehr unter Kontrolle hat« und für deren erfolgreichen Ablauf sorgt, indem es zum richtigen Zeitpunkt bestimmte Hormone produziert und alle Veränderungen in der mütterlichen Physiologie in Gang bringt, die die Mutter zur geeigneten Herberge machen.

Durch irgendeinen hormonellen Zaubertrick löst das Ungeborene das Problem der Abwehrreaktion, die alle abnormen Wucherungen oder transplantierten Organe abstößt. Ungeborene bestimmen die Dauer der Schwangerschaft, ihre Lage im Mutterleib und bei der Geburt.

Neben weiteren Zeichen intelligenter Individualität, die im Mutterleib beobachtet wurden, zählt Liley folgende auf: wiederholtes und gezieltes Ausweichen vor jedem von außen kommenden Druck auf Knochen; heftige Reaktionen auf Einstiche oder Injektionen kalter Lösungen in die Gebärmutter; Reaktionen auf Kitzeln; ausgesprochene Geschmacksvorlieben (manche Babys finden Saccharin verdächtig und schlukken weniger; andere lieben es und schlucken mehr). Auf ein Blinklicht, das auf den Bauch der Mutter gelegt wird, können Babys mit erhöhtem Puls reagieren. Bei lauten Geräuschen zucken sie zusammen.

Forscher haben eine seltsame Reaktion auf das Entnehmen von Fruchtwasser nach einer Amniozentese beobachtet. Bei diesem Verfahren, das immer mehr Verbreitung gefunden hat, wird zur Entnahme einer Fruchtwasserprobe eine Nadel durch die Gebärmutterwand geführt; so lassen sich mögliche genetische Defekte überprüfen. Dänische Ärzte filmten etwa sechzehn Wochen alte Ungeborene nach einer solchen Punktur. Die Hälfte von ihnen zeigte eine auffallende, leicht bedenklich wirkende Reaktion: Sie blieben zwei Minuten regungslos. Bei der Hälfte von ihnen verschwanden auch die Variationen, die normalerweise eine Sequenz von Herzschlägen kennzeichnen. Zu einem so flachen, starren Pulsmuster kommt es auch bei sehr kranken Babys oder bei Babys, die unter einer Dosis Valium oder einer anderen Droge stehen. Da bei keinem der Föten vor der Amniozentese derartiges zu beobachten war, schlossen die Forscher, daß sie auf das Verfahren selbst so reagierten. Was wir hier sehen, ist alles andere als Teilnahmslosigkeit, sondern eine empfindliche Reaktion, vielleicht ein Schock, auf das, was sich gerade in ihrem geschützten Lebensraum ereignet hat.

Sexualität

Die Vorstellung fällt schwer, aber Ultraschallaufnahmen haben überraschende Beweise für das Vorhandensein sexueller Gefühle im Mutterleib geliefert. Die Entdeckung war zufällig, sie gelang mit Hilfe eines jener Ultraschallgeräte der neuen Generation, mit denen man sogar die kleinsten Körperpartien sehen kann. Während die Ärzte in New London, Connecticut, eine Serie von Aufnahmen eines männlichen Fötus nach etwas ganz anderem absuchten, erkannten sie, daß sie die Entwicklung einer Erektion vor sich hatten. Sie gingen diesem unwahrscheinlichen Befund weiter nach und belegten schließlich sechs Fälle bei männlichen Babys etwa 26 Wochen nach der Befruchtung.

96

Der Entwicklungsplan für männliche Babys sieht einen vollständigen Hodensack und Penis für etwa die sechzehnte Woche nach der Befruchtung vor. Diese Erektionen beweisen, daß die entsprechenden Nervenbahnen in der 26. Woche mit Sicherheit arbeiten, was man zuvor nicht geglaubt hatte. Wir können vermuten, daß diese Erektionen von sexuellen Gefühlen begleitet und durch etwas Sexuelles hervorgerufen werden. In allen sechs Fällen saugten die Ungeborenen während der Erektion am Daumen.

Sind Sie durch die sexuellen Erlebnisse im Mutterleib schockiert? Vor fast hundert Jahren schockierte der Wiener Sigmund Freud seine Kollegen (und die Eltern auf der ganzen Welt) durch seine These, Babys und Kinder hätten sexuelle Empfindungen. Er war deshalb schweren Beschimpfungen ausgesetzt. Die Sexualität unserer Kinder offenbart sich immer wieder, bevor wir so weit sind, ungezwungen damit umgehen zu können. Ob uns das gelegen kommt oder nicht, es scheint, als seien schon die Ungeborenen sexuelle Wesen.

Fleißige Träumer

Neugeborene schlafen viel. Das ist ihre Hauptbeschäftigung, in der Regel sechzehn Stunden täglich in den ersten zwei Lebenswochen. Was Sie wahrscheinlich nicht wissen: Babys *verträumen* die volle Hälfte ihrer Schlafenszeit, nämlich etwa acht Stunden am Tag. Frühgeborene (dreißig Wochen alt) träumen während ihrer gesamten Schlafenszeit, und das heißt fast die ganzen vierundzwanzig Stunden. Niemand verbringt mehr Zeit mit Träumen als Neugeborene. Diese wichtige Entdeckung hilft uns, unsere Vorstellung vom Bewußtsein des Neugeborenen zu erweitern, und stützt die Annahme, schon vor der Geburt gebe es eine Persönlichkeit.

Träume sind eine kreative Übung des kindlichen Geistes, eine private, innerliche Erfahrung, die aber nicht ganz verborgen bleibt. Träume sind »elektrisch«, hinterlassen eine Spur von Gehirnströmen und einen verräterischen Strom von Nervenimpulsen in denjenigen Körperteilen, die im Traum aktiv sind. Erst im letzten Vierteljahrhundert sind Schlafen und Träumen mit dem Instrumentarium der Wissenschaft untersucht worden.

Die komplexen Vorgänge des Schlafens werden heute mit empfindlichen elektrischen Geräten erforscht, die die Muster der Gehirnströme, Muskelaktivität, Atmung, Pulsfrequenz und andere Lebensäußerungen messen. Solche Studien haben aufgedeckt, daß verschiedene Schlafphasen zyklisch wiederkehren. Eine dieser Schlafphasen, der sogenannte REM-Schlaf (REM für »rapid eye movements«, rasche Augenbewegungen), ist gleichzeitig Traumphase. Im Non-REM-Schlaf dagegen bewegen sich die Augen nicht, und der ganze Organismus wird sehr ruhig. Ihr Neugeborenes durchläuft zwischen den Mahlzeiten mehrere Zyklen von REM- und Non-REM-Schlafphasen.

Im Stadium des Träumens sind Gehirn und Körper äußerst aktiv, so daß Sie sich vielleicht fragen, ob Ihr Baby wirklich schläft. Die Atmung wird rascher und unregelmäßig. Der systolische Blutdruck (der obere Meßwert) und die Produktion gewisser Steroide nehmen zu. Der Sauerstoffverbrauch steigt, ebenso der Druck im Schädelinneren, männliche Babys haben Erektionen, und die Aktivität einzelner Neuronen im Gehirn ist vielleicht genauso hoch wie im Wachzustand. Sie werden beobachten, daß sich Ihr Baby recht heftig bewegt und vielleicht seine Lage verändert. Das Gehirn Ihres Babys wie auch sein Herz, seine Nieren und anderen Organe, ruht im Schlaf nicht, sondern ist ausgesprochen aktiv.

Was wir über den Schlaf und die Träume Neugeborener wissen, stammt hauptsächlich aus einer Studie über Neugeborene und Frühgeburten, die von Spezialisten der Universitäten Columbia und Stanford durchgeführt worden ist. Mit Hilfe moderner Geräte fanden sie heraus, daß Babys bald nach dem Einschlafen zu träumen beginnen. Wenn Sie Babys beim Einschlafen beobachten, können Sie das ebenfalls sehen. (Erwachsene dagegen beginnen mit einer ruhigen Schlafphase und träumen später.)

Eine unerwartete Entdeckung war, daß die Neugeborenen umso mehr träumten, je jünger sie waren – vom Zeitpunkt der Befruchtung an gerechnet. Von 100 Prozent Schlafenszeit im Alter von dreißig Wochen fällt die Traumzeit gleichmäßig auf etwa 50 Prozent bei vierzig Wochen ab (voll ausgetragene Babys). Dann verringert sie sich das ganze Leben hindurch immer weiter, bis auf 20 Prozent der Schlafenszeit in der Pubertät und auf 13 Prozent im Alter.

Warum ist Träumen für Babys so wichtig? Die Autoren der Studie vermuten, daß die Impulse, die während des REM-Schlafs im Gehirnstamm auftreten, vielleicht die Entwicklung und die Myelinisierung der entscheidenden sensorischen und motorischen Zentren des Nervensystems irgendwie unterstützen. Non-REM-Schlaf dagegen scheint die Koordination und Kontrolle der rechten und linken Hälfte der Großhirnrinde (Kortex) zu fördern. Mit anderen Worten: Träumen ist Gehirntraining.

Die Träume Ihres Babys können auch einen bedeutungsvollen Inhalt haben. Die für den REM-Schlaf typische unregelmäßige Atmung ist Ursache für starke Schwankungen in der Ausdehnung des Brustkorbs sowie für Pausen in der Atmung, die bis zu zehn Sekunden dauern. Das zu beobachten kann sehr beunruhigend sein. Beim Schlaf Erwachsener sind solche Vorkommnisse mit Trauminhalten verknüpft, zum Beispiel Sprechen, Würgen, Lachen und Laufen. Im Traum kann sich die gesamte Erfahrungswelt wiederholen. Vermutlich träumen auch Babys auf diese Weise. In ihren Träumen scheinen die Babys bedrängende Ereignisse zu verarbeiten, die ihnen auf der Seele liegen. Bei Traumstudien an vierzehn Neugeborenen notierten die Forscher viele Anzeichen von Bewußtsein: Grimassen, Wimmern, Lächeln, Zuckungen im Gesicht und in den Extremitäten, Körper- und Gliederbewegungen. Auch waren häufig zehn bis fünfzehn Sekunden andauernde Phasen zu beobachten, in denen sich Rumpf, Glieder, Finger und Zehen verkrampften (»Alpträume«). Auf den Gesichtern der Babys spiegelten sich Verblüffung, Herablassung, Skepsis und andere Anzeichen von Emotionen und Denktätigkeit.

Offenbar sind manche Träume außerordentlich belustigend. Eine Mutter erzählte mir, daß ihr Kind in den ersten drei Monaten nach der Geburt wiederholt laut auflachte.

Während der Nachweis, daß Neugeborene auf dieselbe Art träumen wie Erwachsene, schwierig ist, scheinen sich die Träume in jeder meßbaren Hinsicht zu gleichen. Die Autoren der Studie weisen darauf hin, daß Traumaktivität mit einem Abschnitt des Gehirnstamms zu tun hat, der sich früh entwikkelt, und es daher keinen Grund gibt, warum Träume nicht schon in der frühen Schwangerschaft auftreten und als Material die bisherigen Erfahrungen des Fötus enthalten könnten. Weiter gibt es keinen Grund, daran zu zweifeln, daß das Lächeln Ihres träumenden Babys ein Zeichen seines Vergnügens ist.

Lächeln

Lächeln ist eine der gewinnendsten Äußerungen der Persönlichkeit eines Babys, die uns das Herz erwärmt, doch die Experten glaubten lange, Neugeborene seien dazu noch nicht in der Lage. Vielleicht erklärt das, warum das Lächeln Neugeborener immer noch ein wohlgehütetes Geheimnis ist. Neugeborene können lächeln und tun es auch. Halten Sie einmal Ausschau danach.

Seit der Entdeckung von Träumen bei Frühgeborenen haben wir auch Beweise dafür, daß Babys schon Monate vor einer Geburt nach voll ausgetragener Schwangerschaft lächeln. Da Frühgeborene am meisten träumen, lächeln sie auch am meisten. Ich wundere mich immer, was sie da wohl träumen, vor allem, wenn sie lächeln.

Ihr Baby *kann* bei der Geburt lächeln – ein seltenes, aber wichtiges Phänomen, vor allem für Sie. Die Kinderärzte sagten früher, dieses Lächeln sei nur »leerer Schein«, aber seit den Arbeiten des französischen Geburtshelfers Frédérick Leboyer und der weiteren Verbreitung sanfter Geburtspraktiken hat man mehr Babys bei der Geburt lächeln sehen. Manche lächeln, wenn sie von ihren Vätern warm gebadet werden.

Babys, die im Wasser geboren werden, halten vielleicht den Rekord im Lächeln. Ein Vater berichtete, daß seine Tochter nach ihrer Unterwasser-Geburt mehrere Minuten lang verzückt lächelte. Können Sie die Auslegung akzeptieren, dieses Lächeln eines Babys (oder sein durchdringendes Schreien, je nachdem) sei ein Ausdruck dafür, von welchen Gefühlen seine Geburt begleitet ist?

Man kann nie wissen, wann oder wie oft Ihr Baby lächeln wird. Peter Wolff, ein Kindermediziner der Harvard-Universität, beobachtete fünf Tage lang durchgehend eine Gruppe von vier Neugeborenen. In der Häufigkeit des Lächelns gab es starke Unterschiede, von sechs- bis zu achtundsechzigmal lächelten die Babys, meist in der Traumphase. Ein paarmal stand das Lächeln in Zusammenhang mit der Entleerung von Darm oder Blase, zweifellos ein Zeichen angenehmer Gefühle dabei. Zwillinge, zwei Mädchen, lächelten am meisten: sechs- beziehungsweise zehnmal häufiger als die beiden anderen Babys in der Studie, ein klarer Beweis für Unterschiede in der Persönlichkeit.

Technische Studien zeigen, daß das frühe Lächeln nur ein teilweises Lächeln ist, bei dem die Mund- und Wangenmuskeln, aber nicht die höher gelegenen Muskeln der Augen- und Stirnpartie mitspielen. Das bedeutet nicht, daß dieses Lächeln unbedingt weniger inhaltsvoll oder unaufrichtig ist; eine unvollständige Muskelentwicklung könnte ebenso der Grund dafür sein wie ein Mangel an Begeisterung. Ein voll ausgeprägtes, gezieltes und kontrollierbares Lächeln scheint sich für die 46. Woche nach der Befruchtung voraussagen zu lassen (sechs Wochen nach einer voll ausgetragenen Schwangerschaft). Dieses Lächeln wurde mit dem Etikett »soziales Lächeln« versehen, da es die Reaktion auf eine soziale Begrüßung hin darstellt. Babyexperten haben dies das erste »wirkliche« Lächeln genannt – eine wissenschaftlich verbrämte Herabwürdigung. Meiner Meinung nach ist es längst überfällig, daß wir *jedes* Babylächeln als bedeutungsvoll und legitimen Teil des gesamten Lächelrepertoires akzeptieren.

Mit zunehmendem Alter benutzt Ihr Baby das Lächeln immer häufiger, um seine Persönlichkeit auszudrücken. Dabei kommt vieles auf Sie an, je nachdem ob Sie sein Lächeln ermutigen oder abblocken, wie ein Experiment der Psychologin Yvonne Brackbill gezeigt hat. In einer Gruppe von vier Monate alten Babys wurden die Hälfte der Kinder jedesmal, wenn sie lächelten, auf den Arm genommen und ebenfalls angelächelt. Das Lächeln der anderen Hälfte wurde ignoriert. Die in ihrem Lächeln bestärkten Babys begannen im Vergleich mit der Kontrollgruppe wesentlich häufiger zu lächeln.

Nach dieser Entdeckung schalteten die Experimentatoren bei den lächelnden Babys von Verstärkung auf Entmutigung um. Im ersten Teil des Experiments starrten die Babys mit gespannter Aufmerksamkeit in die zurücklächelnden Gesichter; als die Forscher aufhörten, zurückzulächeln, nahm auch bei den Babys das Lächeln rapide ab. Nachdem den Babys eine Reihe ausdrucksloser Gesichter begegnet war, wollten sie die Forscher nicht einmal mehr anschauen. Sie wandten Augen und Kopf ab!

Als das Lächeln zurückgewiesen wurde, zerbrachen die Beziehungen. Um die Babys daran zu hindern, sich abzuwenden, wurden ihre Köpfe mit zusammengerollten Decken abgestützt. Da schauten die Babys, die den Kopf nicht mehr wegdrehen konnten, an die Decke; sie verweigerten jeden Blickkontakt. Dieses Experiment ist ein schlagender Beweis dafür, daß das Lächeln eines Babys eine sehr persönliche Botschaft von großer Wichtigkeit ist. Hier wird auch der Einfluß der Mütter greifbar. Wenn Sie ein lächelndes Baby haben möchten, dann wissen Sie, was Sie tun können.

Analysen von Babylächeln zu einem späteren Zeitpunkt im ersten Lebensjahr, die mit Hilfe hochtechnisierter Geräte vorgenommen wurden, haben enthüllt, daß das Lächeln ausdrucksvoller ist als angenommen, was sich mit bloßem Auge nicht erkennen läßt. Untersuchungen der Gesichtsbewegungen und der Gehirnaktivität zeigen, daß Babys ihren Müttern ein großzügigeres Lächeln schenken als Fremden. Das für Mütter bestimmte Strahlen beansprucht mehr Muskeln und aktiviert die rechte vordere Region des Gehirns, während ein an Fremde gerichtetes Lächeln weniger Gesichtsmuskeln benötigt und die linke Seite des Gehirns aktiviert. Was immer dieser merkwürdige Unterschied auch bedeuten mag, diese Messungen beweisen, daß Babys in ihrem Lächeln verschiedene Dinge fühlen und ausdrücken. Wenn Sie der Meinung waren, Ihr Baby hätte ein besonderes Lächeln nur für Sie, dann hatten Sie ganz recht!

Kostbare Begegnungen

Das Wesen Ihres Babys schimmert in eindrucksvoll persönlichen Momenten der Nähe durch. Selten gelingen davon Film-

oder Videoaufnahmen; läßt man sie zur sorgfältigen Beobachtung im Zeitlupentempo ablaufen, wird sichtbar, mit welcher konzentrierten Aufmerksamkeit sich die Neugeborenen ihren Eltern zuwenden und wie sie ihre Bewegungen im Einklang mit denen der Eltern ausrichten. Ein Beispiel ist die erstaunliche Begegnung zwischen einem Neugeborenen und seinem Vater, die von Daniel Stern an der medizinischen Fakultät der Cornell University gefilmt worden ist.

Das Baby, das nach der Geburt nach Hause kommt, wird vom Vater auf dem Arm gehalten. In Zeitlupe zeigt der Film, wie der Kopf des Vaters beginnt, sich nach unten zu bewegen; gleichzeitig beginnt der Kopf des Babys, sich nach oben zu recken, um dem Vater entgegenzukommen. Das passiert mehrere Male. Als der Vater seine rechte Hand zu heben beginnt, beginnt der linke Arm des Babys, der auf der entgegengesetzten Seite herunterhing, sich gleichzeitig zu heben. Die linke Hand des Babys und die rechte Hand des Vaters treffen sich dann in Bauchhöhe des Babys, wo das Baby den kleinen Finger seines Vaters umklammert und in diesem Moment einschläft.

Diese Choreographie, für die der Vater viel Muskeltraining mitbrachte, das Baby aber keines, setzt ausgezeichnete visuelle Wahrnehmung voraus, die Vorwegnahme von Handlungen, den Wunsch mitzumachen und das Zusammenspiel von Kopf-, Arm- und Handmuskeln. Was so beiläufig aussieht, ist für das Neugeborene, das seinen Vater trifft und Fühlung mit ihm aufnimmt, eine brillante Leistung. In seinem Bericht darüber bemerkt der Psychiater Louis Sander: »Es ist unfaßbar, wie eine solch synchrone Übereinstimmung existieren kann.«

Synchrone Übereinstimmung ist nur eines der Wörter, mit denen sich beschreiben läßt, wie Neugeborene den engen Kontakt zu ihren Müttern und Vätern herstellen. Bonding und Bindung sind verbreitetere Begriffe für diese Nähe. Des weiteren beschreibt die Wissenschaft die Beziehung zwischen Eltern und Kind als ineinandergreifend oder wechselseitig. Alle diese Begriffe erkennen an, daß Ihr Neugeborenes zu inniger Verbindung, Selbstbehauptung und, in den Grenzen seiner Kräfte, sogar zu Geselligkeit und Unterhaltung befähigt ist.

Als interessierte Mutter können Sie die besonderen, ruhigen Wachzustände abpassen und das Beste daraus machen, indem Sie Ihrem Baby ins Gesicht schauen, es anlächeln, mit ihm reden, ihm etwas vorsingen, es knuddeln und liebkosen. Dieses innige Zusammensein, auf das Ihr Baby eindeutig vorbereitet ist, ist mit großer Wahrscheinlichkeit die Grundlage für spätere Spiele, Liebesbeziehungen und Liebesspiele, die auf gegenseitigen Austausch gegründet sind. In einer liebevollen Umgebung der Nähe und Wertschätzung wird die Persönlichkeit Ihres Babys aufblühen.

Von Angesicht zu Angesicht

Im Gesicht Ihres Babys werden Sie jene individuellen Züge und Eigenheiten entdecken, die eine Persönlichkeit ausmachen. Gesichter sind der natürliche Schauplatz für gegenseitige Entdeckungen und freundschaftlichen Austausch. Eine unglaubliche Fähigkeit des Neugeborenen blühte lange im Verborgenen, bevor sie von der modernen Forschung aufgedeckt wurde: Es kann in Ihrem Gesicht die Eigenschaften Ihrer *Persönlichkeit* lesen.

Viele Studien zeigen die besondere Faszination, die Gesichter auf Babys ausüben. Nur neun Minuten alte Babys, die keinerlei visuelle Erfahrungen haben, können normal aussehende Gesichter aus einer Reihe gesichtsähnlicher Zeichnungen herausfinden. Zwar drehen sie ihren Kopf und die Augen, um richtige, aber auch um leere Gesichter und Gesichter, deren Augen, Nase und Mund falsch plaziert sind, im Blickfeld zu behalten, aber den normalen Gesichtern schenken sie deutlich mehr Beachtung. Woher können sie wissen, welche Zeichnung der Wirklichkeit näher kommt, wenn sie noch nie ein wirkliches Gesicht gesehen haben?

Genauso schwer zu erklären ist das Phänomen, daß Ihr Neugeborenes Ihr Foto aus einer ganzen Porträtgalerie herausfinden kann. Zeigt man Babys drei oder vier Minuten nach der Geburt große Fotos von Frauen oder von Gesichtern, die aus Bullaugen herausschauen, werden die Kinder ihre eigene Mutter erkennen und betrachten. Ihr Baby »weiß«, wer davon Sie sind! Wie kann es das ohne vorherige Erfahrung?

Wenn etwas an Gesichtern, vor allem an Ihrem, nicht stimmt, kann das bei Ihrem Baby Beunruhigung auslösen. Diese Reaktion ist sehr persönlich; sie beweist auch, daß es sich an Sie erinnert, wie Sie vorher waren, und durch die Veränderung verwirrt ist.

In Boston bat man eine Gruppe junger Mütter, bei einer Mahlzeit am siebten Tag nach der Geburt eine Maske zu tragen und keinen Laut von sich zu geben. Eine der Masken war hautfarben, hatte zwei Ausschnitte für die Augen und bedeckte das Gesicht bis zum Haaransatz. Die andere Maske bestand aus weißer Gaze, die an einer grünen Kappe befestigt war. Jedes Baby sah seine Mutter zu verschiedenen Zeitpunkten mit den beiden Masken. Es war eindeutig zu erkennen, daß den Babys das, was sie da sahen, nicht gefiel. Sie waren sichtlich verstört, veränderten ihre Lage und wandten den Blick von ihrer Mutter ab. Nach dem Anblick der hautfarbenen Maske prüften sie, als sie in ihrem Bettchen lagen, ihre Umgebung mit erhöhter Aufmerksamkeit, als ob sie ängstlich nach weiteren merkwürdigen Entwicklungen Ausschau hielten. Sie schliefen schneller ein, als ob sie in eine angenehmere Welt entfliehen wollten. Nachdem sie beide Masken gesehen hatten, tranken die Babys weniger Milch, waren unruhiger und weinten mehr.

Eine Mutter beschrieb die Reaktion ihres Babys auf die hautfarbene Maske wie folgt: »Sie schaute mich dauernd an, als ob sie es nicht glauben könnte... sie war sehr verstört... und spuckte zum ersten Mal.« Nach der Gazemaske wollte dieses Baby mit seiner Mutter nichts mehr zu tun haben; »sie guckte mich nur flüchtig an, und das war's dann.«

Alle Babys in dieser Studie verbrachten die Zeit nach der Geburt im Zimmer ihrer Mutter und waren vor dem Erscheinen der Masken sechs Tage normal gestillt worden. Als das Experiment mit Babys aus der Säuglingsstation wiederholt wurde, waren die Reaktionen viel weniger stark, das Schlafmuster blieb unverändert. Anscheinend kannten die Stationsbabys ihre Mütter nicht so gut und nahmen noch keinen so großen Anteil an ihnen. Das zeigt, wie rasch sich Ihre Beziehung entwickelt, wenn Sie beide zusammen sind. Ihr Baby deutet Ihren Gesichtsausdruck und macht sich rasch ein Bild, baut Erwartungen auf und entwickelt Zuneigung zu Ihnen. Zwei Persönlichkeitsprofile nehmen Gestalt an: Ihres und das Ihres Babys.

Vertraute Stimme

Ihr Baby hört Ihre Stimme natürlich schon lange vor seiner Geburt, und dieses Bindeglied zwischen Ihnen beiden verstärkt sich nach der Geburt noch. Tests nach der Geburt zeigen die persönliche Seite dieser Verbindung – Ihr Baby fühlt sich besonders zu *Ihrer* Stimme hingezogen.

Der Psychologe Anthony DeCasper und seine Kollegen arbeiteten mit Neugeborenen in Frankreich und den USA. Sie gaben den Babys die Möglichkeit, verschiedene Geräusche und Stimmen zu hören, wenn sie verschieden schnell an einem Spezialsauger nuckelten. Zu den Wahlmöglichkeiten gehörten Aufnahmen der eigenen Mutter, die eine Geschichte las, sowie eine andere Frau, die dieselbe Geschichte vorlas. Die Forscher, die die Sekunden zwischen zwei Saugphasen maßen, entdeckten, daß die Babys mit jedem beliebigen Tempo saugten, das nötig war, um die Stimme ihrer Mutter anzuschalten – ihr gaben sie den Vorzug. Die zwei Tage alten Babys in DeCaspers Studie hatten keine Probleme, die Stimme ihrer Mutter aus anderen Männer- und Frauenstimmen herauszuhören, egal, ob die Mutter auf Englisch oder auf Französisch vorlas.

Das setzt voraus, daß die Neugeborenen in der Lage sind, die Unterschiede in Rhythmus, Sprechmelodie und Tonhöhe sowie die phonetischen Eigenarten verschiedener Sprecher zu erfassen. Gedächtnisexperten würden hinzufügen, daß die Babys die Stimme ihrer Mutter im Gedächtnis speichern müssen, um sie mit einer neuen Stimme zu vergleichen.

Stehen männliche und weibliche Stimmen zur Wahl, bevorzugen Babys im allgemeinen die weibliche Stimme, vielleicht deshalb, weil ihre Ohren für die Wahrnehmung dieser Stimmen am besten ausgerüstet sind. Babys können die Stimme ihres Vaters erkennen, wenn sie aber zwischen ihr und dem Geräusch eines Herzschlags wählen müssen, bevorzugen sie den Herzschlag – vielleicht deshalb, weil er ein vertrauterer Freund ist. (Väter sollten das nicht persönlich nehmen; sie können einfach nicht immer so präsent sein wie der Herzschlag oder die Stimme der Mutter. Außerdem wurden noch keine Studien über Väter durchgeführt, die vor der Geburt *aktiv* mit ihrem Baby kommuniziert haben.)

Lautspiele sind eine herrliche Möglichkeit zum Ausdruck der eigenen Persönlichkeit und zum Austausch mit anderen. Jeder, der will, kann mitspielen, indem er höher spricht als normal, alle Töne, die das Baby zufällig hervorbringt, im »Duett« wiederholt, das Baby dabei vielleicht leicht kitzelt und übertriebene Grimassen schneidet. Wenn Sie gerade in der Stimmung sind, Ihre eigene Persönlichkeit spielen zu lassen, können Sie es einmal selbst mit »Guckguck«-Variationen, Kinderreimen, lustigen Nachahmungen und anderen liebenswerten Mätzchen versuchen.

Bemerkenswerterweise ist Ihr Baby dazu bereit, Ihnen bei diesen Augen- und Ohrenspielen zu folgen oder sogar die Führung zu übernehmen. Filme von Babys und Eltern mit synchronen Tonaufnahmen haben enthüllt, daß die Babys das Spiel in etwa neunzig Prozent der Zeit anführen. Das bedeutet, daß die Eltern äußerst aufmerksam waren und den Babys erlaubten, die Initiative zu ergreifen. Wenn Sie so feinfühlig reagieren, räumen Sie der Persönlichkeit Ihres Neugeborenen einen Platz in der Bühnenmitte ein.

In den meisten Fällen wird Ihr Baby die Sache in Gang bringen, indem es sein Lieblingsgeräusch macht. Als interessierte Eltern wiederholen Sie es ein paarmal. Nach einer respektvollen Pause steuert das Baby ein weiteres Geräusch bei, etwas aus dem geläufigen Repertoire, gelegentlich mit einem heiteren vokalartigen Laut oder einem genüßlichen Quiekser abgerundet. In diesem innigen, beglückenden Dialog zeigen Sie beide Ihre gewinnenden Persönlichkeiten, und ein Individuum streckt die Arme zum anderen aus.

5 Ein großes Talent, sich mitzuteilen

In der Gruppe machen Babys reichlich Lärm, aber bis vor kurzem wurden diese Geräusche nicht als intelligente Äußerungen eingestuft. Babys haben sich immer der Körpersprache bedient, sind vor Zorn rot angelaufen, haben sich vor Angst verkrampft, haben eindringlich die Fäustchen geballt, aber allzu oft ist ihre Botschaft von uns abgeprallt. Neugeborene haben gegen eine Wand geredet.

Während wir uns um den Empfang ihrer Botschaften nicht gerade verdient gemacht haben, lassen die neuesten wissenschaftlichen Forschungen erkennen, daß unsere Botschaften bei ihnen sehr wohl ankommen. Babys erforschen das Gesicht und die Stimmung von Erwachsenen und handeln entsprechend. Sie betrachten uns erstaunlich genau, hören uns zu und warten darauf, uns in einen innigen Dialog verwikkeln zu können. Die Kommunikation läuft bei Neugeborenen rasch ab, manchmal blitzschnell. Diese Fähigkeiten sind so früh entwickelt, daß sie vielleicht nicht erlernt, sondern angeboren sind.

Kommunikation vor der Geburt

Ihre erste Kommunikation mit Ihrem ungeborenen Kind beginnt wahrscheinlich, ohne daß Sie sich dessen bewußt sind oder es beabsichtigen: durch Musik, Ihren Herzschlag, das Lärmen ungewöhnlicher Aufregung, und durch Ihre summende, singende, sprechende Stimme. Das Ungeborene im Bauch ist wachsam und ganz Ohr.

Einen der frühesten Hinweise auf aufmerksames Hören im Mutterleib geben intrauterine Fotos eines Ungeborenen, dessen Augen noch fest verschlossen sind, das aber tief versunken aussieht und die Nabelschnur zart umfaßt. Diese Schnur verbindet die einsame Höhle mit der Außenwelt.

Die Nabelschnur übertrifft jedes Fernsehkabel; sie schlägt im Takt des pulsierenden Lebens, das zwischen Ihnen und Ihrem Ungeborenen hin- und herströmt. Sie ist immer da, ein griffbereites Spielzeug, und doch lebendig, sich verändernd, informationsgeladen. Diese Lebensleitung könnte eine Biofeedback-Einheit sein, der das Baby Informationen über den Fluß der Nährstoffe oder eine Beschleunigung des Kreislaufs entnimmt, eine Art mütterlich-fötaler Monitor, der beruhigende oder beunruhigende Nachrichten meldet.

Tasten und Hören als Kommunikationssystem. Ich kann nicht glauben, daß die durch die Nabelschnur pulsierenden Meldungen, bei denen es um Leben und Tod geht, am Fötus unbemerkt vorüberziehen. Ich vermute, daß der Fötus durch die Kombination von Tasten und Hören gewisse Informationen erhält. Der Tastsinn ist hoch entwickelt, wie sich nach der Geburt deutlich zeigt, wenn das Baby ständig alle Dinge anfaßt, in den Mund steckt, schmeckt, danach greift, darin herumbohrt und sie schüttelt. Stellen Sie sich diese massive Tasttätigkeit als Kommunikation in beide Richtungen vor: Einholen von Informationen (wie schmeckt das, klingt das, fühlt sich das an?) und Aussenden von Informationen (mir gefällt das, ich möchte mehr davon).

Tasten ist für uns alle ein grundlegendes Kommunikationsmittel, das uns mit einem ständigen Informationsstrom versorgt: beim Händeschütteln, Umarmen, Halten und Spüren. Denken Sie nur daran, wieviel Sie etwa beim Einkaufen anfassen. (Wir tun das so automatisch, daß uns Hinweisschilder auffordern müssen, das zu unterlassen.)

Ihr Ungeborenes besitzt in der siebten Schwangerschaftswoche Hände und Finger. In der vierzehnten Woche kann es die Hände zusammenführen und beginnt vielleicht, am Daumen zu nuckeln. Es ist unvermeidlich, daß es seine Umwelt erforscht, befühlt und »begreift«. In ihrem Einfallsreichtum mögen die Ungeborenen jenen Kriegsgefangenen ähneln, die miteinander über die Vibrationen in den Wasserleitungen Kontakt hielten.

Der Wahrnehmungsapparat des Gehörs, das Daten in das Tastsystem einspeist, durchforscht den »Äther« auch eifrig nach Übertragungen Ihrer Stimme. Sprachlektionen beginnen erwiesenermaßen schon vor der Geburt. Einer der ersten Forscher, die das entdeckten, Henry Truby von der medizinischen Fakultät der Universität Miami, berichtete mir 1983 in einem persönlichen Gespräch, daß sich aus den Stimmspektrogrammen eines Neugeborenen ablesen läßt, ob es sich um das erste Kind handelt, ob die Schwangerschaft problematisch war oder ob das Baby in der Gebärmutter eheliche Konflikte mitbekommen hat. All das spiegle sich in der kindlichen Stimme und drücke sich später in der Sprechweise aus. Vielleicht schenken Sie Ihrem Ungeborenen ja nicht viel Beachtung, dafür beobachtet es Sie aber ganz genau.

Sprechfunk. Seit Jahrhunderten ist bekannt, daß Babys im Mutterleib weinen können, trotzdem aber scheint es immer noch ein wohlgehütetes Geheimnis zu sein, über das wenig bekannt wird.

Babys können im Mutterleib immer dann schreien, wenn Luft in die Fruchtblase und den kindlichen Kehlkopf eindringt, wie es geschieht, wenn die Fruchtblase platzt oder wenn ein Katheter durch den Gebärmutterhals geschoben wird. Vor den Tagen des Ultraschalls (wobei Schallwellen hoher Frequenz vom Fötus abprallen und aufgezeichnet werden) machten die Frauenärzte oft Luft-Amniogramme, wobei sie den Müttern einschärfen mußten, nach der Untersuchung mehrere Stunden in aufrechter Stellung zu verharren, damit die Luft nicht zum fötalen Kehlkopf gelangte; sonst hätten sie die beunruhigende Erfahrung machen können, ihr Ungeborenes schreien zu hören.

Robert Goodlin, Leiter der Abteilung für Perinatale Medizin an der medizinischen Fakultät der Universität von Nebraska, berichtet, daß wir den Fötus einen Großteil der Zeit hören könnten, wenn der Mutterleib mit Luft gefüllt wäre. Wir müssen annehmen, daß dieses Schreien bedeutungsvoll und darauf ausgerichtet ist, sich mitzuteilen. Studien zeigen, daß das Schreien in den Stunden kurz vor der Geburt durch die Eingriffe der Geburtshelfer bedingt ist.

Universalsprachen

Neugeborene sind auf der ganzen Welt berühmt für ihre Laute. In den ersten 24 Stunden kann das Baby eine ganze Symphonie von Geräuschen hervorbringen: Kreischen, Wimmern, Pfeifen, Winseln, auch Husten, Aufstoßen, Niesen, Schluckauf und Grunzen. Seltener kann man auch vergnügtes Glucksen, Summen oder sogar Lachen hören. Alle Laute sind Informationsträger, die wichtig sein können.

Musik und Farbe sind internationale Sprachen, die Babys wie Erwachsene aus allen Kulturen ansprechen. Ähnlich wird auch Weinen überall auf der Erde verstanden. Babys beherrschen diese Sprache lange vor der Geburt. Körpersprache ist ebenfalls in allen Ländern bekannt. Handbewegungen, Mimik und Gesten haben ihre eigenen, unumstößlichen Grammatikregeln. Babys bedienen sich aktiv dieser Kommunikationsmittel. Emotionen schließlich sind eine weitere Universalsprache, die keine Übersetzungen nötig hat. Gefühle sind die angeborene Sprache der gesamten Gattung Mensch, und Babys kennen sie genausogut wie Erwachsene.

Das Schreien Neugeborener. Manche Babys kommen ruhig zur Welt, tun wenig mehr als einmal nach Luft zu schnappen; sie strampeln und wedeln heftig mit den Armen und suchen dann den Horizont nach der Mutter ab. In einer friedlichen Umgebung bleibt Ihr Baby jetzt vielleicht eine Stunde oder länger nach der Geburt ruhig und wach, mit glänzenden, weit geöffneten Augen. Während dieser Zeit wird Ihnen der intensive, innige Blickkontakt mit ihm durch und durch gehen. Sie werden wissen, daß Sie beide miteinander kommunizieren. Die ersten solchen Blicke helfen, starke Familienbande zwischen allen zu schmieden, die daran teilnehmen, auch zwischen Geschwistern.

Wie allgemein bekannt ist, schreien die meisten Babys bei der Geburt, und zwar kräftig. Dieses Schreien hat auf fast jeden in Hörweite eine herausfordernde Wirkung, die zu einer Reaktion zwingt. Ärzte und Eltern neigen dazu, angesichts dieses Schreiens nervös zu lachen und es als Zeichen von Gesundheit und Kraft zu deuten. Das ist ein grausamer Scherz. Das Schreien eines Babys bei der Geburt ist ein Notsignal und ein Flehen um Hilfe.

Vor nicht langer Zeit wurde aus berufenem Mund verkündet, Babygeschrei bestünde aus wahllosen, einfachen und undifferenzierten Lauten und sei daher ohne Bedeutung. Dahinter steckt nicht nur Ignoranz, sondern auch Überheblichkeit. Seit der Erfindung der Spektrographie und anderer Methoden der Tonaufzeichnung haben präzise Messungen gezeigt, was Eltern und Großeltern instinktiv schon immer wußten: Schreie besitzen ganz bestimmte Merkmale und Bedeutungen. Die Mütter haben schon immer gelernt, das Weinen ihrer Babys zu deuten und es vom Weinen anderer Babys zu unterscheiden.

Aufnahmen zeigen ausgeprägte Unterschiede zwischen verschiedenen Arten des Schreiens. Es gibt Geburtsschreie, Schreie, die Hunger, Vergnügen und Schmerz signalisieren.

Man hat diese Schreie Hunderten von Erwachsenen jeden Alters vorgespielt, darunter verheirateten und unverheirateten Männern, und stellte fest, daß fast jeder herausfand, um welche Art von Schreien es sich handelte.

Seit diesen vor etwa einem Vierteljahrhundert gewonnenen, bahnbrechenden Erkenntnissen über das Schreien von Babys haben Forscher entdeckt, daß sich dem Schreien auch Informationen über Krankheit, Mißbildungen, Mangelernährung und andere Entwicklungsstörungen entnehmen lassen. Das Schreien von Kindern mit chronischen Schmerzen ist meist schrill und unangenehm.

Das alles unterstreicht die Tatsache, daß Schreien eine ernsthafte Art der Kommunikation ist – wenn jemand wirklich zuhört. *Wann* Babys schreien, *wie* sie schreien und *wieviel* sie schreien gibt Aufschluß über ihre Bedürfnisse, über Unzufriedenheit oder Schmerzen. Vielleicht verstehen Sie nicht immer sofort, was das Schreien bedeutet, aber früher oder später kommen Sie schon darauf, wenn Sie wissen, daß Ihr Baby Ihnen etwas zu sagen versucht.

Schreien ist sicher kein Ausdruck der Zufriedenheit; es ist ein heftiger Einspruch gegen das, was gerade geschieht. Wenn wir wissen wollen, was Babys von einer Sache halten, brauchen wir nur ihrem Schreien zuzuhören. Zum Beispiel das Schreien, wenn bei der Geburt die Nabelschnur durchgeschnitten wird: In seinem Plädoyer für eine Geburt ohne Gewalt schlägt Dr. Frédérick Leboyer vor, die Nabelschnur nicht gleich beim Austritt aus dem Geburtskanal durchzuschneiden, sondern sie auf natürliche Weise zu Ende pulsieren zu lassen. Manche Ärzte sind anderer Meinung. Aber wenn man nach dem Schreien urteilt, neigen Babys eindeutig zur Ansicht Leboyers. Sie schreien häufiger, wenn die Nabelschnur früh durchtrennt wird, seltener, wenn man damit wartet.

Die Körpersprache der Babys. Babys sprechen mit dem ganzen Körper. Sie drücken Schmerz und Zufriedenheit vollkommen und greifbar aus. Wie im Zusammenhang mit den Sinneswahrnehmungen bereits erwähnt, spiegelt sich im Gesichtsausdruck rasch und präzise die Reaktion Ihres Babys auf verschiedene angenehme und unangenehme Geschmacksempfindungen und Gerüche. Grimassen und Stirnrunzeln sind ein beredter Ausdruck für die Reaktion Ihres Babys auf Licht und Geräusche. Beschwerden über die Temperatur sind unmißverständlich.

Neugeborene können bereits mit ihren Händen kommunizieren. Wenn sie nach Ihrem Finger greifen und ihn festhalten, wird Ihnen das etwas sagen. Wenn Sie die Hand Ihres Babys nehmen und festhalten, wollen *Sie* damit nicht auch etwas sagen? Babys rudern mit den Ärmchen und können deren Feinmuskulatur offensichtlich noch nicht kontrollieren; doch sie drücken damit ein überschwengliches Interesse an den Dingen aus. Die Hände werden wie Forscher ausgesandt, um Dinge heranzuholen. Sie dienen auch als Zeiger, die Ihnen klarmachen, daß es da draußen etwas gibt, wofür sich Ihr Baby interessiert.

Manche Handhaltungen sind wie eine Zeichensprache, die Ihnen helfen kann, den Zustand Ihres Babys besser zu erkennen: Die Hände verraten uns etwas über den Grad der Bewußtheit zwischen Schlafen und voller Wachheit. Das Ärztepaar Hanus und Mechthild Papousek hat fünf dieser Positionen skizziert (siehe Abbildung 1). (Es sollte Ihnen nicht schwerfallen, die negativen Gefühle zu interpretieren, die sich in der geballten Faust ausdrücken.)

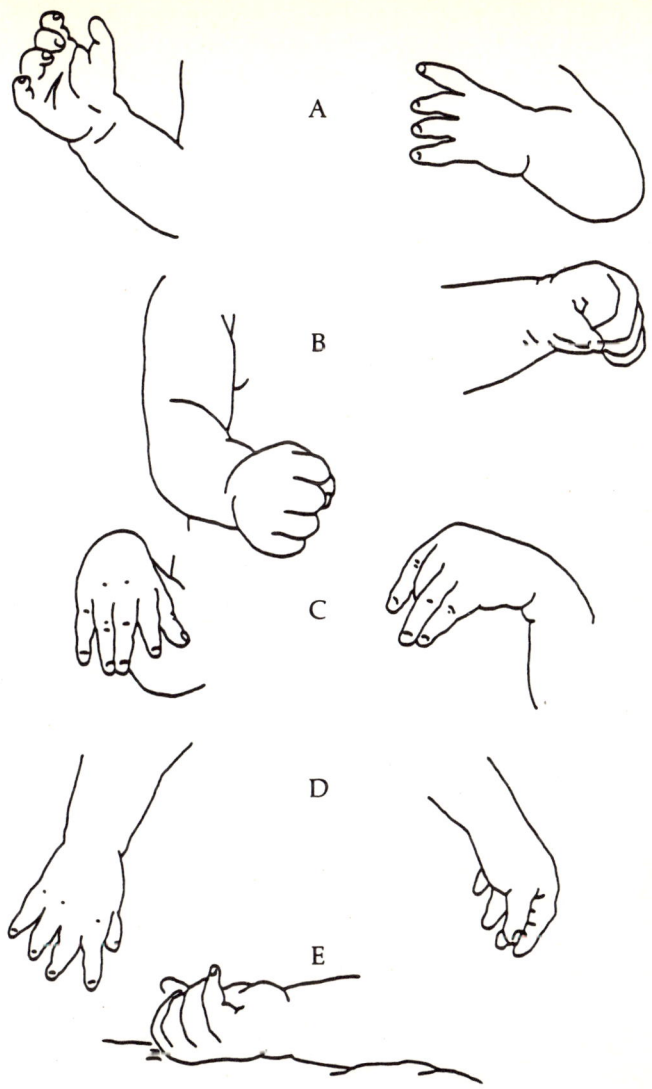

A

B

C

D

E

Abbildung: Die Bedeutung kindlicher Handhaltungen.
A = aktiver Wachzustand; B = geballte Fäuste bei unangenehmen Situationen oder Schmerz; C = passiver Wachzustand; D = Übergang zum Schlafen; E = Schlafen. Nach Hanus und Mechthild Papousek. (Abgedruckt mit freundlicher Erlaubnis von Dr. Hanus und Mechthild Papousek und des Verlags Academic Press.)

Körpersprache ist schon lange, bevor sie vollständig ausgereift ist und beherrscht wird, ein Mittel der Kommunikation. Wenn Sie dafür offen sind, können Sie mit Ihrem Baby früher »sprechen« als erwartet. Einer der ersten Forscher, die die Körpersprache von Babys gewürdigt haben, ist der Kinderpsychologe Colwyn Trevarthen von der Universität Edinburgh. Trevarthen erkannte den Wert der ungeschickten Bewegungen, die den runden, geschickteren vorausgehen. Sehbewegungen, bemerkte er, werden geübt, bevor die Sehfähigkeit voll entwickelt ist; das Baby greift und streckt die Arme aus, bevor es die Fähigkeit besitzt, Gegenstände tatsächlich zu fassen und mit ihnen zu hantieren; Sprechbewegungen tauchen lange auf, bevor ein Baby etwas »sagen« kann. Wichtig dabei ist, daß uns dadurch das Interesse des Babys, seine Absichten und Ziele vermittelt werden. Wir erfahren, was das Baby beschäftigt.

Manchmal kann die Körpersprache Ihres Babys so genau und bezeichnend sein, daß es kaum zu glauben ist. Dies überraschte die Forscher am Zentrum für Kognitive Studien der Harvard Universität, die über mehrere Wochen nach der Geburt Babys beim Umgang mit ihren Eltern filmten. Ab und zu wurde ein acht Zentimeter großer Spielzeugaffe einbezogen. Nach der Auswertung der Filme erkannten die Forscher, daß sich die Babys anders bewegten, wenn sie den Plüschaffen anschauten, als wenn sie ihre Eltern anschauten. Die Körpersprache der Babys war so präzise, daß die Forscher nur einen Zeh oder Finger zu sehen brauchten, um sagen zu können, ob das Baby ein Spielzeug oder eine Person anblickte.

Als die Babys einen Monat alt waren, waren die Hand- und Fußbewegungen so ausdrucksstark, daß die Forscher daran ablesen konnten, welchen *Elternteil* das Baby anschaute. Merkwürdige Entdeckungen dieser Art zeigen uns, daß Babys ein klares Bewußtsein haben, daß sie wissen, wen oder was sie vor sich haben, und ihren Körper entsprechend bewegen.

Die Sprache der Gefühle. Manche Babys kommen mit einem Gefühlsausbruch auf diese Welt, der sich dramatisch in ihrem Gebrüll, ihren heftig um sich stoßenden Ärmchen und Beinchen, ihrem Gesichtsausdruck und ihrer Hautfarbe ausdrückt. Wie könnte jemand diese Mischung aus Wut und Schmerz mißverstehen? Andere Babys scheinen gleich nach der Geburt zufrieden, ruhig und neugierig.

Neugeborene haben wie wir alle Gefühle, die sich sofort auf ihrem Gesicht abzeichnen. (Das »Pokerface« haben sie noch nicht erlernt.) Eine solche Mimik findet sich mit ähnlicher Bedeutung überall auf der Welt, sogar in verschiedenen Kulturen. Vielleicht ist bei der Geburt noch nicht die volle Bandbreite der menschlichen Gefühle präsent, aber Sie werden merken, daß Ihr Baby hier schon einiges leistet.

Sechsundzwanzig Mütter Neugeborener wurden gebeten, Buch über die Gefühle zu führen, die sie auf den Gesichtern ihrer Babys wahrnehmen konnten. Sie vermerkten Anzeichen von Interesse und Freude (95 Prozent), Ärger (78 Prozent), Überraschung (68 Prozent), Unbehagen (65 Prozent), Trauer und Ekel (40 Prozent) und Angst (35 Prozent). Das ist ein beachtliches Gefühlsspektrum. Vor nur zwanzig Jahren wären die Psychologen überrascht gewesen, daß Neugeborene überhaupt irgendwelche bestimmten Gefühle haben könnten.

Auf Videoaufnahmen, die während der ersten Lebenswoche gemacht wurden, zeigen Neugeborene ein Spektrum von Gefühlen, das von Vergnügen bis Wut reicht. Babys können in nur dreißig Sekunden von Schlaf zu heftigem Gebrüll übergehen. Nach der Analyse zahlreicher solcher Aufnahmen stellte ein Forscher fest, daß manche Babys auf alles oder jeden, der sich in der Nähe befindet, einschlagen würden, wenn sie nur ihre Hände befreien könnten und nicht so fest eingepackt wären. Andere haben beobachtet, daß Babys umfassender und heftiger auf unangenehme Umstände reagie-

119

ren als ältere Menschen. Sie sind wegen ihrer Gefühle nicht im geringsten verlegen.

Akustische Analysen von Babystimmen zeigen eine Abfolge von maximalem Vergnügen (Lachen und Quietschen) zu teilweisem Vergnügen, emotionaler Neutralität, teilweisem Mißbehagen und maximalem Mißbehagen (ausgeprägtes Schreien). Diese Gefühlsäußerungen werden an folgenden Variablen gemessen: Tonhöhe (niedrig – hoch), Dauer (kurz – lang) und Lautstärke (in Dezibel). Das Zeichen für höchstes Mißbehagen ist am lautesten und mit über 2000 Hertz am schrillsten. Es ist schwer zu überhören. Beliebter sind die melodischen Laute für »teilweises Vergnügen«, die weich, länger andauernd und entspannt sind, ähnlich wie Taubengurren. Diese Studie über Gefühle wurde von Dr. Hanus und Mechthild Papousek am Max-Planck-Institut für Psychiatrie in München mit zwei Monate alten Babys durchgeführt.

Bereit zum Dialog

Sie werden, wie viele Wissenschaftler auch, überrascht sein, wenn Sie entdecken, daß Babys bereit sind, den Dialog mit Ihnen aufzunehmen. Noch 1975 äußerten Spezialisten auf dem Gebiet der Entwicklungspsychologie, daß es »im besten Falle zweifelhaft« sei, ob Babys die Stimme ihrer Mütter erkennen könnten und nicht nur auf bestimmte Sprach- und Klangsegmente reagierten. Im selben Jahr wurde erstmals das Weinen von Babys mit Spektrogrammen untersucht. Die so entstandenen »Stimmporträts« zeigten, daß sogar sehr unreife Frühgeborene bereits gewisse Eigenheiten des mütterlichen Sprechmusters erlernt hatten.

Wir wissen heute, daß Neugeborene dem Sprechen Erwachsener und dem Weinen anderer Babys mit außerordentlicher Genauigkeit zuhören. Auch blicken sie mit unglaublich geschärften Sinnen in die Welt, lernen rasch, was sie sehen, und reagieren darauf. Sie scheinen sogar von den Lippen lesen zu können.

Genaues Zuhören. Ein interessantes Beispiel für genaues Zuhören liefert das französische Experiment von 1978, das bereits im 3. Kapitel angeführt wurde; darin hieß es, Babys würden ihren Müttern zuhören, wenn sie vorwärts lesen, aber nicht, wenn sie rückwärts lesen.

Wenn Babys keine Wörter verstehen können, warum sollten sie sich dann um die innere Reihenfolge der Wörter scheren? Forscher dachten, vielleicht sei die Monotonie der rückwärts lesenden Stimme daran schuld, daß die Babys das Interesse verloren. Aber ist nicht jede Geschichte ziemlich monoton, wenn sie in einer Sprache erzählt wird, die Sie nicht kennen? Können Babys irgendwie erkennen, daß Rückwärtslesen eine Form von Unsinn ist? Was auch der Grund sein mag, sie hören jedenfalls äußerst genau zu.

Ihr Baby wird wahrscheinlich die unterschiedlichsten Laute mit neugieriger Aufmerksamkeit beachten. Psychologen machten Videoaufnahmen von ein paar Tage alten Babys, wie sie auf zwei sprachähnliche Laute und zwei im Frequenzbereich schmalbandige Geräusche reagierten, die aus Lautsprechern über ihren Köpfen kamen. Man war überrascht, wie reif die Babys auf diese ziemlich merkwürdigen Geräusche reagierten. Ob die Babys zuhörten, wurde danach beurteilt, ob sie den Kopf in Richtung der Geräusche wandten, außerdem am Vorschieben der Zunge und an aktiven Mundbewegungen, die ein Zeichen für Anteilnahme sind. Aufmerksamkeit zeigte sich auch als Blickfixierung, erweiterte Pupillen, Suchen mit den Augen und Atemanhalten. Manche Babys lauschten so konzentriert, daß sie den Kopf ein Stück vom Bett hoben und drei bis fünf Minuten lang in ihrer Wachsamkeit nicht nachließen.

Es ist kein Geheimnis, daß Kleinkinder Sprachen spielend erlernen, aber die Wissenschaftler waren überrascht, daß Babys diese besondere Begabung teilen. Ihr Baby ist in der Lage, den Unterschied zwischen den kleinsten Spracheinheiten (den Phonemen) herauszuhören, zum Beispiel den zwischen »pa« und »ba«. Im gesamten ersten Lebensjahr können Babys das sogar besser als Erwachsene. Das wurde entdeckt, als man Babys aus verschiedenen Altersstufen im ersten Lebensjahr Laute fremder Sprachen vorspielte. Verglichen mit Erwachsenen, die dieselben Laute hörten, erkannten die Babys die feinsten Unterschiede besser, was sie unter Beweis stellten, indem sie den Kopf innerhalb von 4,5 Sekunden dem neuen Laut zuwandten.

In den ersten sechs Monaten war diese Fähigkeit am stärksten ausgeprägt; dann nahm sie allmählich ab, bis die Babys im Alter von einem Jahr etwa dasselbe Niveau erreichten wie Erwachsene. Für Sie bedeutet das konkret, daß Sie ganz normal mit Ihrem Baby sprechen können. Wenn Sie möchten, sprechen Sie langsam, deutlich und mit höherer Stimme, aber Ihr Baby ist besser als jeder andere darauf vorbereitet, sprachlichen Äußerungen zuzuhören.

Ihr Neugeborenes wird auch verschiedene Arten von Schreien kennerisch einordnen. Stehen weißes Rauschen (ein beliebiges elektronisches Hintergrundgeräusch), vom Computer fabriziertes Weinen und echtes Weinen zur Wahl, reagieren Babys stärker auf echtes Weinen. Und hier reagieren Neugeborene wieder stärker auf Babys ihrer eigenen Altersgruppe, weniger auf fünf Wochen alte Babys und am wenigsten auf fünf Monate alte Babys. Die Schreie eines Schimpansenbabys wurden überhaupt nicht beachtet.

Die stärkste Reaktion Neugeborener erfolgt auf Aufnahmen ihres eigenen Weinens hin. Wenn sie sich selbst zuhörten, stieg ihre Pulsfrequenz um 7,5 Schläge in der Minute an. In der Regel reagieren Neugeborene auf die Schreie anderer

Neugeborener ebenfalls mit Weinen; hören sie aber ihre eigenen Schreie, ist es weniger wahrscheinlich, daß sie selbst zu weinen beginnen. Falls sie gerade weinen, hören sie wahrscheinlich damit auf, wenn sie ihre eigenen Schreie hören. Das bedeutet, daß sie sich selbst wahrnehmen können.

Ihr ruhiges, waches Neugeborenes kann auch mit unglaublicher innerer Anteilnahme zuhören, wenn Sie reden. 1973 untersuchten Psychologen an der Universität von Boston die Körperreaktionen von Babys auf die Sprache Erwachsener. Mehrere Kameras machten gleichzeitig Aufnahmen vom Kopf des Babys, seinen Augen, Ellbogen, Schultern, Hüften und Füßen. Ein Gerät zur zeitlichen Analyse von Bewegungen ermöglichte es, ausgewählte Bewegungen sekundenweise in Einzelbilder zu zerlegen. Zum Beispiel konnte man bei der Untersuchung von Armbewegungen genau das Bild lokalisieren, bei dem eine Änderung der Bewegungsrichtung eintrat.

Die Sprache Erwachsener wurde meßtechnisch in Silben zerlegt. Auf den Bruchteil einer Sekunde genaue Analysen dieser Abläufe enthüllten, daß Neugeborene am ersten Lebenstag ihren Körper synchron zur Sprache der Erwachsenen bewegten – in einer Art rhythmischem Nachbilden, das wie ein Tanz anmutete. Das war an allen sechzehn Neugeborenen der Studie zu beobachten. Die Babys schafften es, diese rhythmische Verfolgungsjagd über Sprechperioden mit bis zu 125 Wörtern Länge durchzuhalten. Dabei machte es keinen Unterschied, ob jemand direkt zu ihnen sprach oder vom Tonband. Babys, die gerade in Bewegung waren, als ein Erwachsener zu sprechen begann, unterbrachen ihre Tätigkeit und bewegten sich im Sprechrhythmus mit. Wurden ihnen Aufnahmen zusammenhangloser Vokale oder bloßer Klopfgeräusche vorgespielt, so kam es zu keiner solchen tranceähnlichen Reaktion.

Babys kommen gut vorbereitet auf diese Welt; sie besitzen die

Fähigkeit des präzisen Zuhörens, um sich in die menschliche Sprache einzuschalten, vor allem in die Sprache ihrer Mütter und Väter, und sie lassen sich von Kopf bis Fuß darauf ein.

Schauen und durchschauen. Ihr Baby ist nicht nur der geborene Zuhörer, sondern auch der geborene Zuschauer. Wenn es wach ist, sind seine Augen unablässig damit beschäftigt, alles in Sehweite abzutasten. Diese visuelle Geschäftigkeit ist bemerkenswert intelligent und wählerisch.

Die von dem Psychologen Robert Fantz entwickelte Methode, die Hornhaut des kindlichen Auges zu beobachten, während das Baby verschiedene optische Darbietungen betrachtet (siehe Kapitel 2), hat gezeigt, daß Babys Vorlieben besitzen, Formen erkennen und mit Mustern umgehen können. Vor Fantz herrschte die Meinung, die visuelle Welt der Neugeborenen sei anfangs formlos und chaotisch, und die Fähigkeit, Strukturen sehen zu können, müsse erst erlernt werden. Fantz wies nach, daß die Wahrnehmung von Formen und die Bevorzugung bestimmter Muster angeboren und nicht erlernt waren und daß die höchste Ebene des visuellen Systems, die sogenannte Area striata der Großhirnrinde, bereits bei der Geburt funktioniert.

Ein Beispiel dafür, wie Ihr Neugeborenes sein Sehvermögen einsetzt, ist die Behandlung von Spielsachen als Spielsachen und von Menschen als Menschen. In den bereits erwähnten, an der Harvard-Universität gedrehten Filmen reagierten Babys ganz unterschiedlich, wenn sie ihre Mütter oder wenn sie einen Spielzeugaffen ansahen.

Die Babys beobachteten ihre Mütter mit sehr intensiven, kurzen Blicken. Wenn die Mütter darauf reagierten, guckten die Babys weg und änderten ihre Bewegungen und Lautäußerungen. Wollten die Babys ihre Mütter anschauen, taten sie das in einem zyklischen Muster von Hin- und Wegsehen, vier- bis fünfmal in der Minute. Die Babys zeigten Zurückhaltung, waren äußerst interessiert, versuchten aber, ihre Mütter nicht anzustarren.

Ihr Verhalten beim Betrachten des Spielzeugaffen war das pure Gegenteil. Drei Wochen alte Babys starrten das Plüschtier mit weit aufgerissenen Augen lange an und kauerten sich dabei zusammen, als ob sie sich gleich auf ihn stürzen wollten. Die Finger und Zehen waren auf den Affen gerichtet, und die Babys streckten auch immer wieder die Zunge in seine Richtung heraus. Ihre Körper schienen regungslos, die Gesichter ernst, die Augen blinzelten nur selten. Hier war jegliche Zurückhaltung überflüssig.

In denselben Filmen trat ganz klar zutage, daß die Babys wußten, wann ihre Mütter sie anschauten. Die Kameras waren so aufgestellt, daß die Gesichter von Mutter und Baby nebeneinander zu sehen waren, so daß der zeitliche Ablauf ihrer Interaktionen genau verfolgt werden konnte. Lächeln und Blicke der Mütter feuerten die Babys zu ausladenden Arm- und Beinbewegungen und zu lautlichen Äußerungen an.

Wenige Wochen alte Babys besitzen die unglaubliche Fähigkeit, zu erkennen, ob Gesichtsbewegungen und Sprachlaute übereinstimmen – sie können sozusagen von den Lippen lesen. Ein dafür typisches Experiment zeigt dem Baby einen geteilten Bildschirm mit zwei sprechenden Gesichtern, dazu den passenden Ton für eines der Gesichter. Die Babys betrachten öfter das Gesicht, das zum Gehörten paßt. Sie wissen, welche Gesichter und Stimmen zusammengehören – in jeder Sprache.

Ihr Baby erwartet, *Ihre* Stimme zu hören, wenn es Sie reden sieht. Wird ihm dabei eine andere Stimme vorgespielt, findet es das sehr beunruhigend. Auch wenn Ihre Stimme aus einem anderen Gesicht zu kommen scheint, merkt das Baby, daß etwas nicht stimmt, und wendet sich ab.

Ältere Babys können glückliche und traurige Stimmen richtig

mit den entsprechenden Gesichtern in Einklang bringen und beweisen damit, daß sie wissen, welche Mimik und welche Stimme bei welchem Gefühlszustand zu erwartet ist.

In einem Experiment mit Londoner Babys wurden Kinderreime einmal synchron zu den Gesichtsbewegungen abgespielt, dann mit einer leichten Verzögerung. Obwohl die Verzögerung zwischen Lippen und Sprache nur 400 Millisekunden betrug, verloren die Babys das Interesse. Sie wandten sich merklich öfter ab, wenn Bild und Ton nicht synchron liefen. Das brachte die Forscher zu dem Schluß, daß die Fähigkeit, Übereinstimmung zwischen Lippenbewegungen und Sprache wahrzunehmen, angeboren sein muß. Sie ist umso eindrucksvoller (oder verblüffender), wenn man unterstellt, daß diese ein bis drei Monate alten Babys kein Wort von dem verstehen, was da gesagt wird.

Diese Fähigkeit überspringt sogar Sprachgrenzen. Zum Beispiel werden schottische Babys, denen japanisch sprechende Gesichter gezeigt werden, sich schließlich denjenigen zuwenden, die sich synchron zu den vorgespielten japanischen Sprachlauten bewegen.

Nur wenige Tage alte französische Babys betrachten lieber Gesichter, die Französisch sprechen, und russische Babys solche, die Russisch sprechen. Wie können sie den Anblick ihrer Muttersprache vorziehen, wenn sie nur wenige Tage gesehen haben, wie sie gesprochen wird? Geistig scheinen sie die Grenzen ihrer körperlichen Erfahrung zu überspringen.

Rasches Erfassen. Wir haben gesehen, daß Neugeborene Gesten von Erwachsenen, wie etwa das Herausstrecken der Zunge, das Öffnen des Mundes und das Spitzen der Lippen, rasch nachahmen. Dazu müssen sie Mund, Zunge, Augenbrauen und Hände genau sehen; zu üben brauchen sie aber nicht. Wenn gerade zur Welt gekommene Babys den Ausdruck von Trauer, Glück und Überraschung, wie er sich auf dem Gesicht

Erwachsener spiegelt, imitieren, würde man meinen, daß dazu mehr nötig ist als bloßes Anschauen und Nachmachen. Die Fähigkeit Neugeborener, eine solche Mimik ohne Zögern nachzuahmen, läßt vermuten, daß Neugeborene diese menschlichen Ausdrucksformen bereits »kennen« und bereit sind, sofort den Dialog mit uns aufzunehmen.

Beachten Sie, daß der Dialog der Nachahmung kein Dialog der Worte, sondern einer der *Blicke* ist.

Sie anzuschauen kann für Ihr Neugeborenes eine Quelle der Freude oder der Qual sein. Erinnern Sie sich, wie verstört die eine Woche alten Babys waren, als ihre Mütter bei einer Mahlzeit Masken trugen und kein Wort sagten (siehe Kapitel 4). In einem Experiment mit älteren Babys bat man die Mütter, drei Minuten lang zu schweigen und ein unbewegtes Gesicht zu machen. Nach fünfzehn Sekunden wußten die Babys, daß etwas nicht stimmte, und reagierten mit fragenden Blicken, Lautäußerungen oder Ausstrecken der Arme. Je nach Alter setzten sie verschiedene Mittel ein, um Aufmerksamkeit zu erlangen. Blieb der Erfolg aus, zogen sie sich ganz in sich zurück.

Eine schlimmere Wirkung wurde beobachtet, als man die Mütter bat, »deprimiert« auszusehen. Die Babys schrieen aus Protest, schauten weg und zeigten noch Tage später Mißtrauen gegen ihre Mütter. Die Psychologen, die die Studie leiteten, waren über die Folgen so erschrocken, daß sie das Experiment abbrachen.

Von den Worten einmal abgesehen, besteht zwischen einer »Unterhaltung« mit Ihrem Baby und der mit irgend jemandem sonst bemerkenswerte Ähnlichkeit. Die Harvard-Filme über miteinander »sprechende« Mütter und Babys zeigen das. In kurzen Phasen der Anstrengung scheinen sich die Babys leidenschaftlich in dem Austausch zu engagieren: Sie zeigen ihr Interesse durch gezielte Bewegungen, Aufmerksamkeit, ihren Gesichtsausdruck und ihre Aufregung sowie durch verschiedene Lippen- und Zungenbewegungen. Sobald die Mütter diese Zeichen sahen und darauf reagierten, veränderten die Babys ihre Gesten oder Lautäußerungen – als ob jetzt sie an der Reihe wären, die Konversation weiterzuführen. Der Edinburgher Psychologe Colwyn Trevarthen schließt daraus, daß die Fähigkeit, miteinander zu kommunizieren, angeboren ist.

Ihr Baby wird mit der Bereitschaft zu einem innigen Dialog geboren, ob mit oder ohne Worte. Diese Erkenntnis bedeutet einen markanten Wendepunkt in unserem Verständnis von Babys. Wir haben unsere Aufmerksamkeit immer auf ihre Schwächen und Grenzen gerichtet. Angesichts ihrer Winzigkeit und mangelhaften Muskelentwicklung schienen sie so offensichtlich schlecht auf das Leben vorbereitet zu sein. Erst nach langer Zeit, unterstellten wir, würden sie die einfachsten körperlichen Tätigkeiten verrichten können. Und natürlich, so folgerten wir, sind sie dann zu komplexeren Interaktionen schon gar nicht in der Lage.

Wahr ist vielmehr, daß Babys bei der Geburt auf *soziale* Funktionen vorbereitet sind, lange bevor sie für die Welt der materiellen Gegenstände bereit sind. Gefühlsbeziehungen herzustellen und eine innige Kommunikation aufzunehmen kommt vor dem Umgang mit Gegenständen, die Beherrschung sozialer Fertigkeiten vor der Beherrschung des Körpers. Diese revolutionäre Entdeckung macht eine Umkehr der Prioritäten notwendig: Wir müssen mit unseren Babys auf einer geistigen Ebene Verbindung aufnehmen, während sie körperlich aufholen. Dieselben Babys, die lieber zuhören als essen, können eher mit uns kommunizieren als sich aufsetzen.

Unhörbare Gespräche. Wunderdinge ereignen sich, wenn Babys und Mütter zusammen sind. Wie sie einander beeinflussen, ist nicht immer klar; die Kommunikation ist unsichtbar, aber machtvoll.

Wie in Kapitel 3 erwähnt, lernen Neugeborene, die bei ihren Müttern im Zimmer bleiben können, den Tag-Nacht-Rhythmus innerhalb von drei Tagen kennen, während Babys auf der Säuglingsstation überhaupt keine Fortschritte in dieser Hinsicht zeigen. Wenn Mütter ihre Babys bei sich behalten, lernen sie das Schreien ihres eigenen Babys so rasch kennen, daß sie ab der zweiten Nacht nur durch dieses Schreien geweckt werden.

Enge Verbindungen machen sich bezahlt. Wenn eine Mutter ihr weinendes Baby innerhalb von neunzig Sekunden auf den Arm nimmt, wird es sich meist innerhalb von fünf Sekunden beruhigen. Wird das Baby nicht innerhalb von neunzig Sekunden hochgenommen, schreit es vielleicht fünfzig Sekunden länger.

In Kapitel 2 haben wir darauf hingewiesen, welcher Zauber in der Kommunikation durch Berührung und Herzschlag liegt (die Babys nahmen mehr zu). Werden hier die Bedürfnisse der Babys nicht erfüllt, kann das tragische Folgen haben. Sogar gutgenährte Babys, die keine liebevolle Zuwendung erhalten, können verkümmern und sterben. Gute materielle Versorgung ist nicht genug. Im beheizten Bettchen können Neugeborene nicht dieselbe durchschnittliche Haut- und Körpertemperatur aufrechterhalten wie Babys, die Haut an Haut an der Brust ihrer Mutter liegen, auch wenn die Umgebungstemperatur dieselbe ist.

Mütter regeln, ohne zu wissen wie, nicht nur die Temperatur ihres Neugeborenen, sondern auch seinen Hormonspiegel, seine Enzymproduktion, seine Atmung und seinen Herzschlag. Babys von Müttern, die selbst eine niedrigere Pulsfrequenz haben, schlafen im allgemeinen länger, schlafen schneller ein und weinen weniger als Babys von Müttern mit höherer Pulsfrequenz – anscheinend die Folge der Privatlektionen im Mutterleib.

Die Kinderärzte Marshall Klaus und John Kennell, die Pioniere der Bonding-Forschung, sind der Meinung, daß mit dem ersten Schrei und dem ersten Blick die Kommunikation zwischen Eltern und Baby hergestellt ist. Ihren Erkenntnissen zufolge verstärkt das Weinen des Babys den Blutandrang in die Brust der Mutter, eine Vorbereitung fürs Stillen. Wenn das Baby an die Brust gelegt wird, sucht und findet es die Brustwarze. Sein Saugen setzt Oxytozin frei, ein Hormon, das die Uteruskontraktionen und die Ablösung der Plazenta anregt und damit Blutungen vorbeugt. Das Saugen das Babys erhöht auch die Produktion von Prolaktin, einem Hormon, das die Milchbildung fördert. Im Gegenzug versorgt die Vormilch der Mutter (das Kolostrum) das Baby mit lebenswichtigen Bestandteilen, die es vor vielen Krankheiten schützen. In diesem Austausch unterstützen sich Baby und Mutter gegenseitig.

Das Stillen verspricht weitere Möglichkeiten, zu einer Verbindung zu gelangen, da Sie und Ihr Baby dabei in genau das richtige Gesichtsfeld für scharfes Sehen rücken. Der intensive Blick Ihres Babys wird dazu beitragen, etliche Fähigkeiten des »Bemutterns« zu aktivieren, ohne die Sie sich merkwürdig unfähig fühlen würden, ohne Bezug zu dieser neuen Person in Ihrem Leben. Dieses überaus wichtige Band zwischen Ihnen ist eine durch Kommunikation genährte Freundschaft, aus der Sie beide Nutzen ziehen werden.

Die Kunst der Kommunikation wird nach etwa zwei Monaten um eine reizvolle Neuerung bereichert. Zu diesem Zeitpunkt entwickelt Ihr Baby die Fähigkeit zu gemeinsamer visueller Aufmerksamkeit – das heißt es kann dasselbe Objekt ins Auge fassen, das Sie betrachten. Erst schaut Sie Ihr Baby aufmerksam an, während Sie Ihr Augenmerk auf etwas anderes richten. Ein paar Sekunden, nachdem Sie ein neues Ziel anvisieren, wendet sich ihr Baby demselben Gegenstand zu – zwei Menschen konzentrieren sich auf eine Sache von gemeinsamem Interesse.

Babys können den Blick der Mutter so genau nachvollziehen, daß sie identische Ziele, die ihnen von Forschern zur Ablenkung in den Blickweg gestellt wurden, einfach überspringen. Unbeirrt landen ihre Augen auf dem Objekt, das ihre Mutter anschaut. Dieses Verhalten, das zu allen anderen Beispielen unsichtbarer kommunikativer Gaben hinzukommt, sollte mithelfen, einen weiteren Irrtum über Babys auszuräumen: daß sie egozentrisch seien. Zweifellos werden Sie sich über jedes Anzeichen sozialer Gewandtheit und Empfindsamkeit freuen, das Ihr Baby zeigt. Die Gaben der Kommunikation – Freundlichkeit, Vertrautheit, unmittelbares Eingehen auf den anderen, verbal oder nonverbal – werden ein Leben lang gebraucht.

Zweiter Teil:
Babys erinnern sich an die Geburt

6 Geburtserinnerungen auf der Spur

Zwar scheint die Vorstellung, daß sich Babys an ihre Geburt erinnern können, recht neu, doch in den letzten hundert Jahren sind solche Erinnerungen in der Praxis der Therapeuten immer wieder aufgetaucht, ganz zufällig, ohne jeden Versuch, sie herbeizuführen. Bei den Patienten herrschte darüber dieselbe Verwirrung wie bei den Therapeuten. Da es Geburtserinnerungen eigentlich gar nicht geben sollte, waren sie irgendwie lästig. Oft traten sie in verdeckter Form auf als wiederkehrende Träume, Gedanken, Gewohnheiten, Ängste oder andere Erscheinungen, die erklärungs- und lösungsbedürftig waren. Auslöser für Geburtserinnerungen waren Hypnose, Psychoanalyse, LSD, Psychodrama, Untertauchen unter Wasser und die Atemtechniken beim Yoga. Immer wieder bahnen sich diese Erinnerungen unerwartete Wege in unser Bewußtsein.

Die ersten Berichte über Geburtserinnerungen stammen aus den neunziger Jahren des vorigen Jahrhunderts. Was damals hier und da aus einem unterirdischen Gewässer tröpfelte, wurde zu einem reißenden Strom, der praktisch überall hervorbricht. Falls Sie sich selbst an einen Teil Ihrer eigenen Geburtserfahrungen erinnern, gehören Sie zu einem zwar noch exklusiven, aber rasch anwachsenden Personenkreis. In diesem Kapitel werden wir uns mit einigen der Forscher befassen, die diesen wichtigen, verborgenen Teil unseres Gedächtnisses entdeckten.

Erinnerungen an die Geburt sind vielleicht ein besonderes Kulturmerkmal des 20. Jahrhunderts. Sollten sich die Menschen in der Antike je an ihre Geburt erinnert haben, so haben sie uns jedenfalls wenig Zeugnisse darüber hinterlassen. Anscheinend wurden Geburtserinnerungen, falls es sie überhaupt gegeben hat, nicht aufgezeichnet; man behielt sie für sich oder tat sie als unglaubwürdig ab, wie es heute noch geschieht. Aber wenn Sie Ihr Kind fragen (oder vielleicht auch, wenn Sie es nicht fragen), kann es sein, daß es Sie an einigen Geburtserinnerungen teilhaben lassen möchte, sobald es sprechen kann.

Im späten 19. Jahrhundert lernten die Ärzte die Vorzüge eines schlafähnlichen Trancezustands kennen, in den sie ihre Patienten versetzten, um ihnen dann therapeutische »Verbesserungsvorschläge« nahezubringen. Dabei machten manche Ärzte eine überraschende Entdeckung. Einige Patienten konnten im Trancezustand immer weiter in ihrem Gedächtnis zurückgehen, sogar bis zur Geburt und zum Leben im Mutterleib. Experimente in Paris und New York machten Schlagzeilen, aber es wurden keine wortgetreuen Berichte verfaßt. Die Idee selbst schien so weit hergeholt, daß diese Ergebnisse wenig wissenschaftliche Aufmerksamkeit erregten. Erinnerungen an die Geburt unter Hypnose zu erkunden blieb bis zur Mitte des 20. Jahrhunderts wenig mehr als ein Gesellschaftsspiel.

Allerdings blieb die Vorstellung der Geburtserinnerungen unter einer Handvoll Therapeuten lebendig, meist Psychoanalytiker und Schüler von Freud. In der festen Überzeugung, daß Erfahrungen in frühen Lebensabschnitten einen Einfluß auf das Entstehen psychischer Probleme besäßen, entdeckten diese Therapeuten bei ihren Patienten manchmal Traumbilder und Verhaltensmuster, die sich auf die Geburt zu beziehen schienen. Freud hatte die Vorstellung von bewußten und unbewußten Teilen der Psyche dazu herangezogen, um den alltäglichen Prozeß des Erinnerns und Vergessens zu erklären. Er schrieb, daß wir Dinge nur auf einer bewußten Ebene »vergessen«, während die wirklichen Erinnerungen im Unbewußten gespeichert blieben, wo sie uns jahrelang beeinflußten. Wir »agieren« unsere vergrabenen Erinnerungen aus, wiederholen gewisse Verhaltensmuster immer wieder, ohne die wirkliche Ursache dafür zu erkennen.

Während Freud damit beschäftigt war, Patienten mit verschiedenen Ängsten, Zwängen und Psychosen zu behandeln, stellte er Spekulationen darüber an, daß in einer traumatischen Geburt das Urbild für das spätere Ausbrechen solcher Gefühle zu sehen sein könne. Freud meinte, die Ängste des Erwachsenen seien vielleicht die Spuren, die irgendeine frühere Erschütterung hinterlassen haben könnte, unter anderem vielleicht eine traumatische Geburt. Er hielt nicht alle Geburten für traumatisch, war aber der Meinung, eine Geburt schließe immer das Risiko eines Traumas ein.

Doch vor der Annahme, an der Geburt könne ein wirkliches, persönliches Selbst oder ein geistiges Bewußtsein aktiv Anteil nehmen, scheute Freud zurück; wenn seine Patienten irgendeine Art von Geburtserinnerungen hatten, betrachtete er das als eine von der Psyche zu einem späteren Zeitpunkt konstruierte Phantasie. Dieser Standpunkt wurde von den Psychoanalytikern allgemein übernommen und hat sich seit damals wenig geändert.

Ein weiterer visionärer Therapeut, der Verbindungen zwischen der Geburt und vielen Lebensproblemen sah, war Otto Rank, ein Freund und früher Anhänger Freuds. Rank ging weit über Freud hinaus (nach Meinung Freuds viel zu weit), wenn er vertrat, daß so gut wie alle psychischen Probleme, vielleicht sogar das menschliche Verhalten überhaupt, als Reaktionen auf das Geburtstrauma zu verstehen seien.

Rank betrachtete die Gebärmutter als ursprüngliches Paradies, das durch die Trennung bei der Geburt in schmerzlicher Weise verloren geht. Entsprechend hielt er alle späteren Handlungen, sich Lustgewinn zu verschaffen, für Versuche, die im Mutterleib erlebte Lust wieder zu erfahren. Das Versteckspiel zum Beispiel wiederholt seiner Meinung nach die traurige Trennung von der Mutter und die Freude, sie wiederzufinden. Alle Schaukelspiele stellten den Rhythmus wieder her, den das Ungeborene fühlt, wenn die Mutter umhergeht, Dinge beginnt und beendet, arbeitet und ruht. Phobien vor Tunneln, Reisen und dem Gefangenwerden in einer Falle wiederholen die Geburtsangst. Sogar Schlafen und Sexualität wurden als unbewußte Versuche gedeutet, in das Dunkel und das lustvolle Leben im Mutterleib zurückzukehren.

Diese Ansichten Ranks wurden 1924 als radikal angesehen und gelten bei der Mehrzahl der Psychologen noch heute so. Ranks Prämisse, die Gebärmutter sei immer ein Paradies, ist heute fraglich geworden, da neue Studien belegen, daß im Uterus auch Leiden möglich ist. Allerdings konnte Ranks Methode der Psychoanalyse, die sich auf die Geburt konzentrierte, die Therapiedauer von mehreren Jahren auf vier bis acht Monate reduzieren, ein Zeichen, daß er auf einer wichtigen Fährte war.

Mitte des Jahrhunderts beschrieb ein Neuerer unter den Analytikern, der Amerikaner Nandor Fodor, viele Beispiele von aufblitzenden Erinnerungen, Träumen oder Symptomen bei Erwachsenen, die mit der Geburt zu tun hatten. Geburtsereignisse schimmerten immer wieder durch die Symptome seiner Patienten durch. Ein Mann, der am 4. Juli geboren war und in den ersten 24 Stunden seines Lebens den wilden Knallereien zur Feier des amerikanischen Unabhängigkeitstags ausgesetzt war, entwickelte eine abnorme Angst vor Knallfröschen. Ein anderer, der zu Hause in unmittelbarer Nähe einer Bahnlinie geboren wurde, war überempfindlich gegen das Pfeifen von Zügen. Ein Patient reagierte schmerzempfindlich auf helles Licht, was offensichtlich mit einem Eingriff zusammenhing, der bei der Geburt an seinem Kopf vorgenommen worden war.

Ein Erwachsener, der in einem kalten Raum geboren worden war, klagte über ständiges Frieren.

Fodor stieß auch auf Fälle, wo offenbar unbewußt eine unglaubliche zeitliche Steuerung geleistet wurde. Kopfschmerzen, Schlaflosigkeit und bestimmte Ängste waren an Tag und Stunde der Geburt geknüpft. Ein Patient bekam Freitag nachmittags um vierzehn Uhr, der Zeit seiner Geburt, regelmäßig Kopfschmerzen. Zwei Uhr morgens war ein Zeitpunkt, vor dem ein anderer eine seltsame Furcht empfand. Er konnte es nicht über sich bringen, bis zu dieser Stunde aufzubleiben, und wurde immer deprimierter, je näher sie rückte. Als Kind wachte er stets um zwei Uhr morgens weinend und verängstigt auf. Es stellte sich heraus, daß er genau um diese Zeit geboren worden war. Fodor vermutete, daß dieses ständige, gequälte Erwachen eine Rückblende auf den Schmerz bei der Geburt sei.

Wenn Fodors Patienten die Verbindung zwischen ihren Symptomen und dem Geburtstrauma herstellten, war die Therapie erfolgreich. Wie Rank betrachtete Fodor die Geburt als qualvolle Zerreißprobe für das Baby, als eine Übergangsphase, die er mit dem Sterben verglich. Er glaubte, die Geburt sei so traumatisch, daß wir uns alle mit einem Gedächtnisschwund schützen. Die wirkliche Erinnerung, glaubt er, bleibt im Unbewußten erhalten und taucht in Träumen und im Verhalten auf.

Fodor war verwirrt, wenn seine Patienten ihre Geburt an Ort und Stelle, auf seiner Couch, nochmals zu durchleben schienen. Wie andere konnte er nicht ganz akzeptieren, daß bei der Geburt schon ein echtes Bewußtsein aktiv sein sollte oder daß wirkliche Erinnerungen dafür verantwortlich wären. Er nannte Geburtserlebnisse »organismische Impressionen« und verglich sie mit den Jahresringen der Bäume, die den Verlauf des Wachstums markieren.

Für Fodor war die Möglichkeit eines pränatalen Traumas genauso real wie die eines Geburtstraumas. Er war in Sorge, daß der Fötus beim sexuellen Verkehr in der späten Schwangerschaft und durch Abtreibungsversuche möglicherweise einen Schock erleiden könnte. Auch war er der Meinung, das Bewußtsein des Fötus könne durch telepathische Mitteilungen der Mutter beeinflußt werden – Kommunikation von einem Bewußtsein zum anderen.

1950 entwickelte L. Ron Hubbard, der umstrittene Gründer der Scientology-Kirche, eine Methode der Laienberatung (»Auditieren« genannt), die unter anderem auch oft Geburtserinnerungen zu Tage brachte. Sein Handbuch der Techniken für »Auditoren« lehrte eine Methode, Symptome bis zu ihren Ursprüngen zurückzuverfolgen, von denen manche bei der Geburt oder im Mutterleib lagen.

Nach Hubbard können Menschen, um seine Begriffe zu gebrauchen, in einen geistigen Zustand der »dianetischen Sammlung« (nicht Hypnose) gelangen, in dem sie Zugang zu schmerzhaften »Engrammen« (nicht Erinnerungen) haben, die in die Zellen des Körpers »eingeprägt« sind.

Mit den Jahren wurden Millionen Exemplare seiner Bücher verkauft, und unzählige Tausende von Menschen haben sich an ihre Geburt erinnert. Die Scientology-Bewegung hat die Idee verbreitet, daß es Geburtserinnerungen wirklich gibt und daß sie mit ebenso wirklichen Problemen verknüpft sein können.

Hubbard gelangte zu der Überzeugung, daß die Geburt einen entscheidenden Einfluß auf die Persönlichkeit hat und das Leben im Mutterleib sogar einen noch größeren. Die Auditoren entdeckten zum Beispiel, daß Asthma, Augenentzündungen und Nebenhöhlenprobleme oft mit Erfahrungen bei der Geburt zu tun hatten.

Beim dianetischen Träumen kann man nach Meinung Hubbards die traumatischen Vorkommnisse, die sich in irgendeinem Stadium der Zellentwicklung zwischen Zygote und

140

Neugeborenem ereignet haben, noch einmal durchleben. Mit der Hilfe eines Auditors können die Probleme entweder entschärft oder ganz gelöst werden; allerdings sind dazu hundert bis fünfhundert Arbeitsstunden nötig, je nachdem, wieviele Traumata behandelt werden müssen.

Zwar machte Hubbard nie den Versuch, Geburtserinnerungen in handfesten wissenschaftlichen Studien nachzuweisen, doch schreibt er begeistert, daß die Berichte eines Mutter-Kind-Paars in dianetischer Therapie einander »Wort für Wort, Detail für Detail und Namen für Namen« entsprächen. 1970 veröffentlichte der Psychologe Arthur Janov das erste seiner Bücher über Primär- oder Urschrei-Therapie. Wie Rank glaubte Janov, daß frühe Verletzungen im Leben (Urschmerzen) den Grund für die meisten psychischen Probleme legen. In seiner Therapie arbeitete Janov daran, den Urschmerz mit intensiven Mitteln heraufzubeschwören, bis er vom Patienten voll gespürt und langsam integriert wurde. Das Geburtstrauma erhielt eine besondere Priorität, da es als der Schmerz mit den verheerendsten Folgen galt, die längste Behandlungsdauer benötigte, und seine vollständige Behandlung den deutlichsten Bezug zu therapeutischem Erfolg aufwies.

In der Primärtherapie geht es vor allem darum, den Zugang zu Gefühlen wiederzufinden, da Janov diese Gefühle für den Schlüssel zu Verhalten und Krankheit hält. Geburtserinnerungen als solche werden nicht gesucht oder erwartet. Eine Primärtherapie-Sitzung, in der sich die Patienten ausagieren und ihre Gefühle ausdrücken, verläuft ohne Worte, da verbale Wahrnehmung nicht Teil der Geburt ist, wie Janov glaubt. Aus diesem Grund sind Geburtsberichte aus dieser Art von Therapie reflektierende Selbstporträts von Menschen, die mit gewonnener Einsicht auf ihre Geburtserfahrungen zurückblicken. Sie stellen eindeutige Beziehungen her zwischen ihren Geburtserfahrungen und ihren körperlichen und emotionalen Problemen. In seinem Buch *Frühe Prägungen* veröffentlichte Janov eine reichhaltige Dokumentation über solche Verbindungen.

Geburtserfahrungen, die tief im Unbewußten verborgen sind, kündigen sich meist indirekt an. Sie werden durch irgendein Ereignis ausgelöst – wenn man zum Beispiel im Film Menschen durch den Weltraum fallen sieht, beobachtet, wie jemand im Streit auf den Boden gedrückt wird, oder vielleicht genügt schon der Anblick eines Fischs, der an der Angel zappelt und sich abkämpft. Das extreme Angstgefühl, das solche Vorfälle aufwühlen, zeugt von der Bedeutung der Erinnerungen, die sich in tieferen Bewußtseinsebenen verbergen.

Träume können verborgene Geburtserinnerungen ans Licht bringen – zum Beispiel der Traum, in einem engen unterirdischen Tunnel eingeschlossen zu sein, sich unter Wasser zu befinden und zu kämpfen, um nach oben zu gelangen, oder sich verzweifelt abzumühen, den Gipfel eines Berges zu erreichen, es aber nie zu schaffen.

Janov beobachtete, daß der wiederholte Gebrauch bestimmter Sätze und Ausdrücke ein Hervorbrechen von Geburtserinnerungen bedeuten könnte, zum Beispiel »Mein Kopf stößt an eine Wand«, »ich komme nicht durch«, »ich bin wie festgefahren«, »ich sehe kein Licht mehr«, »ich kann nicht weiter«, »ich sehe keinen Ausweg«, »ich weiß nicht, wohin ich mich wenden soll«, »mir gelingt überhaupt nichts«, oder »ich krieg einfach nicht genug«. Vielleicht schwingen auch bei der häufigen Verwendung von Wörtern wie »gepreßt, gezogen, gepackt, niedergedrückt«, oder »gestoßen« Untertöne von Geburtserinnerungen mit.

Eine von dem Psychologen Leslie LeCron eingeführte Methode, die er bereits 1953 entwickelt hat, führte zu weiteren Erkenntnissen über die Beziehungen zwischen Geburt und späterer Krankheit. Diese Methode ist deshalb besonders nützlich, weil sie auf indirektem Weg Informationen aus einer unbewußten Gedächtnisebene hervorholt. Im Gegensatz zu Janovs Methode, die den Gefühlen eine Vorrangstellung einräumt, stehen bei LeCrons Methode Informationen im Vordergrund, die rasch und mit einem Minimum an emotionaler Erschütterung gewonnen werden.

LeCron entdeckte, daß Patienten, meist in einem leichten Trancezustand, auf Fragen nach ihrem Befinden unbewußt mit Fingerzeichen antworten, die »ja«, »nein« und »ich will nicht antworten« bedeuten. LeCrons Fingerzeichen, die als »ideomotorische Signale« bezeichnet werden, da sie anscheinend ein Signal sowohl des Körpers wie der Psyche sind, werden heute in der Hypnosetherapie häufig verwendet.

Der Geburtshelfer David Cheek aus San Francisco, der eng mit LeCron zusammenarbeitete und dessen Methode der Fingerzeichen benutzte, machte eine Reihe von Umständen bei und vor der Geburt aus, die beim Entstehen von Krankheiten eine Rolle spielen. 1975 berichtete Cheek, daß in jedem von ihm untersuchten Fall gastrointestinaler Erkrankung die Mutter des Patienten nicht bereit oder nicht in der Lage gewesen war, ihr Kind zu stillen. Dazu zählen Fälle von Magen- und Darmgeschwüren, sowie von Speiseröhren- und Darmkrämpfen. Atmungsschwierigkeiten wie Asthma, Emphysem und Hyperventilation standen oft im Zusammenhang mit einer Vollnarkose, die die Mutter erhielt, oder mit dem Erlebnis des Erstickens und der Panik bei der Geburt. Ein Fall von Migräne wurde auf eine Zangengeburt zurückgeführt.

In seiner ausgedehnten praktischen Arbeit stieß Cheek auch darauf, daß viele Frauenleiden wie Sterilität und Frigidität, schmerzhafte oder erschwerte Menstruation, regelmäßige spontane Aborte, vorzeitige Wehen und Schwangerschaftsvergiftungen manchmal mit dem Gefühl verbunden waren, bei der Geburt unerwünscht oder vom »falschen« Geschlecht zu sein. Er folgerte, daß sich die Babys anscheinend Bemerkungen wie »Diesmal wollten wir einen Jungen« oder »Wir haben keinen Mädchennamen ausgesucht« ins Gedächtnis geprägt hatten (in einer Art blitzartigen Lernens). Als Erwachsene mißtrauten diese Frauen allen Zeichen der Wertschätzung und hatten Schwierigkeiten, Komplimente anzunehmen.

LeCrons Methode der Kommunikation mit dem unbewußten Gedächtnis kann manchmal rasch zu Erfolgen bei der Überwindung psychischer Probleme führen. Mittels Hypnose und Fingerzeichen konnte Cheek einem Mitreisenden in einem Flugzeug helfen, der an schmerzhafter Angina pectoris litt. Anhand der Anworten aus dem Unbewußten, die durch die Finger vermittelt wurden, entdeckte Cheek, daß der Schmerz (der erst nach dem Tod der Mutter aufgetreten war) schon bei der Geburt vorgeprägt worden war, als der Mann seine Mutter schreien hörte. Er fühlte sich verantwortlich für ihren Schmerz. Das führte zu einem Muster von Schuldgefühlen und Sorge, anderen Menschen wehzutun, und schließlich zur Selbstbestrafung in Form der Herzschmerzen. Sobald diese Enthüllungen in ihren Zusammenhang gerückt waren und der Passagier lernte, wie er den Schmerz durch Hypnose auslösen und abschalten konnte, schien das Problem gelöst – und das noch vor der Landung.

Die Geburt erwies sich auch als die Ursache der Probleme eines zwanghaften Erfolgsmenschen. Dieser Mann konnte nie ein Selbstwertgefühl entwickeln, obwohl er ungewöhnlich produktiv und erfolgreich war. Er war als Frühgeburt mit siebeneinhalb Monaten und einem Gewicht von nur 3,5 Pfund auf die Welt gekommen. Sein seit fünfzig Jahren andauerndes Problem löste sich, als er sich daran erinnerte, wie der Arzt damals zur Schwester sagte: »Verschwenden Sie nicht zuviel Zeit mit ihm. Ich glaube nicht, daß es sich lohnt, ihn zu retten.« Diese quälende Bemerkung wurde irgendwie zur Triebfeder, die ihn zu Höchstleistungen anspornte.

Als Ergebnis einer ganz anderen Art von Therapie, bei der mit LSD experimentiert wurde, stellte der Psychiater Stanislav Grof fest, daß seine Patienten ständig auf Aspekte ihrer Geburtserfahrung zurückkamen. Grof gelangte zu der Überzeugung, daß die Wehen und die Geburt eine tiefgehende, andauernde Wirkung auf die Persönlichkeit ausüben. In einer Sitzung berichtete ein Patient, er höre entfernte menschliche Stimmen, die lachten und schrieen, und den Klang von Trompeten. Später bestätigte seine Mutter unabhängig davon, daß dies eine Erinnerung aus dem Mutterleib war. Sie hatte in ihrem Dorf den Jahrmarkt besucht, gegen den Rat ihrer Mutter und Großmutter. Nach deren Meinung war der Lärm und die Aufregung Ursache für die vorzeitige Geburt – eine Geschichte, die der Patient seiner Aussage nach nie gehört hatte; seine Mutter konnte sich auch nicht erinnern, sie ihm erzählt zu haben.

Seit seiner Pionierarbeit mit LSD hat Grof mit der »holotropen« Therapie ein Verfahren entwickelt, mit dem sich Erinnerungen aus der Kindheit, von der Geburt und der Zeit vor der Geburt ohne Drogen, sondern durch verschiedene Klänge, Musik und Bewegungen heraufbeschwören lassen. Weil sich diese Therapie mehr auf Gefühle konzentriert, sind Geburtserinnerungen in erzählter Form selten, obwohl häufig ein Zugang zur Geburt erschlossen wird.

1977 begann mit dem Buch *Rebirthing in the New Age* von Leonard Orr und Sondra Ray eine wichtige Laienbewegung, das Rebirthing. Bei dieser Therapieform wird die Atmung als Methode eingesetzt, um traumatische Momente der Vergangenheit wach werden zu lassen, darunter auch die Geburt. Zur Auflösung der Traumata werden dann Atemtechniken und das wiederholte Aufsagen positiver Aussagen eingesetzt. Zum Beispiel könnte eine solche Aussage für jemand, der (jedenfalls nach Meinung der Eltern) das »falsche« Geschlecht hatte, wie folgt lauten: »Mein Geschlecht ist richtig für mich«, oder »Gott sei dank, daß ich ein Mann/eine Frau bin.«

Die Rebirther teilen mit Grof und Janov die Vorstellung, daß so gut wie jede Geburt traumatisch ist, und weiterhin, daß der Mensch bei der Geburt so empfindsam ist, daß alles, was dabei passiert, mit großer Wahrscheinlichkeit sein Verhalten für das ganze Leben prägt. Zum Beispiel handelt ein zu früh Geborener in derselben Situation anders als einer, der sich verspätete. Unerwünschte Kinder fordern vielleicht Ablehnung heraus, Steißlagen gehen womöglich schüchtern an Beziehungen heran, Kaiserschnitt-Geborene könnten Schwierigkeiten haben, Dinge zu Ende zu führen, und Brutkastenbabys verhalten sich vielleicht so, als ob sie von der Liebe durch eine Glaswand getrennt seien. In einem Buch über Geburt und Beziehungen werden unterschiedliche Geburtsbedingungen mit gestörtem Verhalten in Zusammenhang gebracht.

Den Rebirthern zufolge werden wichtige Denkmuster ebenso bei der Zeugung und in der Schwangerschaft wie bei der Geburt geprägt. Irgendwann in diesem Zeitraum treten nach Meinung der Rebirther erstmals die negativen Sehweisen der eigenen Person auf, die später als »persönliche Gesetze« wirksam werden – zum Beispiel: »ich kann das, was ich will, nie dann bekommen, wann ich es will«. Diese Sehweisen schränken das Verhalten ein und beherrschen den ganzen Menschen. Eines der Hauptziele des Rebirthing ist es, diese Konditionierung aufzuheben. Dazu ist meist eine Reihe von Sitzungen mit oder ohne Wasser notwendig, anschließend Seminare zum Verhaltenstraining.

Rebirthing-Sitzungen führen normalerweise nicht zu verbalen Geburtsberichten. Die Eindrücke, die während der Atemkrisen aufsteigen, sind oft schwer in Worte zu fassen. Wie auch bei anderen gefühlsorientierten Therapien geht es gar nicht um eine Geburtsbeschreibung in Worten.

Geburtsberichte, die wirklich Moment für Moment in Worten wiedergeben, sind selten, vielleicht sogar außergewöhnlich;

in den einschlägigen Veröffentlichungen sucht man vergeblich danach. Doch mit Hilfe hypnotischer Erinnerungstechniken tauchen überzeugende, detaillierte Geburtsberichte tatsächlich auf. Diese erstaunlichen Geschichten besitzen jeden Vorteil voll entwickelter Sprache (da die Babys inzwischen erwachsen sind), enthüllen aber klare Denkprozesse und tiefe Gefühle, die in dem Baby zur Zeit seiner Geburt vorgingen. Aus ihnen können wir erfahren, wie eine Geburt aus der Sicht des Babys erscheint.

7 Kleine Kinder erinnern sich

Geburtserinnerungen, ob ganz erklärbar oder nicht, drängen sich uns immer wieder auf. Sie verbergen sich hinter den verschiedensten Erscheinungen, wie die Therapeuten bei der Behandlung von geburtsbedingten Alpträumen, Kopfschmerzen, Atemschwierigkeiten und Phobien entdeckten. Am entwaffnendsten sind die Geburtserinnerungen von sehr kleinen Kindern. Wenn Kleinkinder durch irgendein Gefühl, ein Erlebnis oder eine Assoziation dazu angeregt werden, können sie ihre Eltern mit eindeutigen Erinnerungen an ihre Geburt überraschen. Wie die Kinder selbst sind diese Erinnerungen unschuldig, unvorhersehbar und spontan; sie stellen wichtiges neues Beweismaterial für die Existenz von Geburtserinnerungen dar.

Eine kleine, von Linda Mathison zusammengestellte Sammlung solcher Berichte hat neues Licht auf das Bewußtsein des Neugeborenen geworfen. Ich bin Linda und anderen Kollegen für die Erlaubnis dankbar, Ihnen einige ihrer Geschichten mitteilen zu dürfen. Da immer mehr Eltern Fragen an ihre Kinder zu stellen beginnen und zuhören, was sie zu sagen haben, werden solche Berichte häufiger auftauchen. Ich freue mich über jeden dieser Berichte, den mir meine Leser zuschicken.

Meist tauchen solche Erzählungen, die für Verblüffung und Überraschung sorgen können, im Alter von zwei bis drei Jahren auf, wenn die Kinder zu sprechen beginnen. Versetzen Sie sich doch einmal in folgende Familienszene. Ihr zweijähriges Söhnchen plantscht in der Badewanne. Plötzlich sagt es, daß da viele Dinge waren, die es bei seiner Geburt nicht ver-

148

standen hat. Warum waren die Lichter so hell, als er neu war, fragt der Junge. Warum war das Licht rund und stark, wo er war, woanders aber schwach?

Er stellt eine bohrende Frage nach der anderen. Warum hatten die Leute einen grünen Flicken über die untere Hälfte ihres Gesichts gebunden? Warum hat jemand seinen Finger in seinen After gesteckt, und warum haben sie in seine Nase einen Schlauch eingeführt, der ein lautes, schlürfendes Geräusch machte? Seine Fragen werden zu Klagen. Er mochte die Flüssigkeit nicht, die in seine Augen getropft wurde und die ihn blind machte, und es gefiel ihm auch nicht, in eine Plastikkiste gelegt und weggebracht zu werden.

Dieses Kind weiß nicht, was ein grüner Mundschutz, ein Absauggerät, Operationslampen und Silbernitratlösung sind. Das einzige Mal, daß er all das gesehen hat, war bei seiner eigenen Geburt. Ein solcher Ausbruch von Geburtserinnerungen kann recht verblüffend sein, wie es auch bei den Eltern dieses Kindes der Fall war, dessen Vater als Collegeprofessor und dessen Mutter als Kinderpsychologin arbeiten.

Dieses aufgeweckte Kind redete über das »komische« Aufgehen der Gebärmutterwand, die sich wie ein Fenster öffnete (es handelte sich um eine Kaiserschnitt-Geburt). Er vertraute seinen Eltern an, daß er sich von diesen »Wänden« oft eingeengt und gequetscht gefühlt hatte, obwohl er durch sie sehr trübes Licht hereinkommen sah. Seine Mutter, eine begeisterte Folk-Sängerin, hatte in der späten Schwangerschaft bemerkt, daß ihr Baby aktiver wurde, wenn sie laute, tiefe Töne sang. Damals hatte sie das als Zeichen von Vergnügen ausgelegt. Der Bericht ihres badenden Sohns schloß jedoch die Klage ein, daß für ihn diese tiefen Töne schmerzhaft gewesen seien.

(Ein interessanter Nachtrag zu dieser Geschichte: Als die Mutter den Vorschlag machte, über diese spontanen Geburtserinnerungen auf einem psychiatrischen Kongreß zu referieren, wurde dies von ihren Kollegen belächelt und abgelehnt.)

Wenn Kinder sprechen lernen, gehört ihre Geburt vielleicht zu den ersten Dingen, über die sie reden wollen. Dieser Drang hält nicht lange an, vielleicht nur ein oder zwei Jahre, bevor das Vergessen einsetzt. Sie müssen nach diesen Erinnerungen forschen, solange sie noch in Reichweite sind.

Vielleicht möchten Sie selbst eine eigene Umfrage unter Kindern dieser Altersgruppe halten. Warten Sie einen Moment ab, wenn das Kind entspannt ist und Ihnen seine Aufmerksamkeit schenkt. Fragen Sie einfach behutsam: »Erinnerst du dich an deine Geburt?« Denken Sie daran, daß der Wortschatz eines Kindes beschränkt, die Erinnerung vielleicht aber noch frisch ist. Richten Sie Ihr Augenmerk auch auf solches Wissen, das das Kind nonverbal äußert, indem es zum Beispiel auf etwas zeigt, Gesten macht oder malt.

Ein Vater aus San Diego erzählte mir folgende Geschichte über seine Tochter: Als sie zwei Jahre alt war, fragte er sie, ob sie sich daran erinnern könne, wie es war, bevor sie geboren wurde. Sie antwortete: »Das war so…« und nahm genau die Haltung ein, die ihm von einem Röntgenbild im Gedächtnis geblieben war, das unmittelbar vor der Geburt gemacht wurde. Die Röntgenaufnahme, die man wegen einem eigenartigen Wehenverlauf und dem schlechten Zustand des Fötus gemacht hatte, enthüllte eine Steißlage, eine Art Klappmesser-Haltung, bei der das Gesäß des Fötus anstatt des Kopfes im Becken steckt. Die Ärzte hatten die Aufnahme dem Vater gezeigt, um seine Erlaubnis für einen chirurgischen Eingriff einzuholen.

Kinder haben ihre eigenen Wörter für die Laute, die sie vor der Geburt hören, wie »brumm-brumm«, »muh-din, muh-din« oder »pun-pun«. Sie sprechen davon, »im Wasser« oder in einem »Teich« geboren zu sein, zu »schwimmen« und durch einen »Tunnel« in helles Licht und Kälte herauszukommen. Offensichtlich auf die Nabelschnur spielte dieses Mädchen an: »Da war eine Schlange bei mir drin… Sie versuchte, mich zu fressen, aber sie war kein Gift, war keine giftige Schlange.« Ein Kind beschrieb, bei der Geburt in einer »Glühbirne« gewesen zu sein. »Die Glühbirne ging kaputt.« Kaiserschnittkinder kommen durch eine andere Öffnung auf die Welt. Ein Junge sagte, er sei selbst herausgekommen, als die Ärzte einen großen Schnitt gemacht hatten. Er beschrieb auch die kreisförmige Bewegung »rundrum, rundrum, immer rundrum«, mit der vor dem Einschnitt das Desinfektionsmittel aufgetragen wurde.

Kinder beschreiben die Dinge nicht immer, wie wir es tun, aber was sie berichten, kann unerwartete Richtigkeit haben. Dasselbe Kind, das von der »Schlange bei mir drin« erzählt hatte, bestand darauf, daß auch ein Hund bei ihm drinnen gewesen wäre. Es berichtete, es habe »so« mit dem Hund gespielt (dabei ruderte es mit den Armen) und ihn bellen gehört. Der unwahrscheinlich klingende Hund, auf den sie sich bezog, war das Hündchen, das sich die Familie etwa fünf Monate vor der Geburt des Babys als Haustier angeschafft hatte. Die Mutter sagte, der Hund hätte in der späten Schwangerschaft sehr oft lange auf ihrem Bauch gelegen.

Malen, Geschichten spielen und auf Körperteile zeigen sind nonverbale Mittel, zu denen die Kinder greifen können, wenn sie uns von ihren Erinnerungen an die Geburt erzählen wollen. Ein Junge aus Maine malte etwas auf eine lange Papierrolle, das wie ein Fötus im Mutterleib aussah. Er zeigte auf das Bild und sagte: »Mami, da hab ich gewohnt. Das war ich, Mami, in deinem Bauch.«

Eine andere Mutter führte folgendes aufschlußreiche Gespräch mit ihrer zwei Jahre und sieben Monate alten Tochter. Sie saßen auf einem Bett, die Mutter trug eine lose sitzende Jogginghose.

Mutter: Erinnerst du dich an damals, als du geboren wurdest, als du herauskamst?

Tochter:	Ja.
Mutter:	Wo warst du denn, bevor du herauskamst?
Tochter:	Da drin. (*Zieht die Kleider ihrer Mutter auseinander und zeigt auf den Bauch.*)
Mutter:	Erinnerst du dich, wie es war, als du herauskamst?
Tochter:	Ja... Ich weinte in Mamas Po. (*Öffnet wieder die Hose und zeigt auf den Damm. Diese Aussage stimmt mit der Tatsache überein, daß das Baby gleich nach dem Durchtritt des Kopfes weinte, bevor der Körper herauskam.*)
Mutter:	Woran erinnerst du dich noch?
Tochter:	(*Hält inne; faßt mit den Händen an den Mund der Mutter, zieht die Lippen auseinander und zurück, spreizt sie*) So wars; es war so.
Mutter:	Erinnerst du dich, was war, bevor du herauskamst?
Tochter:	Das kleine Mädchen ist geschwommen...
Mutter:	Erinnerst du dich, ob du etwas gesehen hast, als du herauskamst?
Tochter:	Gesa und Dora [die Hebammen] und Papi.
Mutter:	Erinnerst du dich noch an etwas, was passiert ist?
Tochter:	Ich weinte in Mamas Po. Da drin. (*Zeigt in der Hose der Mutter nach unten.*)
Mutter:	Was ist passiert, nachdem du herausgekommen bist?
Tochter:	Gesa hat meinen Bauchnabel in Ordnung gebracht.
Mutter:	Hast du etwas gefühlt? Wie hast du dich gefühlt?
Tochter:	Ich hab nichts gefühlt. Ich glaub, es war alles gut. Aber ich weinte.
Mutter:	Hast du etwas gehört, als du geboren warst?
Tochter:	Gesa sagte, »Dora, das Baby kommt raus«. Ja, Gesa und Dora reden. Gesa redet mit mir.

Mutter:	Erinnerst du dich noch an was anderes oder jemand anderen?
Tochter:	Nein, Mama. Das war alles.

Ein anderes, zweieinhalbjähriges Mädchen, das bei der Geburt von der Zange gequetscht worden war, wurde von seiner Mutter gefragt, ob es weh tue, geboren zu werden. Es antwortete: »Ja!… wie Kopfschmerzen.« Ein anderes Kind antwortete auf die Frage, ob Geborenwerden weh tue, mit »Nein« und preßte Arme und Schultern eng an den Körper an.

Manchmal sprechen Kinder von selbst über ihre Geburt, ohne gefragt zu werden. Auf einer langen Autofahrt fragte ein dreijähriger Junge plötzlich vom Rücksitz:»Mama, erinnerst du dich an den Tag, als ich geboren wurde?« Dann setzte er sie davon in Kenntnis, daß es dunkel war und er wirklich hoch oben war und nicht »durch die Tür« durchkam. »Ich war so erschrocken, zum Schluß sprang ich einfach und kam durch die Tür. Dann ging's mir gut.« Die Mutter sagte, der Bericht des Kindes stimme mit der Tatsache überein, daß er bei den Wehen etwa zwanzig Stunden lang hoch oben im Becken steckengeblieben war. Dann änderte sich die Lage plötzlich, und er wurde nach einer zehnminütigen Austreibungsphase geboren.

Eine sichtlich hochschwangere Professorin der Anthropologie hatte ganz überraschend folgende Unterhaltung mit ihrer Tochter:

Tochter:	Wird das Baby schmutzig sein, wenn es aus deinem Bauch rauskommt? Ich war schmutzig, als ich im Krankenhaus aus deinem Bauch rausgekommen bin.
Mutter:	Warst du das? Was war denn das für ein Schmutz?

Tochter:	Schmieriges Zeug. Ich hatte es überall dran. Es war eklig!
Mutter:	Was für eine Farbe hatte es?
Tochter:	Weiß.
Mutter:	Was war dann?
Tochter:	Ich kam in eine Badewanne und wurde ganz sauber gewaschen.
Mutter:	Und was ist dann passiert?
Tochter:	Sie haben mich zu dir gebracht, und du hast mich im Arm gehalten. Dann haben sie mich in einen Kasten gelegt. Warum haben sie mich in einen Kasten gelegt?
Mutter:	Damit du schön warm bleibst. Wie sah der Kasten aus?
Tochter:	Er war aus Plastik und hatte einen Deckel drauf.
Mutter:	Und was kam als nächstes?
Tochter:	Sie haben mich wieder zu dir gebracht, und du hast mich gehalten.
Mutter:	Weißt du noch, wie wir vom Krankenhaus nach Hause fuhren?
Tochter:	Ja klar. Wir sind die Treppen runtergekommen und ins Auto eingestiegen.
Mutter:	Wo bist du gesessen? In deinem Kindersitz oder auf meinem Schoß?
Tochter:	Auf deinem Schoß. Den ganzen Weg nach Hause war ich auf deinem Schoß.
Mutter:	Was war, als wir nach Hause kamen?
Tochter:	Du hast mir hübsche Babysachen angezogen und mich in mein Bett gelegt, und ich bin eingeschlafen.

Eine weitere spontane Enthüllung vom Rücksitz eines Autos aus machte der dreieinhalbjährige Jan. Eines Abends auf dem Heimweg sagte Jan, er erinnere sich, wie es bei seiner Geburt war. Er erzählte seiner Mutter, daß er sie schreien gehört hätte, und alles, was er konnte, getan habe, um herauszukommen. Es war »eng«, er fühlte, daß er »naß« war, und spürte etwas um seinen Hals herum. Außerdem tat ihm etwas auf dem Kopf weh, und er erinnerte sich, daß sein Gesicht »zerkratzt« worden war.

Jans Mutter sagte, sie habe »nie mit ihm über die Geburt gesprochen, *nie*«, aber es stimmte alles. Die Nabelschnur war um seinen Hals gewickelt, er wurde über eine Kopfelektrode überwacht und mit der Zange herausgezogen. Das Klinikfoto zeigt Kratzer auf seinem Gesicht.

Ein zweieinhalbjähriges Mädchen versetzte ihre Mutter mit einer Erzählung über seine Geburt in Erstaunen. Erst beschrieb es seine Gefühle, wie kalt ihm war, wieviele Leute im Raum waren, und was seine Mutter und sein Vater taten. Dann sagte es, »Papi hatte Angst davor, mich zu nehmen, deswegen schaute er mich bloß an und faßte mich an. Und du hast geweint, nicht weil dir was weh tat, sondern weil du glücklich warst.« Der Bericht stimmte genau, und die Eltern sagten, sie hätten mit dem Kind nie über die Geburt gesprochen.

Ein fast vierjähriges Mädchen erinnerte sich an ein Vorkommnis bei seiner Geburt, das geheim gehalten worden war. Da niemand in der Familie davon wußte, konnte es nicht davon erzählt bekommen haben. Bei der Hausgeburt hatte Katharina der Hebamme Beistand geleistet. Nach der Geburt, als mit Mutter und Baby alles in Ordnung schien, verließ die Mutter das Zimmer, um sich zu baden. Die Hebamme war anderswo beschäftigt. Während Katharina mit dem Baby allein war, begann es zu jammern. Instinktiv nahm sie es auf und bot ihm ihre eigene Brust an. Das Baby trank. Als die Mutter zurückkam, war das Baby eingeschlafen. Katharina sagt, sie hätte leichte Schuldgefühle gehabt, weil sie als erste das Kind gestillt hatte, und erzählte niemandem etwas davon.

Drei Jahre und neun Monate später hatte Katharina eine Gruppe Kinder bei sich, darunter auch dieses Mädchen. In einem ruhigen Moment fragte Katharina das Mädchen, ob es sich an seine Geburt erinnere. »Ja!« antwortete es, und lieferte einen genauen Bericht darüber, wer dabei gewesen war und was jeder bei den Wehen und der Geburt getan hatte. Sie beschrieb das trübe Dunkel im Mutterleib und den Druck, den sie bei der Geburt gespürt hatte. Dann schmiegte sich das Kind eng an Katharina an und flüsterte vertraulich: »Du hast mich gehalten und mich nuckeln lassen, als ich weinte und Mami nicht da war.« Damit sprang sie auf und ging spielen. Katharina ist sich sicher: »Niemand kann mir weismachen, Babys würden sich nicht an ihre Geburt erinnern!«

8 Die Erinnerungen decken sich

Als Eltern werden Sie sich unausweichlich fragen, was an Geburtserinnerungen wahr ist. Es geht um zweierlei: Sind die Erinnerungen wirklich, was sie zu sein scheinen (tatsächliche, echte Erinnerungen)? Stimmen die darin enthaltenen Informationen? Endgültige Beweise sind in diesem Stadium unseres Wissens zwar noch nicht möglich, aber der Studie, die ich mit zehn Mutter-Kind-Paaren durchgeführt habe, läßt sich entnehmen, daß es Geburtserinnerungen wirklich gibt und daß sie ziemlich zuverlässig sind.

Um festzustellen, wie genau die Geburtserinnerungen meiner Patienten unter Hypnose eigentlich waren, arbeitete ich mit Paaren von Müttern und ihren herangewachsenen Kindern. Für meine Zwecke mußten alle Untersuchungspersonen ein hypermnetisches Gedächtnis haben (besonders lebhafte und vollständige Erinnerungen), und die Kinder mußten alt genug sein, um viele Einzelheiten der Geburt sprachlich gut vermitteln zu können. Die Mütter mußten mir versichern, daß sie mit dem Kind nie über die Einzelheiten seiner Geburt gesprochen hatten, und die Kinder durften keine bewußten Geburtserinnerungen haben.

Die Kinder, die für diese Studie als geeignet herangezogen wurden, waren zwischen neun und dreiundzwanzig Jahren alt, die meisten in der Mitte ihres zweiten Lebensjahrzehnts. Die Mütter waren zur Zeit dieser Untersuchung zwischen 32 und 46 Jahren alt. Ich überließ die Reihenfolge dem Zufall und hypnotisierte die Versuchspersonen bis zu dem Grad, der jeweils notwendig war, um leichten Zugang zum Gedächtnis zu erhalten.

Um die Phantasie möglichst weit einzudämmen, war die Befragung unter Hypnose sehr zurückhaltend; ich mied Suggestivfragen und ließ die Personen frei sprechen. Die Berichte wurden in der Regel in einer einzigen Sitzung, die zwischen einer und vier Stunden dauern konnte, vollendet. Mutter und Kind wurden zu verschiedenen Zeiten befragt, die Sitzungen auf Tonband aufgenommen, niedergeschrieben und verglichen.

Ich ging davon aus, daß die unter Hypnose erhaltenen Erinnerungen der Mutter im allgemeinen verläßlich waren. Beim Vergleich der Erinnerungen des Kindes mit denen der Mutter sollte sich dann herausstellen, wie gut sich die beiden Berichte deckten. Wären Geburtserinnerungen nur Phantasieprodukte, wie manche behaupten, dann würde die Version des Kindes mit großer Wahrscheinlichkeit den Angaben seiner Mutter widersprechen. Sollten kindliche Geburtserinnerungen aber zuverlässig und genau sein, so müßten sie in vielen Punkten mit denen ihrer Mütter übereinstimmen.

Zusammenhang und Übereinstimmung

Die Berichte von Mutter und Kind standen miteinander in Zusammenhang, enthielten viele Fakten, die übereinstimmten und Bezug zueinander hatten, und wiesen eine angemessene Ähnlichkeit der Gesamtsituation, der Personen und der Abfolge auf. Die unabhängig voneinander entstandenen Berichte fügten sich in vielen Punkten ineinander wie eine Geschichte, die von zwei Standpunkten aus erzählt wird. In manchen Fällen war die Übereinstimmung geradezu unheimlich.

Im allgemeinen bestätigten sich die Berichte in vielen Einzelheiten wie Tageszeit, Örtlichkeit, anwesende Personen, benutzte Instrumente (Saugglocke, Zange, Brutkasten) und Art der Entbindung (Kopf- oder Steißlage). Auch Abfolgen von Ereignissen wie das Anbieten von Wasser, Milchnahrung oder der Brust, das Auftauchen und Verschwinden der Väter, das Verlassen und Betreten verschiedener Räume stimmten oft überein. Ernsthafte Widersprüche gab es selten. Die folgende Tabelle gibt allgemein die Zahl der Übereinstimmungen und der ernsthaften Widersprüche wieder, die in den zehn Bericht-Paaren gefunden wurden.

Übereinstimmungen und Widersprüche bei zehn Mutter-Kind-Paaren

Paar	1	2	3	4	5	6	7	8	9	10
Übereinstimmungen	12	12	9	9	16	19	8	13	24	15
Widersprüche	1	1	0	1	0	0	1	4	0	1

Zwei Töchter beschrieben genau die Frisur, die ihre Mutter damals hatte. Eine Mutter erzählte, sie sei wie »betrunken« und verwirrt gewesen von der Betäubung während der Geburt; ihr Kind sagte, »meine Mutter war nicht ganz da... sie scheint gar nicht wach zu sein oder die Augen offen zu haben.« Ein Junge, dessen Mutter berichtete, er sei in ein Bettchen mit Plastikwänden gelegt worden, beklagte sich über die »glänzenden Glas- oder Plastikwände um mich herum. Alles schaute verschwommen, verzerrt aus.«

Beginn der Wehen (Paar 10). *Fakten aus dem Bericht des Kindes:* Die Mutter ruhte sich im Schlafzimmer aus. Es war Tag. Die Wehen fingen um 13.10 Uhr an. Mutter rief Vater und den Arzt an; man sagte ihr, sie solle warten. *Fakten aus dem Bericht der Mutter:* Zuhause im Bett bis 11.30 Uhr. »So gegen eins wußte ich, daß die Wehen begonnen hatten, und rief meinen

Mann an, er solle nach Hause kommen. Ich rief den Arzt an; er sagte mir, ich solle warten.«

Das Baby kommt zur Mutter (Paar 10). *Bericht des Kindes:* »Mutter redet und spielt mit mir. Es wurde gezankt [wegen des Namens]. Meiner Mami gefiel Gisela nicht. Ihr gefiel Ingrid auch nicht, aber Papi schon.« *Bericht der Mutter:* »Ich kitzle sie und spiele mit ihr, streichle sie… Ich will, daß das Baby Maria Katharina heißt, Robert will sie Ingrid nennen.«

Geburt (Paar 1). *Die Mutter berichtete:* »Michaela kam sehr rasch heraus, sie mußten ihr die Nabelschnur vom Hals schneiden. Mir wurden immer noch Tücher über die Beine gelegt, während sie schon mit dem Kopf herauskam. Mit der nächsten Preßwehe war sie dann ganz draußen.« *Bericht des Kindes:* »Direkt über mir ist etwas Helles, etwas Großes. Es wird kälter. Ich spüre Hände an meinem Hals, die etwas wegnehmen.«

Worte und Namen (Paar 1). *Das Kind berichtet,* es hätte seinen Namen gehört und die Worte »Ich liebe dich.« *Die Mutter berichtet,* sie hätte gesagt: »Ich liebe dich«, ihr Baby umarmt und geküßt und es Michaela genannt.

Das Baby kommt zur Mutter (Paar 6). *Die Mutter:* »Ich nehme sie hoch und rieche an ihr. Ich rieche an ihrem Kopf. Ich schaue ihre Zehen an und sage: ›Oh Gott! Sie hat verformte Zehen!‹« Dann fragte sie die Schwester wegen der Zehen; ihr wurde versichert, daß alles damit in Ordnung wäre. *Das Kind berichtete:* »Sie hält mich im Arm, schaut mich an… Sie riecht an mir! Und sie fragt die Schwester, warum meine Zehen so komisch sind… Die Schwester sagt, meine Zehen wären halt so und daß sie nicht verformt seien.«

Irrtum und Wahrheit

In diesen Berichten gab es kleine und große Irrtümer. Zum Beispiel sagte eine Mutter, die Geburt hätte in Bloomington stattgefunden, das Kind sprach von Wilmington; eine Mutter sagte, das Baby wurde in ein Baumwolltuch eingewickelt, das Kind sagte, in Papier. Eine Tante wurde für eine Großmutter gehalten, ein Vater für einen Arzt (damals war der Vater dieses Babys ein Arzt an jener Klinik).
Manche Vorkommnisse stimmten überein, aber nicht in der Reihenfolge. Manche Auslassungen – Dinge, an die sich nur der eine, nicht aber der andere erinnerte – waren interessant. Eine Mutter beichtete, sie hätte über ihr Baby eine abfällige Bemerkung gemacht, aber vom Kind wurde sie nicht erwähnt. Ist diese Auslassung ein Irrtum, ein gnädiges Übersehen oder eine Erinnerung, die so gut begraben wurde, daß man tiefer nach ihr bohren müßte?

Widersprüche. Ernsthafte Widersprüche zwischen den Berichten der Mutter und des Kindes waren selten, kamen aber vor:
Bei Paar 1 verlegte das Kind das Stillen in den Kreißsaal, während sich die Mutter beklagte, dieser Moment sei vom Klinikpersonal volle zwölf Stunden hinausgezögert worden.
Bei Paar 10 berichtete das Kind, es sei gestillt worden, während sein Vater im Klinikzimmer gewesen sei. Es beschrieb sogar seine Kleidung, seine Brille und seine Frisur und sagte: »Mutter gibt mich ihm zu halten.« Die Mutter dagegen sagt, Väter hätten beim Stillen nicht im Zimmer bleiben dürfen.
Bei Paar 7 sagt das Kind: »Sie hält mich (im Kreißsaal) und beginnt, mich zu küssen…« Der Mutter zufolge wurde ihr das Baby nur kurz auf den Bauch gelegt und dann weggenommen und gewaschen; man zeigte es ihr noch einmal und legte es dann in einen Brutkasten – alles ohne Berührung.

Bei Paar 2 berichtete der Sohn, er sei von seiner Mutter (nach der Geburt) im Arm gehalten worden, und sagte, sie hätte gelächelt, sei sehr glücklich gewesen und hätte gelacht. Die Mutter dagegen berichtete von einem Gefühl hilfloser Panik und Todesangst, da die Betäubungsmittel sie bis zum Hals hinauf gelähmt hätten. Sie sagte, es wäre schwierig für sie gewesen, zu atmen oder jemandem zu sagen, was mit ihr los war.

Phantasien. Aus allen Berichten liefern die vier Widersprüche bei Paar 8 den eindeutigsten Beleg für das Vorkommen von Phantasien. Dem Kind zufolge nahm der Vater ganz normal und wie üblich an der Geburt teil, die Mutter dagegen sagte aus, daß der Vater an Schizophrenie litt und nicht anwesend war. Das Kind schloß in den Geburtsbericht auch seine Lieblings-Großeltern ein, die in Wirklichkeit mehr als 4000 Kilometer entfernt waren. Abgesehen von diesen krassen Widersprüchen, die kindliche Phantasien darstellen, stimmten Mutter und Kind in dreizehn Punkten überein. Das gibt wichtige Aufschlüsse. Es bedeutet, daß Phantasien vorkommen können, den Bericht als Ganzes aber nicht entwerten. Die Phantasien waren begrenzt und spezifisch.

Komplexer Sachverhalt. Babys erinnern sich nicht an alles mit gleicher Gewißheit und Schärfe, und die Einzelheiten sind nicht immer klar. Zum Beispiel beschreibt ein Kind das Verlassen des Kreißsaals wie folgt: »Ich erinnere mich an zwei Dinge, aber sie weichen voneinander ab. Die Schwester trug mich hinaus. Dann bin ich in einem dieser kleinen Dinger, die sie herumschieben. Vielleicht trug sie mich bis zur Tür.« Der Bericht der Mutter stellt lediglich fest, daß sie den Raum gemeinsam verließen. Alles von dem oben Geschilderten könnte wahr sein. Wir haben es hier mit den Mängeln verbaler Erinnerung zu tun.

Ein Baby kann in dem einen Moment wach sein und herumschauen und schon im nächsten schlafen. Ist es in eine Decke eingewickelt, wird ihm vielleicht das Gesichtsfeld zunächst versperrt und dann plötzlich freigegeben. Was das Baby sieht, stimmt deshalb vielleicht nicht ganz mit der Beschreibung der Mutter überein.

Stimmigkeit. Sind diese Geburtserinnerungen wahr? Nimmt man die Berichte als Ganzes, scheinen sie zusammenhängend, zum Großteil decken sie sich und im allgemeinen sind sie zutreffend. Fehler sind offensichtlich, scheinen aber eher die Ausnahme als die Regel und unterstreichen die natürlichen Grenzen des menschlichen Gedächtnisses. Ein Bericht kann in der Hauptsache stimmen, aber trotzdem einige Irrtümer enthalten.

Bei einigen Gedächtnisfehlern handelt es sich wahrscheinlich um falsche Wahrnehmungen schon bei der Geburt (ein Baby glaubte, es sähe seinen Vater, der Arzt war; in Wirklichkeit war es ein anderer Arzt). Ein Gedächtnisfehler kann auch Wunschdenken spiegeln (das Kind will, daß seine Großeltern da sind) oder den Versuch, Erinnerungslücken selber auszufüllen. Das Unbewußte könnte etwas erfinden, um einen schmerzhaften Aspekt der wirklichen Situation (einen geistig kranken Vater) zu verbergen oder wiedergutzumachen.

Die Übereinstimmungen zu erklären ist wahrscheinlich wichtiger als eine Erklärung der Irrtümer.

Mutter und Kind erinnern sich

Im folgenden werden Erinnerungen von Mutter und Kind an ihr Geburtserlebnis in der richtigen Ereignisfolge einander gegenübergestellt, um einen Vergleich zu ermöglichen. Es

163

sind schöne Beispiele für die Zusammenhänge und Übereinstimmungen, die diese Studie aufgedeckt hat.

Die Aussagen sind Berichten entnommen, die zwei Mutter-Kind-Paare unabhängig voneinander unter Hypnose gemacht haben. Übereinstimmende Einzelheiten und Ereignisfolgen sind ein Zeichen, daß diese Erinnerungen keine Phantasieprodukte sind (bei denen Abweichungen und Widersprüche zu erwarten wären), sondern zwei Erzählungen über dieselbe Geburt aus verschiedenen Blickwinkeln.

Bei der Geburt teilen Mütter und Babys gewisse Erfahrungen, vor allem bei der Entbindung selbst, beim Zusammentreffen von Mutter und Baby im Krankenhaus und bei der Heimfahrt. Die Berichte dieser Ereignisse fügen sich oft genau ineinander. Die zwei Personen haben aber auch klar umrissene individuelle Interessen. Zum Beispiel mag sich die Mutter über die äußeren Umstände einer Periduralanästhesie auslassen, während das Kind über die innere Welt der Wehenkontraktionen berichtet. Ein Kind beschreibt vielleicht, wie der Arzt an seinem Hals zerrt und dreht, um ihm hinauszuhelfen, während die Mutter das gar nicht sieht oder sich nichts dabei denkt.

Der auffälligste Bruch im zeitlichen Ablauf ist durch den Aufenthalt auf der Säuglingsstation bedingt. Die Erinnerung des Kindes daran ist meist aufschlußreich, hat aber keine Parallele zum Bericht der Mutter, die nicht dabei war. Daher sind Berichte über die Säuglingsstation in diesem Kapitel ausgespart.

Linda und ihre Mutter
Beginn der Wehen

Linda: Ich spüre, wie sich bei meiner Mutter Spannung aufbaut, und verkrampfe mich. Dann entspanne ich

mich. Ich habe das Gefühl, als wollte ich gern weiter-
kommen, aber ich bleibe da, wo ich bin. Ich bin da
ganz eingequetscht. Wenn ich so eingequetscht bin,
will ich vorwärtskommen, und wenn ich mich ent-
spannen kann, möchte ich mich zurückstoßen.

Mutter: Mein Mann wollte mir nicht glauben, daß die Wehen angefangen haben. Er wollte den Arzt nicht an-
rufen, da rief ich ihn selber an, und er sagte mir, ich
solle in die Klinik gehen. Ich war froh, daß es Zeit
war. Mein Mann fuhr mich im Auto hin.

Linda: Sie geht... setzt sich in ein Auto oder sowas. Ich bin
in einer merkwürdigen Stellung. Ich kann spüren,
wie das Auto vibriert.
Ich fühle mich wirklich ungemütlich, weil ich sowieso schon in einer sehr unbequemen Haltung bin...
Ich bin total eingeklemmt. Meine Schultern sind eingequetscht, mein Hals ist noch dazu verdreht. Ich
möchte ihn gern wieder gerade ausstrecken, aber es
geht nicht.

Im Kreißsaal

Linda: Ich glaube, sie liegt jetzt auf dem Tischdings da. Meine Mami ist auf jemand böse, nicht auf mich. Sie ist
sehr zornig. Ich glaube, es ist eine Frau, nicht der
Arzt.

Mutter: Eine Frau schreit, jemand in einem anderen Raum.
Sie schreit andauernd, und das reizt *mich* ebenfalls
zum Schreien. Meine Nerven sind angespannt. Ich
versuche zu atmen, versuche, mich meinen eigenen
Gefühlen zu überlassen. Am liebsten würde ich laut
losbrüllen und ihr sagen, sie solle den Mund halten!
Sie schrie nicht wirklich vor Schmerz, sondern wollte nur ständig die Aufmerksamkeit auf sich lenken.

Linda: Sie liegt auf dem Tisch. Es kommt mir so vor, als ob alle schon warten, alle zuschauen. Ich kann sie nicht sehen, aber ich merke, daß sie da sind. Meine Mutter wünscht sich, ich würde mich beeilen. Ich hatte das Gefühl, sie denkt, es dauert zu lange. Ich fühle mich wirklich eng eingezwängt, aber mein Hals wird nicht mehr gequetscht. Vorher bin ich immer, wenn sie sich entspannt hat, wieder irgendwie zurückgerutscht. Jetzt bleibe ich an derselben Stelle, wenn sie sich entspannt, und bewege mich nicht mehr nach hinten. Mein Kopf ist wirklich eingezwängt, aber oben am Kopf habe ich kein solches Gefühl der Enge.

Mutter: Der Arzt kommt herein. Ich bin froh. Er ist sehr ruhig mir gegenüber. Er stellt der Schwester einige Fragen. Es hat damit zu tun, warum sie ihn so spät gerufen haben.

Sie bereiten alles für die Periduralanästhesie vor. Ich finde es sehr unbequem, auf dem Rücken zu liegen. Ich kann nur schwer atmen. Die Wehen schmerzen. Sie krümmen meinen Körper, als ich mich auf die Seite drehe und der Arzt mir eine Spritze gibt.

Geburt

Linda: Ich habe meinen Kopf verdreht, wie, weiß ich nicht. Mein Kopf ragt ein bißchen heraus. Ich beginne, meinen Kopf zu drehen, um ihn wieder nach dem Körper auszurichten, weil der steckengeblieben war. Ich fand das qualvoll und wollte den Kopf wieder richtig haben. Der Arzt umfaßt mit den Händen meine Schläfen. Ich will, daß er losläßt. Ich versuche, mich wieder nach innen zu stoßen, weil ich das nicht mag. Ich bin frustriert, weil ich es allein tun will. Ich

166

will, daß *ich* es schaffe. Ich will nicht, daß er mich anfaßt. Er drückt mich. Es würde vielleicht etwas länger dauern, aber es wäre für mich angenehmer.

Er war nicht sehr sanft. Er versuchte einfach, die Sache über die Bühne zu bringen. Dann zog er! Das tat mir am Hals weh! Dann drehte er mich herum – das war mir sehr verdächtig! Er zog mich heraus, hielt mich hoch in der Luft von ihm weg. Dann schlug er mich – nicht wirklich fest –, und ich fange zu weinen an.

Ich merke, daß mich meine Mutter bei sich haben möchte, und ich möchte bei ihr sein, aber weder sie noch ich können etwas tun, damit wir zusammenkommen. Ich will hinüberfliegen, aber ich kann nicht. Es ist hoffnungslos.

Da ist ein Gerät oder sowas… und sie halten es über meinen Mund. Es war wirklich seltsam, wie ein weißes Rohr. Ich glaube, es sollte Zeugs aus meinen Lungen herausholen oder sowas.

Mutter: Ich kann die Wehen nicht mehr spüren, nur den Druck, nicht den Schmerz. Der Arzt dreht den Spiegel so, daß ich etwas sehen kann. Ich kann die schwarzen Haare meines Babys sehen.

Alle reden von meiner nächsten Wehe. Sie wollen, daß ich presse. Ich spüre sie nicht, also weiß ich nicht, wann ich pressen soll. Und die Schwester stellt sich neben mich und drückt auf meinen Bauch. Ich denke, wenn ich das überstehe, wird's bald vorbei sein.

Der Kopf des Babys ist draußen. Da sind viele schwarze Haare… Alles, was ich denken kann, dreht sich jetzt ums Baby. Er steckte ihm den Finger in den Mund, um Schleim rauszuholen. Dann reichte ihm die Schwester eine weiße Spritze, die er in den Mund des Babys steckte, um Flüssigkeit abzusaugen.

Mein Baby ist geboren, und er sagt mir, es ist ein Mädchen. Das ist wunderbar. Ich bin glücklich!

Auf dem Bauch der Mutter

Linda: Sie legen mich meiner Mutter auf den Bauch. Jetzt geht es mir viel besser. Ich versuchte, nach ihr zu greifen, und sie schaute mich an.
Ich schaute zu ihr auf. Ich wollte, daß sie nicht zuließ, daß sie mich wieder von ihr wegnehmen, aber als ich ihr Gesicht sah, wußte ich, daß sie das nicht tun würde. Dann gebe ich einfach auf.
Jemand trocknet mich ab, wickelt mich in eine Decke und reicht mich der Schwester, und dann brachte sie mich hinaus in ein kleines Zimmer. Sie legte mich in eins von diesen kleinen Babykörbchen. Ich glaube, sie machten ein Foto. Ich möchte mich umdrehen und schlafen...

Mutter: Dann bringen sie das Baby und legen es mir auf den Bauch. Die Kleine weint. Sie legen sie quer auf meinen Bauch, mit dem Gesicht nach unten. Ich finde, sie ist ein wunderschönes Baby. Ich weinte. Ich finde es wunderbar, daß sie sie mir auf den Bauch gelegt haben. Sie liegt quer über meinem Bauch mit dem Kopf auf der linken Seite. Ich kann eine Seite ihres Gesichts sehen. Sie hält den Kopf hoch und weint. Ich glaube, daß ich sie nicht anfassen soll. Sie nehmen sie weg. Das gefiel mir nicht, aber ich dachte, das muß eben so sein. Sie hörte auf zu weinen. Sie schaut herum.
Sie wickeln sie in eine Decke. Sie legen sie in etwas mit Glas- oder Plastikwänden; es steht auf der anderen Seite des Raums.

Auf dem Weg zur Säuglingsstation

Linda: Ich glaube, ich wurde als erste weggebracht. Ich hatte die Augen zu und rollte mich ganz zusammen, weil sie mich von meiner Mutter wegnahmen. Ich bin in eine Decke gewickelt.

…[Ich kam] in das Zimmer, in das alle Babys kommen. Ich wollte bei meiner Mutter sein. Ich merkte, daß viele andere Babys da waren… und meine Mutter war nicht da.

Mutter: Sie rollen mich mit dem Baby hinaus, beide nebeneinander. Mein Mann ist im Gang und sieht das Baby. Er lächelt nur. Mir laufen die Tränen in Strömen herunter, und sie bringen mich in mein Zimmer. Sie bringen das Baby auf die Säuglingsstation. Ich frage mich, wann ich sie wiedersehen werde. Ich will sie halten und anschauen. Ich habe vor, sie zu stillen.

Wieder zusammen

Linda: Die Schwester trug mich und ging an einem Bett vorbei. Ich glaube, meine Mutter lag am weitesten von der Türe entfernt. Dann sah ich sie. Ich fühlte mich wohl. Ich wußte, daß ich zu ihr gebracht wurde.

Mutter: Ich hatte das Bett, das am weitesten von der Tür entfernt war…

Linda: Mami streckte ihre Hände aus und nahm mich. Sie drückte mich an sich und begann, mich zu stillen. Das ist schön. Die Schwester stand eine Minute da… Sie fragte meine Mutter etwas, ob sie etwas wolle oder so… und noch eine Person war im Zimmer, eine andere Patientin. Ich achtete mehr auf das Zusammensein mit meiner Mutter.

Mutter: Ich drehe mich auf die Seite. Ich stütze mich auf dem Ellbogen auf, weil sie sie direkt neben mich legen

169

werden. Ich liege auf der linken Seite. Sie legen sie hin, und ich knöpfe mein Nachthemd auf, um sie zu stillen. Die Schwester will mir helfen, weil sie sagt, daß manche Frauen Probleme haben. Ich möchte, daß sie mich einfach in Ruhe läßt. Ich versuche, sie zu vergessen und mich nur auf das Baby zu konzentrieren. Es ging ganz glatt. Sie saugte sofort an der Brustwarze. Und die Schwester entfernte sich. Sie sagte, daß ich es prima mache.

Linda: Ich will sie immer umarmen, aber ich kann nicht. Ich bewege nur meine Hände, halte mich an Dingen wie ihrem Arm fest. Sie sagt mir, daß ich ein hübsches Baby bin. Sie streicht mir mit den Fingern durchs Haar. Sie erzählte mir, ich hätte hübsche Haare. Das gefiel mir sehr.

Oft schaute sie einfach und lächelte. Ich spürte, daß sie froh war, auch wenn ich ihr am Anfang Probleme gemacht habe. Es machte ihr jetzt nichts mehr aus.

Mutter: Dann begann ich, das Baby auszuwickeln und ihre Beine und Füße anzuschauen und mit ihr zu sprechen. Ich sagte: »Du bist so hübsch, Linda! Hallo, Linda! Ich liebe dich. Ich bin deine Mami.«

Heimfahrt

Linda: Sie steckten mich in eine Stofftasche [Tragebettchen]. Mein Vater ist da. In meiner Nähe wirkt er unsicher. Draußen fühlte ich mich anders. Es ist hell. Ich werde immer hin- und hergereicht. Meine Mutter und mein Vater helfen sich gegenseitig. Mein Vater wird uns heimfahren… Sie erzählen mir, daß ich mein Haus sehen werde, und ich weiß, daß mich die Krankenschwester nicht [mehr] wegnehmen wird.

Mutter: Ich steige ins Auto zur Heimfahrt, und die Schwe-

170

ster reicht mir das Baby. Theo fährt uns nach Hause. Es geht mir gut. Ich weiß, ich kann eine gute Mutter sein. Ich bin froh, daß jetzt ich verantwortlich bin, allein mit dem Baby. Ich freue mich darauf, sie meinen Eltern zu zeigen.

Linda: Ich schaue in der Wohnung herum, wir steigen ein paar Treppen hinauf… Sie legten mich ins Schlafzimmer. Es war nicht nur mein Zimmer… Es schienen noch andere Leute da zu sein. Es war viel schöner als in der Klinik.

Mutter: Wir hatten das Obergeschoß eines großen Hauses in Whittier gemietet. Meine Mutter und mein Vater sind da. Theo trug das Baby [im Haus] nach oben… Mein Vater sagt mir, was für ein schönes Baby sie ist. Er sieht sehr stolz aus.
Ich lege sie in ihr Bettchen. Es stand neben meinem Bett. Ich hatte ringsherum ein Polster als »Stoßdämpfer« befestigt. Sie schaute so klein darin aus…

Katja und ihre Mutter
Im Kreißsaal

Katja: Es ist ein ziemlich großer Raum, mit viel Silber drin. Jeder sieht sehr beschäftigt aus. Ich glaube, es sind vier oder fünf Leute da. Es scheint kälter zu sein als vorher. Ich habe das Gefühl, ich wirble herum, drehe mich zu schnell. Sie ziehen, ziehen an mir. Der Arzt ist fahrig… nervös… zittert, und das macht mich irgendwie unruhig.

Mutter: Der Raum ist recht groß und kalt. Ich kann sehen, wie ihr Kopf aus meiner Vagina herauskommt. Zwei Ärzte sind da. Ein junger Arzt [grün gekleidet] und ein älterer mit grauen Haaren [weiß gekleidet]. An der Seite stehen Schwestern. Der jüngere Arzt beschäftigt sich mit mir. Sie halten den Kopf unter Kontrolle... Der Kopf ist [jetzt] draußen.

Katja: Sie legen mich ihr auf den Bauch, klatschen mich fast drauf. Er redet mit meiner Mami. Alles scheint in Ordnung zu sein, und ihr geht es gut. Er ist immer noch nervös, nimmt mich hoch und gibt mich an jemand anderen weiter. Ich fühle mich größer und schwerer. Ich kann sie sehen, bin aber nicht bei ihr. Ihre Haare sind eingewickelt, wie in Lockenwicklern oder sowas. Sie sieht müde aus, verschwitzt.

Mutter: Sie legen sie mir irgendwie auf den Bauch, halten sie dabei aber immer noch. Ich konnte sie sehen... jede Menge Blut und weißes Zeugs. Sie weint. Ich kann die Nabelschnur sehen. Meine Hände sind festgeschnallt, und ich kann sie nicht nach dem Baby ausstrecken und es berühren. Ich möchte, daß sie sie wegnehmen, einwickeln. Schließlich nimmt sie jemand. Ich rede mit dem Arzt... Ich glaube, sie haben mir eine weiße Mütze über die Haare gezogen.

Katja: Niemand redet mit mir. Sie sprechen über mich, glaube ich, aber nicht *zu* mir. Sie tun, als ob sie wüßten, daß ich da bin, aber als ob *ich selbst* es nicht wüßte. Die Schwester wischte mich irgendwie ab... wusch mich. Dann brachten sie mich hinüber neben meine Mutter. Sie weinte nicht, aber sowas Ähnliches. Sie ist die erste, die zu mir redet. Sie sagte: »Hallo!« Niemand anderer schien zu denken, daß ich wirklich da war. Dann redete sie ein bißchen mit dem Arzt, und sie nahmen mich wieder weg.

Mutter: Endlich lösen sie die Gurte von meinen Händen, und die Schwester bringt sie zu mir auf die linke Seite herüber. Aber sie hält sie nicht nahe genug, daß ich sie anfassen kann. Ich fühle mich wirklich frustriert. Ich

172

sage »Hallo!« zu ihr. Sie ist so süß und klein, aber immer noch irgendwie verschmiert. Dann legen sie sie in ein kleines Wärmebett. Ich spreche mit dem Arzt über ihr Gewicht.

Säuglingsstation

Katja: Ich wußte nicht, wo sie mich hinbringen würden oder warum. Ich verließ den Raum vor meiner Mutter. Papi habe ich nicht viel gesehen. Er war da… aber nicht lange. Ich wußte erst später genau, wer er war.

Dann brachten sie mich wieder in einen anderen Raum mit vielen Menschen [Babys]. Er war ziemlich weit weg. Ich lag da mit einer Menge anderer Babys, und immer kamen Leute rein und störten uns, weckten uns auf.

Mutter: Wir sind jetzt fertig und können den Raum verlassen. Ich bin auf einer Liege. Sie schieben zuerst das Baby hinaus. Wir rollen den Gang hinunter. Ihr Vater ist da und schaut sie an [aber berührt sie nicht]. Ich erinnere mich nicht, wie ich ins Bett gekommen bin, aber ich liege im Bett. Ich weiß nicht, was mit dem Baby oder mit meinem Mann passiert ist. Sie bringen das Baby in ein anderes Zimmer.

Wieder zusammen

Katja: Manchmal brachten sie mich zu meiner Mami, aber sie brachten mich immer wieder in das Zimmer [Säuglingsstation] zurück. Es war wirklich fein. [Mami] schien glücklich zu sein und sich wohl zu fühlen. Ihre Haare waren offen. Ich war müde und schläfrig. Das Stillen fand ich schön. Eine Schwester ging rein und raus. Jeder wußte, was vor sich ging, außer mir. Ich wußte nicht, warum sie mich wegbrachten, oder wo ich wirklich war.

Mutter: Ich liege in einem Zweibettzimmer und das Baby ist ganz sauber. Sie liegt in einem Plastikbettchen. Man hat sie mir hereingebracht, wie beim Rooming-in. Ich nehme sie hoch, wickle sie aus und mache es mir im Bett bequem. Sie schaut mich genau an. Ich rede mit ihr... Ich stille sie. Dann lege ich sie in ihr Bett zurück. Ihr Vater kommt uns besuchen [aber er faßt sie nicht an]. Nachts bringen sie sie auf die Säuglingsstation.

Heimfahrt

Katja: Mein Papi kam mit meiner Schwester und noch jemand anderem, einem anderen Mann, aber ich weiß nicht, wer er ist, und holte Mami ab. Meine Mami saß in einem Rollstuhl und hielt mich. Ich bin in eine Decke eingewickelt, sie ist seidig und hat kleine rosa Blümchen.
Der Weg kam mir wirklich lang vor. Jeder schien glücklich.

Mutter: Ich packe meine Sachen zusammen. Ich kann es kaum erwarten, die Klinik zu verlassen, und bin schon angezogen. Die Kleine trägt einen weichen Flanellstrampler mit Füßen und ein Jäckchen; vorne ist es mit Röschen besetzt. Ihr Vater kommt und sagt mir, daß unsere Tochter und mein Schwager unten warten. Die Schwester kommt. Ich sitze in einem Rollstuhl und halte das Baby.
Mir kommt die Fahrt sehr weit vor. Es dauert lange, bis wir zu Hause sind. Wir machen viele Witze und unterhalten uns fröhlich.

Katja: Ich war in einem weißen Bettchen… und etwas hing über meinem Kopf. Ich fand das erst ziemlich merkwürdig, gewöhnte mich aber daran.

Mutter: Ich legte das Baby in seinen Korbwagen. Es schläft nicht, scheint sich dort aber wirklich wohlzufühlen. Ich glaube, wir hatten am Bett ein Mobile befestigt.

Zur Erklärung von Geburtserinnerungen werden immer wieder drei Theorien bemüht. So vermutet man, die Erinnerungen der Kinder seien in Wirklichkeit getarnte Erinnerungen der Mütter, die in Momenten der Selbstvergessenheit unwillkürlich an das Kind weitergegeben wurden. Diese Theorie klingt einleuchtend, stimmt aber nicht mit dem Inhalt der Erinnerungen überein: Dinge, die die Mutter gar nicht gesehen oder gewußt haben kann, oder Dinge, die sie nicht preisgeben möchte. Gelegentlich stellt sich heraus, daß die Erinnerungen des Kindes, nicht die der Mutter, die zutreffenden sind. Auch benutzt das Kind nicht die technischen Begriffe, die Erwachsene vorziehen.

Eine zweite verbreitete Theorie besagt, Geburtserinnerungen seien ein Flickenteppich der Phantasie, gewoben aus Informationsbruchstücken, die lange nach der Geburt gewonnen und zusammengesetzt werden. Solche Phantasieprodukte wären sicher viel gleichförmiger und vorhersagbarer als die Geburtsberichte, die ich gehört habe. Bei meinen zehn Paaren waren Phantasien selten und leicht als solche erkennbar. Mit Phantasie allein lassen sich die gemeinsamen Fakten, die die Berichte von Mutter und Kind enthalten, nicht erklären.

Schließlich glauben manche, Babys verstünden nicht, was bei der Geburt gesagt wird, bevor sie selber sprechen und verstehen können; daher sei das Geburtstrauma als retroaktiv zu betrachten. Diese Theorie, die von einem verzögerten Eintritt der Wirkung ausgeht, berücksichtigt nicht die Hinweise, daß Neugeborene bei der Geburt die Fähigkeit besitzen, sich sinnvoll zu verständigen. In jeder anderen Hinsicht verläuft das Leben progressiv, nicht retroaktiv. Babys, die einen Klaps bekommen, reagieren jetzt, nicht später. Die Beweise einer kommunikativen Gewandtheit schon bei der Geburt lassen eine intellektuelle Verzögerung eher als abwegig erscheinen.

Berücksichtigt man alle Tatsachen, dann scheint es sich bei Geburtserinnerungen, die ohne subjektive Beeinflussung zugänglich gemacht wurden, um echte Erinnerungen an tatsächliche Erfahrungen zu handeln. Die Geburtserinnerungen meiner zehn Paare sind mit großer Sicherheit wirkliche Erinnerungen, keine Phantasien; es sind persönliche Erinnerungen, keine Erinnerungen der Mütter, und sie sind öfter zutreffend als falsch. Innerhalb vernünftiger Grenzen lassen sich diese Erinnerungen als zuverlässige Informationsquelle darüber betrachten, was bei der Geburt geschah.

9 Die Geburt aus der Sicht des Babys

Babys, die als Erwachsene unter Hypnose befragt werden, haben uns einiges über die Geburt zu sagen, wie sie in unserer Zeit abläuft. Inhaltlich sind ihre Erinnerungen vielfältig wie alles Persönliche, gleichzeitig geben sie gemeinsamen Gefühlen und Ängsten beredten Ausdruck. Diese Zeugen berichten aus eigener »innerer« Anschauung über Dinge vor der Geburt, die sich unserer Beobachtung entziehen. Auch berichten sie als »Außenseiter« über die Ereignisse im Kreißsaal und auf der Säuglingsstation, die von Eltern, Schwestern und Ärzten bestätigt werden können.

Die Berichte der Babys, wie sie sich in den ersten Minuten und Stunden »draußen« fühlten, spiegeln ihre fieberhaften Mitteilungsversuche, die bei Klinikgeburten so häufig sind: das laute Schreien, der Ausdruck von Schmerz im Gesicht, rudernde Ärmchen und Beinchen, ein Zittern und Beben des ganzen Körpers. Erfreulicherweise können manche der späteren Erzählungen von unendlich Besserem berichten: von behutsamem Umgang, einer warmherzigen Umarmung unter Tränen, einem strahlenden Lächeln und einer ungebrochenen Bindung.

Bei den meisten Babys folgt heutzutage auf den Beginn der Wehen eine unbequeme Fahrt in die Klinik, bei der das Köpfchen gegen den Autositz gepreßt wird. Das Geschehen in der Klinik geht ins Gedächtnis ein als Hin und Her der Mutter in Rollstühlen, Betten und Räumen, dazu kommen die Begegnungen mit den Schwestern und Ärzten. Babys zeigen Betroffenheit, wenn die Väter nicht dabei sind, merken, ob ihre Mütter ruhig oder nervös sind, und fällen ein Urteil über die

Haltung und das Verhalten aller, die bei der Geburt anwesend sind.

Die Wehen, von »drinnen« gesehen

Die ersten Kontraktionen der Gebärmutter, die der Mutter den Wehenbeginn ankündigen, signalisieren auch dem Passagier drinnen einen Einbruch in seinem Leben. Erst erlebt ein Baby die Muskelkontraktionen als »Wellen von Druck«, »Pulsieren« oder »wie das Rollen eines Schiffs auf rauher See«. Mit fortschreitender Dauer werden die Kontraktionen als ernsthaftes Ereignis erkannt und führen zu neuen Bewegungen, Druck, einer veränderten Lage und Drehungen. Diese überwältigende Kraft wird als »Energieschub«, »Fluß« oder »Flutwelle« beschrieben. Gehen die Wehen zu schnell voran, hat das Baby den Eindruck, es rutsche »rückwärts eine Rutschbahn hinunter; es macht wusch!«, wie Diana sagte. Annette kam so schnell heraus, daß sie dem Arzt durch die Finger glitt – was wir entdeckten, als wir ihrer Angst vor dem Fliegen nachgingen.

Angela

Wir fahren mit dem Auto in die Klinik. Ich bin in meiner Mutter auf dem Sitz. Mein Kopf ist eingequetscht.
Vater ist nicht da. Ich fühle mich in einer gefährlichen und unbequemen Lage. Meine Mutter ist außer sich vor Wut. Sie wünschte, ich wäre nicht da. Das kommt mir so verrückt vor! Es sollte ein glücklicher Moment sein.

178

Theresa

Es ist dunkel… Ich spüre einen Energieschub. Ich fühle mich wirklich angespannt; soviel Energie! Jeder Muskel ist angespannt, aber ich gehe nirgends hin. Ich bleibe einfach da…
Mir ist ängstlich zumute. Es wird hell, und ich bekomme Kopfschmerzen. Ich habe das Gefühl, gleich zu explodieren. Ich habe das Gefühl, alles stürzt auf meinen Kopf zu.
Ich fühle mich mehr unten als oben; ich weiß nicht, wie ich es beschreiben soll. Ich habe das Gefühl, ich bin auf einem schrägen Brett, und mein ganzes Blut strömt in meinen Kopf…

Marianne gibt zu, daß sie sich gegen ihre Geburt sträubte. Sie war noch nicht bereit dazu und wollte nicht gehen, wie sie selber sagte. Trotzdem spürte sie, wie sie von einer »Flutwelle« mitgerissen wurde, gegen die jeder Widerstand zwecklos war.

Marianne

Sie sagen, daß es Zeit für die Geburt ist. Ich spüre den Druck, aber ich will nicht geboren werden, ich bin noch nicht bereit dazu. Ich werde einfach warten; hier drin ist es viel besser.
Jetzt kommen sie schneller, schneller, mal hier, mal da. Oje, es wird stark! Es drückt, drückt, drückt mich hinaus. Ich will bleiben, wo ich bin, aber sie lassen nicht locker.
Es fühlt sich an wie eine Flutwelle… Ich merke, daß ich mich ihr nicht entziehen kann. Wenn für sie jetzt der richtige Zeitpunkt gekommen ist, muß ich wohl auch mit… Oje, die Flutwelle kommt wieder.
Ich bin immer noch nicht bereit. Es drückt, drückt. Ich werde einfach hier bleiben. Ich will nirgendwo hin, aber ich muß…
Oje, sie ziehen Handschuhe an. Sie packen mich. Du lieber Himmel, grrr, war das eine Quetscherei!
Sie halten meinen Kopf, aber sanft, sie waren sanft. Und das

nächste, was ich weiß, ist, daß sie sagen: »Du legst dich jetzt einfach da hin«, und sie wickeln mich in etwas ein.

Im Kreißsaal

Nach den Wehen, wenn die Babys draußen sind und selbst atmen, erleben sie neue Empfindungen, Gefühle, Menschen und Räume. Babys kommen aus extremer Enge, waren buchstäblich »von allen Seiten eingeschlossen«, und klagen manchmal darüber, daß sie sich »im Raum verloren« fühlen. Ein Junge fand den Kreißsaal »hektisch und verwirrend.«

So gut wie alle Babys klagen über grelle Lampen, kalte Räume und Instrumente, Lärm, rauhe Berührungen ihrer empfindlichen Haut und über fast alle medizinischen Routinepraktiken wie Klapse, Injektionen, Augentropfen, harte Waagen sowie die Tatsache, daß sie von Fremden in die Luft gehalten und versorgt werden. Babys empfinden Zangen als unangenehm, fürchten sich manchmal vor Brutkästen und finden, daß der von Schwestern und Ärzten getragene Gesichtsschutz die Gesichter merkwürdig entstellt. Sie protestieren energisch gegen die Art und Weise, wie die Nabelschnur durchtrennt wird; nicht daß das unbedingt weh tut, doch sie berichten über Angstgefühle, die damit zu tun haben, *wie* und *wann* diese lebenswichtige Verbindung gelöst wird.

Babys zeigen sich dankbar für sanfte Behandlung und freundliche Worte von Schwestern und Ärzten. Vor allem sind sie dankbar, wenn sie unmittelbar nach der Geburt Kontakt mit ihrer Mutter bekommen.

180

Maria

Der Arzt hält mich, und ich schaue meine Mutter an. Ich freue mich, daß ich sie sehe, und sie freut sich, mich zu sehen… Sie ist hübsch. Sie ist ganz verschwitzt und erschöpft, aber sie sieht jung aus, sieht gut aus. Sie fühlt sich auch gut, sie lächelt. Wir sind glücklich.
Ich höre, wie jemand sagt: »Das ist mein Mädchen.« Ich spüre, daß meine Mutter mir ständig sagt, ich sei ein prima Mädchen. Sie ist glücklich über mich, ich gefalle ihr.
Der Arzt redet, gibt den Leuten Anweisungen, sagt ihnen, sie sollen dieses durchschneiden, jenes holen… Er hat eine nette Stimme; er ist ein netter Arzt, ein älterer Mann. Er ist recht behutsam.

Frank

Irgendwie erschrecken mich die ganzen Leute. Es ist neu, ich bin daran nicht gewöhnt… Ich möchte aus diesem Kreißsaal heraus. Mir gefällt es hier nicht wegen der vielen Leute, der Lampen.
Hier fühle ich mich nicht sicher, nicht geborgen… Der Raum ist so riesig! Ich wäre lieber in einem kleineren, gemütlichen Zimmer.

Margit

Ich spüre, wie ich herausgezogen werde, mit dem Kopf voran, ich schnappe nach Luft. Jemand schneidet die Nabelschnur durch. Es ist ein komisches Gefühl, draußen an der Luft zu sein, plötzlich zapple und rudere ich mit den Armen. Alles ist so ungeheuer weit und offen; das macht mir Angst. Mir gefallen die Leute mit den Masken über dem Gesicht nicht. Ich starre immer die Masken an. Meine Mami ist die einzige in dem Raum, die normal aussieht!

181

Alles ist fremd. Ich fühle mich fehl am Platz, als ob ich nicht wüßte, was ich hier soll. Der Raum ist überwältigend!

Ich will zurück zu meiner Mutter.

Als sie mich herauszogen, spürte ich, wie sie mich mit dem Kopf nach unten hielten. Jemand gab mir einen Klaps auf den Po. Ich begann zu schreien, und sie drehten mich wieder richtig herum. Ich fand es scheußlich, mit dem Kopf nach unten zu hängen!

Dann legten sie mich auf einen Tisch – das kam mir wirklich komisch und fremd vor. Ich hatte das Gefühl, daß ich gar nicht dort sein sollte. Jemand wischt mich ab.

Alles, was diese Leute mit mir tun, hat niemand vorher mit mir gemacht; es war alles neu, und alles kam mir komisch vor. Sie legten mich mit dem Rücken auf einen Tisch; das war sehr merkwürdig.

Ich kämpfte...

Am häufigsten beklagen sich die Neugeborenen darüber, daß sie von ihrer Mutter getrennt werden.

Anita

Da sind Lampen, grelle Lampen. Und ein Mann mit einer Maske und einer komischen Mütze auf dem Kopf. Er hat Handschuhe an; sie fühlen sich merkwürdig an.

Die Lampen sind zu grell für meine Augen. Ich rudere mit den Armen. Jetzt sind meine Beine draußen und ich weine.

Sie reichten mich jemand, einer Frau. Es ist kalt.

Die Umgebung ist so neu, daß ich ganz verängstigt bin. Ich kann meine Mutter nicht hören. Ich kann meine Mutter nicht spüren, das jagt mir Angst ein.

Dann spürte ich meine Mutter. Nicht wie vorher, aber sie war es – nur einen Augenblick. Dann nahmen sie mich weg.

Ich wurde in einen Raum gebracht und hingelegt. Die Lampen waren sehr, sehr grell. Sie machten mich sauber, wischten mich ab… Dann legten sie mich in etwas wie ein Bett.

Vorher legten sie mich auf eine Waage, die war wirklich kalt. Ich schrie, aber sie nahmen keine Notiz davon. Sie machten ihre Arbeit…

Ich war ganz bestürzt darüber, was da passierte! Ich fand die Leute gemein. Ich wollte zu meiner Mutter. Ich kann sie nicht sehen.

Sie haben mich allein gelassen…

Theresa

Jemand rollt sie [meine Mutter] hinaus. Ich verstehe nicht, warum sie das tun. Ich fühle mich ganz allein mit denen in einem großen Raum.

Sie ist weg. Sie haben sie weggebracht. Ich bin wütend! Das kommt mir so dumm vor! Es gibt keinen Grund, warum sie nicht bleiben sollte…

Die folgenden Berichterstatter, Lisa und Eva, beklagten sich über Spritzen und Augentropfen.

Lisa

Eine Schwester mit weißer Haube kommt, nimmt mich auf und hopst mit mir herum. Sie bringt mich zu einem Tisch und wickelt mich aus der Decke aus. Das ist ein schönes Gefühl! Dann wäscht sie mich ab. Das ist ziemlich kalt.

Die Nadel tat weh. Sie wischt mich mit Alkohol ab und sticht eine Nadel in meinen Po.

Sie lächelt und redet, ist sehr schnell und tüchtig. Sie gibt mir eine neue Windel und wickelt mich wieder in die Decke. Mir gefällt das nicht. Im Arm gehalten werden war schöner.

Sie nimmt mich wieder auf und schwenkt mich herum…

Eva

Es ist so kalt in meinen Augen, und mein Kopf tut immer noch weh. Sie lachen, weil ich schreie.

Und die Stimme meiner Mutter klingt ganz aufgeregt. Sie sagt, sie habe sich ein Mädchen gewünscht.

Sie will mich sehen... Sie sieht das Muttermal auf meinem Bein und sagt:»Das ist echt meine Tochter, sie hat meinen Leberfleck auf ihrem Bein!«

Heftige Abneigung gegen die Säuglingsstation

Mit wenigen Ausnahmen fühlen sich Babys auf der Säuglingsstation elend und einsam. Ein Kind sagte: »Da war niemand, zu dem ich gehörte. Ich kam mir ganz verlassen vor.« Andere sind völlig durcheinander, verwirrt, gelangweilt oder sogar schockiert. Kummer ist das vorherrschende Gefühl. Er ist ansteckend, und oft stimmen die anderen Babys ein und weinen im Chor!

Babys beklagen sich darüber, zu fest eingewickelt zu sein, während sie sich bewegen wollen, auf dem Rücken zu liegen, während sie auf dem Bauch liegen wollen, und warten zu müssen, bis sie gefüttert werden, während sie schon lange hungrig sind. Sie bekommen Kopfschmerzen, Ohrenschmerzen, kalte Füße, werden eifersüchtig, zornig oder niedergeschlagen. Manche entfliehen der grausamen Wirklichkeit in Tagträume. Sandra, die von den neun Monaten »auf stürmischer See« müde war, wünschte, sie könnte den Schwestern begreiflich machen, was sie durchgemacht hat, aber leider gelang es ihr nicht, die Aufmerksamkeit auf sich zu lenken.

Für Helene wurde eine Kleinstadt-Säuglingsstation zum Paradies dank der wunderbaren Säuglingsschwester, einer singenden, summenden, liebevollen Nonne. Schneefälle hatten verhindert, daß die Mutter nach Hause auf ihren einsam ge-

legenen Hof zurückkehrte, und so genoß Helene mehrere
Wochen lang das Vergnügen dieser besonderen Umgebung.

Helene hat eine singende Nonne

Da ist ein Zimmer mit einer Nonne. Sie hat ein blau-weißes
Kleid und eine große Haube, mit Flügeln auf beiden Seiten.
Es ist ein Säuglingszimmer. Sie singt immer, summt einfach
so vor sich hin. Sie liebt die Babys. Es sind nur noch zwei
andere Babys da und viele leere Körbchen.
Es ist gemütlich hier. Ich war ziemlich lange da; es schien, als
ob ich hierher gehörte. Sie ist sehr nett zu uns.
Sie mag mich. Ich bin ein gesundes, starkes Baby. Ich bin
größer als die anderen und einfach zu versorgen.
Ich sehe ständig die Nonne vor mir. Sie ist immer so glücklich! Ich spüre, daß sie uns wirklich liebt. Sie macht alles: hält
uns sauber und füttert uns.
Es ist schön, wenn sie uns auf dem Arm hält, weich und
warm. Uns zu füttern ist für sie keine Arbeit, sondern ein
Vergnügen. Sie spricht mit uns und summt. Sie ist nie in Eile.
Es ist, als ob wir ihr gehörten. Es ist eine sehr friedvolle Zeit.

Sandra

Ich bin auf der Säuglingsstation.
Die Schwestern sind mit den anderen Babys beschäftigt. Ich
bin enttäuscht, daß sie nicht wissen, was ich durchgemacht
habe. Sie nehmen mich einfach nicht zur Kenntnis.
Ich habe etwas sehr Unangenehmes durchgemacht, und es
hat lange gedauert. Sie verstehen es nicht. Ich glaube, es würde helfen, wenn sie es verstehen könnten.
Sie waren freundlich, gönnten mir aber wenig Zeit. Sie machten einen ständigen Wirbel um das eine Baby – fünf oder
sechs Schwestern. Sie schenken mir einfach keine Beachtung.

Mir ist kalt. Ich fragte mich, was mit mir nicht stimmte, was ich tun müßte, um ihre Aufmerksamkeit zu erregen. Aber ich glaube, sie wollen mich einfach nicht beachten; sie halten mich nicht für wichtig.

Ich sehe die Schwestern immer um das eine Bett herumstehen. Dieses Baby muß wirklich etwas Tolles sein! Sie stehen alle ringsherum, beugen den Kopf über das Bett und beobachten das Baby.

Sie schauen dieses Baby mit solchem Interesse an!

Ich fühle mich dauernd übergangen. (*Seufzer*)

Für Doris und Brigitte bedeutet die Säuglingsstation Einsamkeit, Langeweile und Niedergeschlagenheit.

Doris

Ich werde in ein kleines Bett gelegt. Ich habe das Gefühl, im Stich gelassen zu werden… Ich fühle mich unwohl, weil mich niemand auf dem Arm hält und ich ganz allein bin.

Alles sieht so groß aus. Ich fühle mich so klein.

Ich bin ganz alleine…

Brigitte

Ich kann nichts sehen. Und ich kann auch nichts hören. Ich liege einfach wach da. Ich liege sehr lange, lange da und warte auf irgend etwas.

Warten… und nichts passiert. Es ist sehr langweilig… Es ist ganz still, und so einsam.

Es war nicht schön, allein zu sein.

Für Babys, die eine schwierige Geburt hatten und mit ernstlichen gesundheitlichen Problemen zu kämpfen haben, ist die Säuglingsstation sogar ein noch beängstigenderer Ort. Ohne die ständige,

individuelle Zuwendung, die ihnen ihre Mutter bieten könnte, füh-
len sie sich gefährdet. Gruppenversorgung bedeutet, daß sie Frem-
den überlassen werden, die ein- und ausgehen, viele Babys versor-
gen müssen, die Pflegemaßnahmen routinemäßig ausführen und
auf dringende Hilfeschreie vielleicht nicht reagieren. Solche Babys
brauchen die Sicherheit, die ihnen nur ihre Mutter geben kann.
Georg, der Atemschwierigkeiten hatte, beschreibt seine mißliche Si-
tuation in der Säuglingsstation. Er erklärt genau, wie seine Gedan-
ken und Gefühle seinen körperlichen Zustand beeinflussen. Man
spürt, er weiß genau, worüber er redet.

Georg

Ich fühle mich sicher und zufrieden und geborgen, wenn ich
im Arm gehalten werde. Ich fühle mich verletzlich und ängstlich, wenn ich allein bin.
Das Atmen bereitete mir große Schwierigkeiten, manchmal
auch Schmerzen; meist atmete ich nur mühsam. Ich mußte
mich anstrengen, um zu atmen… Manchmal wurde das Atmen sehr schwer.
Die Angst dabei überwältigt einen!
Ich wußte, daß etwas nicht stimmte… Ein paarmal, als das
Atmen sehr schwierig wurde, war niemand da, der mich halten konnte.
Wenn das Atmen schwierig ist, hilft es sehr, wenn man auf
dem Arm gehalten wird. Es nimmt die Angst, und dann wird
das Atmen leichter. Manchmal wird das Atmen sehr schwer,
wenn niemand da ist – was mir sehr lange vorkommt –, und
je länger es dauert, desto mehr Angst bekomme ich.

Jacqueline und Sabine leiden seelisch; sie haben Angst, daß sich
niemand um sie kümmert. Die Pflege, die sie ihrem Gefühl nach
brauchen, ist etwas anderes, als die Schwestern ihnen geben kön-
nen.

Jacqueline

Sie brachten mich in einen großen Raum und legten mich in eine kleine Kiste, gaben mir braunes Zeugs, Vitamine oder sowas, und tropften mir etwas in die Augen. Sie schauten mir in die Ohren und ließen mich dann da liegen.
Ich hatte Angst. Ich war ganz allein.

Sabine

Ich bin in einem kleinen Bett. Ich friere und mein Kopf tut hinten weh. Ich bin einsam, nervös, zittrig. Ich fühle mich ganz verlassen.
Sie haben mich allein in der Säuglingsstation gelassen.

Wie die Väter ja wissen, gehört zur Krankenhausgeburt auch das berühmte Glasfenster der Säuglingsstation, das die Neugeborenen vor der Außenwelt (einschließlich der Väter) schützt. Annette und Maria hatten ganz gegensätzliche Gefühle, als sie ihre Väter durch das Fenster sahen. Maria und ihr Vater hatten eine glückliche Begegnung miteinander, aber bei Annette blieb der deutliche Eindruck zurück, daß sie das »falsche« Geschlecht hatte.

Maria

[Mein Vater ist] wirklich albern. Er grinst. Er ist wirklich albern.
Er grinst und ist ganz aufgeregt. Er ist draußen in einem anderen Zimmer und schaut durch das Glas.
Ich sehe ihn zum ersten Mal. Er schaut wie ein Affe aus! Er ist aufgeregt.
Dann kann er mich auf den Arm nehmen. Er ist glücklich.
[*Kichernd*] Ich bin auch glücklich.

Annette

Ich bin in der Klinik, in der Säuglingsstation. Und die Schwester hält mich auf dem Arm. Sie hält mich und zeigt meinem Vater, daß er ein kleines Mädchen hat.
Aber ich sollte doch ein kleiner Junge sein!
Mein Papa war sehr enttäuscht. Ich hätte Hans werden sollen. Sie hatten den Namen schon ausgesucht. Und dann mußten sie sich schnell für einen Mädchennamen entscheiden.
Er *wußte*, daß er einen Jungen bekommen würde; er war völlig überzeugt davon.

Wieder mit der Mutter zusammen

Die meisten Babys sind erleichtert, wenn sie nach der Zeit der Absonderung in der Säuglingsstation wieder zu ihrer Mutter kommen. Sie wissen, daß sie eigentlich bei ihr sein sollten, spüren aber, daß sie in Kürze wieder weggebracht werden, genau wie nach der Geburt. Für die bevorstehende Wiederholung der früheren Erfahrung nehmen sie bereits innerlich ihre Kräfte zusammen. Wie glücklich oder unglücklich die Wiederbegegnung mit der Mutter verläuft, hängt von der Haltung sowohl der Mutter als auch des Kindes ab.

Susanne nimmt die Trennung übel

Sie brachten mich wieder zu meiner Mutter. Sie war wirklich aufgeregt. Sie nahm mich hoch und hielt mich im Arm. Das war schön, aber ich war wütend auf sie. Sie war wirklich glücklich, aber mir war jetzt alles egal. Sie hatte mich verlassen. Ich hatte einen großen Zorn auf sie.
Als sie mich im Arm hielt und so lieb zu mir war, vergaß ich, wie wütend ich war.

Jacqueline

In ihrem Zimmer hält sie mich im Arm, stillt mich. Das gefällt
mir. Ich fühle mich geborgen. Sie nennt mich beim Namen.
Sie sagt mir, daß sie mich liebhat und daß ich hübsch bin.
Dann bringen sie mich wieder weg!

*Dagmars Mutter war erst einundzwanzig Jahre alt, auf ein Kind
gar nicht vorbereitet und sichtlich nervös. Sie tat aber ihr Bestes,
und konnte ihre Liebe zeigen.*

Dagmar verstand ihre Mutter

Sie hält mich und ich bin in einer weißen Decke eingewickelt.
Sie schaut mich an, berührt mich. Ich fühle mich geborgen
und warm in ihren Armen. Mir ging es jetzt besser… nicht
mehr in einer Kiste eingesperrt. Ich fühlte mich sicherer.
Sie war unsicher, wie sie mich halten sollte. Sie wußte nicht,
ob sie mich richtig hielt. Sie schien nervös, aber aufgeregt und
glücklich. Sie versuchte es immer wieder neu, mal mit dem
einen, mal mit dem anderen Arm…
Ich sehe, wie sie im Klinikbett sitzt, den Rücken auf Kissen
gestützt. Und sie sitzt da und gibt mir eine Flasche. Das
schmeckt nicht besonders gut. Es schmeckt wie Vitamine…
Ich schlafe und bin sehr ruhig. Kuschelig.

Bettina

Die erste Milch kam von der Brust. Und das war die schlimm-
ste! Sie schmeckte nach Zorn. Sie hatte einen galligen Geschmack…
Mich mochte einfach niemand. Niemand wollte mich haben.

*Als Eva ihre Mutter wiedersah, kam auch ihr Vater zu Besuch.
Während ihre Eltern sich unterhielten, fühlte sie sich wie ein Ge-*

genstand, nicht als Person, und war nicht sicher, ob sie ihre Eltern besonders mochte.

Eva

Ich bin wohl im selben Zimmer [wie sie]. Ich kann ihre Stimme hören, dann die Stimme meines Vaters. Sie reden aufgeregt über die Geburt.
Dann kommt er und schaut mich an. Aber er nimmt mich nicht auf den Arm. Er stupst mich nur mit dem Finger an. Er sagt etwas Blödes wie »dutzie, dutzie«.
Er weiß nicht, daß ich eine Person bin; ich bin ein *Ding*, das »Baby« genannt wird. Er sagt, »jetzt ist Schluß mit Babys, dieses war schon schwierig genug.«
Ich fand nicht, daß ich so schwierig gewesen bin.
Ich glaube nicht, daß ich diese Leute besonders mag. Ich bekomme Kopfschmerzen von ihnen… Sie glauben nicht, daß ich eine Person bin. Ich weiß aber, daß ich eine bin.

10 Fußangeln

Durch die Spannungen bei der Geburt und in den familiären Beziehungen machen sich starke Gefühle Luft, und mancher sagt Dinge, die er später gern zurücknehmen würde. Männer geben ihren Frauen die Schuld, Frauen ihren Männern, vielleicht beide ihrem Baby, und empfindsame Babys machen sich manchmal selbst verantwortlich. Solche Schuldzuweisungen sind irrationale Selbsttäuschungen, verletzen aber trotzdem. Es gibt noch mehrere solche emotionalen Gefährdungen rund um die Geburt.

Wie viele andere Umbruchsituationen – etwa der Schulbeginn, der Auszug von Zuhause und die Pensionierung – hat auch die Geburt ihre Tücken. Schlimme Erfahrungen bei diesem heiklen Ereignis können bleibende Schäden hinterlassen, Narben, die eher seelisch als körperlich sind.

Solange man dachte, Babys hätten keine Gefühle, keine entwickelten Sinnesorgane und keine Gedanken, schienen Bedenken wegen eines »Geburtstraumas« unberechtigt und wurden wenig beachtet. Jetzt wissen wir, daß Babys intelligente und fühlende Wesen sind, und wir müssen uns erneut Gedanken über ihre geistige und emotionale Verwundbarkeit machen.

Nicht jede Geburt verläuft glücklich. Sind Ärzte, Schwestern und Eltern so gefühllos, daß sie das Neugeborene nicht als Person ernst nehmen, können sie das Ereignis durch gedankenlose Witze, Kritik oder düstere Kommentare über das Aussehen oder die Zukunft des Kindes verpatzen. Die Therapeuten können ein Lied davon singen, wie oft solche unbegründeten Bemerkungen zum Krankheitskeim werden –

buchstäblich Krankheit erzeugen. Genau wie Schwangere den Kontakt mit chemischen Teratogenen, die zu körperlichen Mißbildungen führen, vermeiden sollten, müssen sich alle bei einer Geburt Anwesenden vor den seelischen Teratogenen hüten, die die kindliche Psyche verletzen.

Eltern können ihre Kinder emotional verletzen durch Drohungen, Ablehnung oder rohe Bemerkungen, hinter denen ungelöste persönliche Probleme stecken. Die Schwangerschaft ist eine ideale Zeit zur Heilung von Körper, Geist und Seele, und viele Probleme lösen sich lange vor der Geburt. Ungelöste Probleme können dazu führen, daß schon das Neugeborene leiden muß und die Beziehungen in der Familie auf Jahre hinaus gestört sind.

Für manche Neugeborenen ist die erste Begegnung mit Mutter, Vater, Geschwistern und anderen Verwandten unheilvoll. Sie sehen sich in eine vergiftete Atmosphäre voller Ängste, Zorn, Niedergeschlagenheit oder Scham versetzt. Sogar schon im Mutterleib spüren es die Babys, wenn der Familienkrieg tobt. Draußen müssen sie lernen, mit unglücklichen Eltern, feindseligen Verwandten, eifersüchtigen Geschwistern und frustriertem Klinikpersonal zurechtzukommen.

Was die Mütter im Innersten empfinden, was sie zu ihren Babys sagen und wie sie sich ihnen gegenüber verhalten, ist von entscheidender Bedeutung. Fehlt den Müttern emotionaler Rückhalt, können sie ihren Babys womöglich selbst wenig geben: wenig Liebe, wenig Milch und wenig mütterliche Fürsorge. In unkontrollierten, scheinbar unbeobachteten Augenblicken können bei Vater oder Mutter schreckliche Gefühle zum Ausbruch kommen, die durch keinerlei Überlegung oder Beherrschung gezügelt werden, während das Baby aufmerksam zuhört.

Die Macht der Ablehnung

Die folgenden Geschichten schärfen das Bewußtsein für den Schaden, den Ablehnung verschiedenster Art hervorrufen kann. Sophie wird abgelehnt, weil sie nicht das »richtige« Geschlecht hat – eine Klage, die ich von vielen meiner Patienten zu hören bekomme. Die Ablehnung, der sich Angela und David gegenübersehen, ist noch einen Grad schlimmer, denn sie sind überhaupt unerwünscht. Die Folge: beide sind traurig und haben das Gefühl, es werde ihnen etwas vorenthalten. Hätten sich ihre Mütter klargemacht, wie empfindsam und klug Neugeborene sind, hätten sie vielleicht einen Weg gefunden, ihrem Baby einen besseren Start im Leben zu ermöglichen.

Sophie

Sie wünschte sich einen Jungen. Danach schaute sie als erstes. Sie wollte wissen, ob ich ein Junge oder ein Mädchen war. Sie wollte einen Jungen; sie weint.
Sie wollte mich einfach nicht in den Arm nehmen. Ein Mann kam herein, er hielt mich auf dem Arm. Er lächelt; er wirkt glücklich. Sie wollte mich nicht neben sich auf dem Bett liegen haben. Er beginnt, mich hinzulegen. Sie sagte »Nein«, und er legte mich in ein Babybett. [Sie sagte] »Nein... ich will sie hier nicht haben.« Ich bin verletzt. Und ich habe Hunger. Er wurde wütend auf sie, verließ das Zimmer und schlug die Tür zu. Sie weinte und weinte. Sie tat mir leid. Ich bin hungrig, ich fange an zu weinen. Der Mann kam mit einer anderen Frau zurück... Sie hatte Milch und fütterte mich; sie stillte mich. Ich fühlte mich warm und behaglich. Sie gab mir noch oft zu essen... Sie legte mich ins Bettchen zurück und ich schlief ein.

Angela

Die Schwester [hält mich]. Jetzt der Arzt. Ich bin ein prima
Mädchen, ein wirklich prima Mädchen, sagt der Arzt. Ich bin
hier! Es ist gut, daß ich hier bin, gut, daß ich draußen bin! Der
Arzt ist auch glücklich; jeder scheint glücklich zu sein.
[Meine Mutter] sagt: »Ich kann es nicht nehmen.« Ich bin kein
Es! Ich bin ein schönes Mädchen! (*Beginnt zu schluchzen.*) Sie
will mich immer noch nicht haben. Sie liebt mich nicht. Sie
haßt mich… Sie sagte es mir. Und sie will mich nicht auf den
Arm nehmen. (*Weint immer noch.*) Und ich war so glücklich!
Ich bin traurig. Sie liebt mich nicht. Sie will mich nicht halten.
Ich friere und fühle mich einsam… (*Im Flüsterton*) Ich werde
ganz still sein, dann wissen sie nicht, daß ich hier bin. Ich bin
so traurig. Ich wäre gern allein, um traurig zu sein.

*Bei Davids Geburt war die Atmosphäre gezwungen und still – mehr
wie bei einem Begräbnis, sagte er später. Es lief sehr geschäftsmäßig
ab. Er wurde bei der Geburt zur Adoption freigegeben. Niemand
war glücklich, ihn zu sehen.*

David

Ein Mann packte mich am Bein; er umfaßte meinen Knöchel.
Jemand sagte: »Es ist ein Junge«… Hinter dem Arzt steht ein
Mann im Anzug und einem Krankenhauskittel darüber, mit
einer Maske und einer Mütze.
Es ist sehr still. In diesem Raum herrscht keine Freude. Ich
spüre, daß niemand sich freut, mich zu sehen.
Der Arzt hielt mich mit einer Hand an den Füßen. Es tat mir
gut, als er mich beim Hinlegen mit einem Arm abstützte. Es
war das erste Zeichen, daß sich jemand um mich kümmerte.
Mein Gesicht wird abgewischt. Jetzt schaut er, ob ich in Ordnung bin, steckt mir einen Finger in den Mund…

Im ganzen Raum herrscht Schweigen, als ob der Tod im Zimmer wäre. Es ist ganz anders, als ich mir einen Kreißsaal vorstelle. Ich dachte, daß jeder sehr nett und glücklich wäre. Statt dessen ist alles geschäftsmäßig. Und niemand in diesem Raum ist nur eine Spur glücklich.

Was im Plauderton dahergesagt wird, kann ungeahnte Bedeutung annehmen. Bei Helene und Brigitte wurde die scheinbar leichte Plauderei zwischen Arzt und Mutter, ob sie das Kind »behalten« wolle, zur starken psychischen Belastung.

Helene

Ich bin in ihrem Zimmer in der Klinik. Der Arzt ist da. Ein großer, dünner Mann; er spricht mit ihr. Sie will mich nicht. Ich bin kein Junge.
Er sagte, er würde mich zu sich nach Hause nehmen, wenn sie mich nicht haben wolle. Ich bin ein »schönes, gesundes Baby«. Wenn sie mich nicht will, er aber schon, würde ich lieber bei ihm bleiben.
Sie ist wirklich enttäuscht. Ich kann doch nichts dafür! Mein Vater wird enttäuscht sein, wenn er kommt, weil auch er immer einen Jungen haben wollte; er hat früher immer davon gesprochen. Er braucht Hilfe auf dem Hof…
Mir gefällt es nicht hier bei meiner Mutter… Der Arzt steht direkt neben dem Bett. Ich möchte zurück zur Säuglingsschwester. Da gefällt's mir besser. Der Nonne ist es egal, ob ich ein Junge oder ein Mädchen bin. Sie liebt uns alle.

Brigitte

Meine Mutter hält mich in ihrem Bett auf dem Arm. Der Arzt kommt herein, ganz eifrig und geschäftig.
»Glauben Sie, Sie werden sie behalten?« fragt er. »Das müssen wir jetzt wohl, nicht wahr?« sagt sie.

196

Verwirrend. Soll ich annehmen, sie wollen mich nicht?
Der Arzt sagt: »Sie können sie nicht zurückschicken.«
Er ist ein fetter Arzt. Er zwickt mich, geht grob mit mir um.
Ich weine, was er gar nicht beachtet. Ich mag ihn nicht, er ist
ein Widerling!
Mutter lächelt ihn an. Ich frage mich, auf wessen Seite sie
steht.
Der Arzt sagt, an mir »fehlt nix«, und gibt mich ihr ganz
zerzaust zurück.

Feindseligkeiten

Bei ihrer Ankunft in dieser Welt sehen sich manche Babys
mitten in einen Familienkrieg hineinversetzt, dessen Aus-
gang alles andere als sicher ist. Sandra hat eine minderjährige
Mutter, die erfolglos darum kämpft, sie zu behalten. Dabei
versiegt die Muttermilch. Marias Mutter, ebenfalls noch keine zwanzig, schreit, weil ihr das Baby weggenommen wird,
bevor sie dazu bereit ist. Das Baby wünscht sich, die Dinge
wären geregelt. Auf die Begrüßung folgt sofort der Abschied.
In Jacquelines Familie geht die Feindseligkeit vom Vater aus,
der wegen der Geburtskosten tobt. In Christas Familie droht
Gefahr von den Schwestern.

Sandra

Es ist Zeit zum Essen, aber es gibt nichts. Keine Milch Ich bin
hungrig… aber keine Milch. Ich sauge und sauge, aber es
kommt nichts. Ich war verletzt; Mami liebte mich nicht genug, um Milch für mich zu haben…
Alles ist weiß, außer Mami; sie ist hübsch und rosa, kuschelig,
warm und zärtlich. Ich bin auf ihrer linken Seite, sie hält mich
dicht an sich gedrückt. Sie sagt: »Du bist ein hübsches kleines

Baby!« Sie erzählt mir, ich hätte eine Nase und ein Gesicht voller Falten. Sie findet das hübsch. Sie küßt meine Finger und schaut meinen Bauchnabel an…

Es ist ruhig. Sie weint. Sie wünschte, Papi wäre auch bei uns. Mama hat Angst und weint. »Ich weiß nicht, wie ich für ein Baby sorgen soll. Armes Baby!«

Lauter Tränen… »Ich weiß nicht, wie ich mein Baby versorgen soll! [Tante] Margaret will es. Ich will nicht, daß Margaret mein Baby nimmt; ich werde mich verstecken.«

Mutter fürchtet sich vor Margaret. Margaret wird mich zu sich nehmen, wenn sie kann.

»Wir können nicht weglaufen. Wir können nirgendwo hin, und niemand hilft uns!«

Es war gar nicht mehr warm und kuschelig. Ich habe Angst, sie wird mich verlassen. Ich will nicht, daß sie weggeht; ich will es wieder kuschelig haben. Ich möchte wieder auf ihren Arm.

Mutter sagt: »Sie werden nicht gewinnen. Sie können mein Baby nicht bekommen, das *können* sie einfach nicht. Sie werden sie nicht kriegen, zum Teufel nochmal! Ihr [künftiger] Name ist Sandra, nicht Barbara. Ich werde tun, was ich für richtig halte!«

Ich will bei Mama sein. Ich will nicht, daß Mama weint. Wenn Mama weint, bin ich unglücklich.

»Ich will sie behalten…« Mutter drückt mich an sich. »Wir werden es schaffen; es wird schwierig sein.«

Dann kam die Schwester. Ich bin sehr müde. Die Mahlzeit ist vorbei. Es hat keine Milch gegeben.

Maria

Ich erinnere mich nicht an andere Babys. Es war kein Krankenhaus. Es war ein Heim für Mädchen, die keinen Mann hatten…

Meine Mutter schrie, weil sie nicht wollte, daß ich ihr weggenommen wurde. Ich wollte etwas sagen, aber ich konnte
nicht.
Ich weinte. Ich weinte einfach, weil ich nicht verstand. Ich
verstand nicht, was da vor sich ging. Ich wollte, daß alles
weiterhin sicher und warm bleiben sollte. Ich wollte, daß sie
mich wieder dorthin brächten, woher sie mich genommen
hatten.
Im Kreißsaal habe ich meine Mutter, glaube ich, sagen hören:
»Ich liebe dich… ich will dich.« Ich konnte nichts sagen. Ich
war frustriert, weil ich sagen wollte: »Ich verstehe« oder: »Ich
liebe dich auch« oder so etwas.
Ich glaube, sie schrie und weinte: »Nehmt sie noch nicht
weg!« Aber ich konnte nichts sagen; ich wußte nicht, wie. Ich
wollte ihr sagen, daß es in Ordnung war, daß ich sie liebte,
egal was passierte, und daß ich versuchen würde, sie wieder-
zusehen. Aber das ist nie geschehen. Ich lebte bei jemand
anders.
Und ich wollte mehr darüber erfahren, was mit ihr passiert
ist, aber es ist mir nie gelungen. Sie erzählten mir [später] ein
paar Dinge über sie, aber vor allem, daß sie einfach schön war
und Musik liebte, aber freizügig mit Männern war. Sie sagten,
sie sei eine »Schlampe« und alles mögliche Schlechte. Aber
das war sie nicht; das glaubten sie nur von ihr.

Jacqueline

Sie brachten mich zu meiner Mutter hinein, und sie zog mich
an. Sie nahm mich auf den Arm. Meine Großmutter kam, und
dann gingen wir hinaus.
Es war kalt. Sie hatten mich dick in Decken eingewickelt.
Dann war mein Vater da. Ich wußte nicht, was los war. Mein
Vater war wütend wegen dem Geld und der Stereoanlage. Er
sagte, wir hätten nicht genug Geld für noch mehr Babys. War-

um hätte sie auch noch ein Baby gekriegt! Sie könnten es sich nicht leisten. Er wollte mich nicht haben.

Ich war verwirrt. Er schrie herum. Das machte mir Angst. Meine Mutter hielt mich ganz fest an sich gedrückt.

Er sagte, er hätte nicht genug Geld. Er hätte die Stereoanlage versetzen müssen, um alles zu bezahlen.

Christa

Ich kann es kaum glauben! Es ist, als ob ich nach dem Klinikaufenthalt in den Armen meiner Mutter nach Hause komme. Ich bin unten in unserer Wohnung im Haus meiner Großeltern. Ich bin von der Klinik mit dem Auto hergefahren. Ich war gerade zur Tür hereingekommen, als meine Schwestern kamen und mich anschauten. Sie sagten, »Igitt! Ganz rot und schrumpelig. Wir wollen es nicht.«
Von Anfang an fühle ich mich nicht willkommen. Ich fühle mich wie ein Eindringling. (Ich kann mich nicht daran erinnern, mich jemals *nicht* so gefühlt zu haben.)…
Jetzt liege ich in einem Bettchen, und meine Schwestern beugen sich über mich, sagen mir, daß sie mich nicht haben wollen, und daß ich kein Recht dazu habe, hier zu sein, und daß ich ihnen ihr ganzes Leben verpfuscht habe!

Die Last der Angst

Die Geburt, ein wunderbar vielschichtiger Prozeß des Übergangs, hält für alle Beteiligten den einen oder anderen Anlaß bereit, sich zu ängstigen. Angst bei den Eltern oder dem Klinikpersonal teilt sich dem Baby rasch mit. Unter Hypnose abgegebene Geburtsberichte lassen darauf schließen, daß Babys Angst bekommen, wenn etwas mit der Blut- und Sauerstoffversorgung schiefgeht. Babys geraten in Panik, wenn die

Nabelschnur zusammengequetscht wird oder sich um das Köpfchen wickelt. Sie wissen, wann sie das Bewußtsein verlieren, und fürchten die Folgen.

Manche Babys äußern die Angst, daß sie erdrückt werden, ihr Köpfchen zerquetscht oder vom Arzt »abgerissen« wird. Andere fürchten sich vor dem Kreißsaal, den Spritzen oder dem Brutkasten. Sie haben Angst, mit Fremden allein gelassen, von ihrer Mutter getrennt zu werden oder in der Säuglingsstation zu liegen, ohne gefüttert und versorgt zu werden.

Auf Helga wirkte das Gespräch zwischen Ärzten und Schwestern verstörend. Sie hatte bei der Geburt Atemschwierigkeiten, und sie bekam mit, wie gesagt wurde, man hätte Angst, sie vielleicht zu »verlieren«. Daraus folgerte Helga, Alleinsein sei gefährlich. Dreißig Jahre später, als sie zur Psychotherapie zu mir kam, steckte diese Angst immer noch in ihr.

Unter Hypnose wurde sie sich langsam der erschreckenden Worte bewußt, die sie damals über ihren Zustand hatte sagen hören, aber sie wollte sich nicht so recht daran erinnern. Als sie schließlich dazu bereit war, berichtete sie:

Helga

Mir geht es schlecht. Es tut weh in meiner Brust; ich kann nicht gut atmen. Ich liege bloß da [alleine]. Ich habe Angst. Ich hatte eine Lungenentzündung.

Da ist eine Schwester. [Sie sagt:] »Es ist alles in Ordnung.« Sie schaut auf mich herab, berührt meinen Kopf. Ich fühle mich besser; ich entspanne mich…

[Sie sagen] ich bin krank, und sie machen sich Sorgen. Müssen es im Auge behalten, dafür sorgen, daß es nicht schlimmer wird. Sie werden jemand bei mir lassen. Sie könnten mich verlieren. Das sagten sie.

Ich habe Angst. Ich will nicht gehen. Ich war nicht sehr lange hier. Ich bin klein…

*Wie Helga bekommt auch Marlene Angst durch etwas, was Er-
wachsene gesagt haben, in diesem Fall ihre Mutter. Irgendwie erkennt sie die Gefahr hinter den seltsamen Bemerkungen ihrer Mutter; sie entwickelt sofort eine Abneigung gegen sie.*

Marlene

Jetzt bin ich geboren; das gefiel mir überhaupt nicht. Es gab
so viel Durcheinander, jeder wuselte um uns herum. Es war
einfach nicht mehr ruhig. Ich glaube, ich hatte seither nie
mehr diese Ruhe! Immer war der Teufel los.
Vermutlich sollte ich es nicht sagen, aber ich glaube, ich haßte
meine Mutter. Ich haßte sie seit meiner Geburt. Ständiges Ge-
rede und Wirrwarr. Ich konnte sie nicht zufriedenstellen.
Sie sagte zu mir: »Warum bist du hier? Ich weiß nicht, wie ich
für dich sorgen soll.« Ich höre sie immer wieder sagen: »Du
taugst nichts«, und ich verstehe es einfach nicht. Ich habe
nichts falsch gemacht.
Sie sagte, sie liebe mich, und doch redete sie solches Zeug.
Eine Minute war sie nett, die nächste nicht. Sie war sehr ab-
hängig von Gefühlen.
Die Krankenschwester war da, und sie mochte mich. Und
mein Papi mochte mich auch, das merkte ich. Sogar meinem
Bruder gefiel es, daß ich gekommen war. Er kam herein, um
mich anzuschauen, und brachte ein paar andere Kinder mit,
die mich sehen sollten.
Dr. T. war nett… ich mochte ihn auch.
Aber von meiner Mutter wurde ich nicht akzeptiert.
Als ich geboren war, sagte meine Mutter, ich sei ein Junge! Jeder sagte, ich sei ein Mädchen… Als dann mein Vater herein-
kam, sagte ihm meine Mutter, ich sei ein Junge. Ich wußte
nicht, was ich davon halten sollte; es war für mich zu verwirrend. Es war schwer für mich, mich dieser Welt anzupassen…

202

Jakob ist voller Angst und protestiert laut gegen die Art, wie man mit ihm im Kreißsaal umgeht, aber eine tiefere Angst beginnt in ihm aufzusteigen, als ihn seine Mutter zum ersten Mal berührt. Etwas stimmt nicht. Er spürt, daß er nicht um seiner selbst willen geliebt wird, sondern als Mittel, um die Ehe zu kitten. Er fürchtet sich vor der Zukunft.

Jakob

Die Lampen im Kreißsaal sind zu grell. Ich schreie, ich habe Angst.

Es ist kalt, und ich merke ganz deutlich, wie ich an den Füßen hochgehalten werde. Ich versuche, mich richtig herum zu drehen. Blödmann von einem Arzt! Haut mich und hängt mich so nach unten!

Ich empfinde eine sehr gesunde Arroganz. Als ich geboren wurde, war ich wunderbar arrogant. Ich spürte in mir eine phantastische Weisheit, als ich da an den Füßen gehalten wurde, war aber auch enttäuscht, daß ich nichts anderes tun konnte als schreien.

Der Arzt bringt mich herüber, samt Nabelschnur und allem. Meine Mutter streckt die Arme nach mir aus und nimmt mich. Aber es ist eine Berührung ohne Berührung. Ich werde berührt, werde aber doch nicht berührt. Gehalten, aber nicht liebkost. Das wurde mir bewußt, als ich zum ersten Mal an die Brust meiner Mutter gelegt wurde. Es war wie: »Da sind wir also; wir haben eine lange Durststrecke vor uns!«

Ich sollte ihre Probleme [die der Eltern] lösen, sie wieder zusammenführen. Ich sollte das Leben schön machen, aber ich machte es nur schwierig.

Ich war für sie ein Gesprächsgegenstand.

Auf dem Heimweg von der Klinik spürte Judith, daß die Lage zu Hause angespannt war. Schwierigkeiten warteten auf sie. Sie wuß-

*te, daß sich ihre Mutter wegen der anderen Kinder in der Familie
beunruhigte.*

Judith

Es ist wirklich hell und sonnig. Wir müssen lange fahren. Ich
bin vorne in den Armen meiner Mutter.

Ich glaube nicht, daß sie nach Hause möchte. Jemand wird da
sein; ich glaube, Verwandte… Wenn wir heimkommen, werden wir keinen Frieden und keine Ruhe haben; das spüre ich
einfach.

Mutter hält die Hand über die Stirn und schaut aus dem Fenster. (*Besorgt*) Ich weiß einfach nicht, was passieren wird.

Ich habe das Gefühl, ich sollte lieber schlafen. Ich sollte lieber
niemandem lästig fallen; ich sollte lieber ein braves Baby sein.
Mein Bruder und meine Schwester sind ziemlich wild, und es
wird schrecklich sein. Sie sind nicht gut; ich weiß, sie sind
nicht gut. Ich spüre, daß sie bei der ersten Gelegenheit, die sie
kriegen, etwas tun werden. (*Seufzt schwer*).

Auch ich will einfach nicht nach Hause gehen. Wir werden
Probleme bekommen, und ich bin einfach zu klein [um den
Familienfrieden aufrechtzuhalten].

Wunden durch kritische Bemerkungen

Als Psychologe, der anderen dabei hilft, die Ursache ihrer
Qualen herauszufinden, habe ich oft den langfristigen Schaden gesehen, den kurzsichtige Bemerkungen bei der Geburt
angerichtet haben. Während alles, was zu anderen Zeiten so
gesagt wird, immer im größeren Zusammenhang gesehen
werden muß, scheinen die Worte bei einer Geburt unge-
wöhnliche Macht zu besitzen. Kritische Bemerkungen, die zu
einem anderen Zeitpunkt im Leben leicht an einem abprallen

würden, schlagen ein wie der Blitz und prägen sich ins Bewußtsein ein. Die Folge ist Krankheit und Leiden, die viele Jahre später eine Behandlung erfordern.

Hier sind einige Beispiele dafür, was zu meinen Patienten bei ihrer Geburt so alles gesagt wurde. Wie sich später herausstellte, schadete alles der geistigen oder körperlichen Gesundheit und machte Jahrzehnte später eine Therapie nötig.

Arzt zu Schwestern:	»Mensch, das sieht ja kränklich aus!«
Schwester zu Eltern:	»Wir tun unser Bestes für ihn, aber wir können für nichts garantieren.«
Arzt zu Schwestern:	»Schaut mal die an! Wir haben Glück, daß sie überhaupt geboren wurde, bei allem, was mit ihr nicht stimmt!«
Schwester zur Schwester:	»Noch ein Mädchen; sie ist dürr.«
Vater zur Schwester:	»Sie ist nicht wichtig; kümmern Sie sich um die Mutter.«
Mutter zur Bettnachbarin:	»Schauen Sie sich ihre haarigen Ohren an.«
Mutter ängstlich zum Arzt:	»Was stimmt nicht mit ihrem Kopf?«
Mutter zum Arzt:	»Warum haben Sie ihr nicht einfach die Nabelschnur um den Hals gewickelt und sie erwürgt?« (Es überrascht nicht, daß diese Tochter sagte, sie hätte ihre Mutter vom ersten Tag an gehaßt.)

Ida

Sie fanden, ich sei ein häßliches Baby. Alle Verwandten machten Bemerkungen darüber. Sie nahmen kein Blatt vor den Mund. Sie machten Witze über meine Augen, weil sie so starrten. Sie sagten, ich hätte wie ein Frosch ausgesehen, weil ich die Augen wirklich weit aufriß, als ob ich Angst hätte.

Stephans Erfahrungen zeigen, wie negative Eindrücke während der Wehen und der Geburt erzeugt werden können. Als die Geburt immer schwieriger wurde, fing der Arzt schließlich an zu fluchen; er machte dem Baby Vorwürfe, überschüttete es mit sarkastischen Bemerkungen und zog es ins Lächerliche. Seine Worte, die in höchster Not und Lebensgefahr geäußert wurden, hatten auf Stephan eine machtvolle Wirkung.

Stephan

Ich stecke fest! Ich kann meine Schultern nicht bewegen. Der Arzt zieht an meinem Kopf.
Mein Kiefer tut weh; er drückt ihn, zieht daran. Oh, mein Mund! Er zieht immer fester. Das Ziehen tut immer mehr weh…
Es tut so weh… Meine Schultern sind fest eingeklemmt, und der Arzt zieht und ich kann nicht heraus!
Er schreit mich an und zieht. »Pressen!« schreit er… »Pressen! Pressen!«
Mein Körper wird langsam taub.
Er zieht an meiner rechten Schulter und versucht, einen Arm herauszubekommen. Er arbeitet mit den Händen und packt mich irgendwie, um mich herauszuziehen.
Ich spüre, wie alles taub wird. Ich habe das Gefühl, meine Knochen werden brechen, so eng bin ich eingeklemmt!
Die Öffnung ist so weit, wie sie sein kann, und meine Mami

206

weint und preßt. Sie ist überhaupt nicht entspannt. Sie ist
angespannt, ich bin auch angespannt, und der Arzt wird
wirklich *wütend*, weil ich nicht herauskomme, wie ich soll.
Und er zerrt immer stärker an meiner rechten Schulter. Ich
habe das Gefühl, ich sitze in der Falle! Dann zieht er an meinen Kopf. Er packt mich ums Kinn und am Nacken und zieht
mich vorn und hinten, in einer Art Wackelbewegung, zieht
erst an einer Seite, dann an der anderen und versucht, eine
Schulter zuerst herauszubekommen.
Er versucht, die Sache zu beschleunigen. Er sagt, ich muß
bald atmen. Wahrscheinlich zerrt er deswegen so fest an meinem Kopf und meinem rechten Arm. Er ist grob!
Er sagt gemeine Sachen, nichts Nettes. Er ist frustriert, weil
ich mich nicht fallen lasse und nicht reagiere; ich bin kein
normales Kind, ich tue nicht, was von mir erwartet wird.
Ich weiß nicht genau, was von mir erwartet wird!
Er sagt: »Frau E., Sie haben ein dickköpfiges Kind; er ist nicht
ganz normal, so wie die anderen Kinder. Die sollen ihre Hände nach unten fallen lassen, und er tut das nicht. Er klammert
sich fest, und ich versuche, ihn herauszuziehen, und er wehrt
sich dagegen, ich weiß nicht, warum…«
Er sagt keine sehr netten Dinge über mich. Er sagt, ich mache
ihm Schwierigkeiten, ich sei schwierig. Er sagte zu Mutter,
daß ich ein schwieriges Kind werden würde. Das ist nicht
wahr. Ich werde kein schwieriges Kind sein, aber das sagte er.
Was er da über mich sagte, war albern, aber jeder stimmte
ihm zu; niemand ergriff meine Partei. Ich wollte sagen:
»Nein, das stimmt gar nicht!«, aber sie würden gar nicht zuhören.
Er nannte mich einen kleinen Scheißer! Er sagte: »Wahrscheinlich wird der kleine Scheißer überall zu spät kommen!«
und er lachte, als ob das ein Witz wäre. Alle lachten…
Ich wußte nicht, was vor sich ging, aber er sagte, es wäre alles
meine Schuld – diese Worte höre ich *so* deutlich!

Ich hatte das starke Bedürfnis, etwas zu sagen, aber ich konnte nicht. Ich konnte nichts sagen, ich wußte nicht, wie. Aber ich wollte es so sehr. Alle lachten, und ich fühlte mich schrecklich.

Dritter Teil
Die Geburt – von innen gesehen

11 *Beate war sich ihrer selbst bewußt*

Alle Geburtsberichte zeigen die Aktivität eines wachen Geistes, aber wenige enthalten so handfeste Aussagen und Anzeichen eines Bewußtseins wie Beates Bericht.

Schon als sie erst zur Hälfte aus dem Körper ihrer Mutter heraus war, begann Beate eine Reihe scharfer Beobachtungen zu machen. Der Arzt ist mit etwas anderem beschäftigt; eine Schwester, die sich um die Mutter kümmert, ist die erste, die die Ankunft des Babys bemerkt. Weil die Fingerchen blau sind, herrscht beim Personal leichte Aufregung, und Beate wandert von einem zum anderen; man drückt, zieht und reibt an ihr in einer Weise, die sie für unnötig hält. Sie hat die innere Sicherheit, daß mit ihr alles in Ordnung ist, und versucht, das den anderen mitzuteilen, aber niemand hört ihr zu. Als ihre höchst energischen Verständigungsversuche nicht beachtet werden, wird Beate wütend und will »auf jemand einschlagen.«

Beate nimmt feinfühlig wahr, was in ihrer Mutter vorgeht, und sie bemerkt, daß ihre Mutter sehen möchte, was geschieht, aber auf die Liege zurückgedrückt wird. Beate will, daß ihre Mutter weiß, ihr geht es gut, ihr ist nur kalt. Später bemerkt sie, daß ihre Mutter immer noch bekümmert aussieht, nicht sicher ist, ob alles in Ordnung ist, und ein wenig weint, »aber nicht wie vorher.«

Der Bericht schließt mit einer triumphalen Selbstdarstellung frühkindlicher Intelligenz, als Beate ihr Wissen mit dem des Klinikpersonals vergleicht. Sie sagt, sie hätte sich mehr als Geist denn als Person wahrgenommen, und spricht davon, sich intelligent zu fühlen, was sie dann erklärt. Sie zog den

Schluß, sie sei intelligenter als ihre Betreuer, weil sie die wirkliche Situation *drinnen* kannte, während die anderen nur die Außenseite zu kennen schienen. Auch war sie ihnen überlegen, weil sie ihre Mitteilungen verstehen konnte, während das Personal unfähig war, die Botschaften des Babys zu entschlüsseln.

Aufgepaßt, hier bin ich!

Der Arzt schaut sich nach irgend etwas um.

Ich komme heraus, aber nur meine Augen, glaube ich. Mein Körper fühlt sich warm und eingehüllt an, aber mein Kopf wird allmählich kalt, und ich sehe diese vielen Leute und den hellen, gelben Raum.

Der Arzt hat schwarze Haare und einen weißen Kittel und schaut auf ein Tablett mit Instrumenten. Er steht von mir abgewandt. Ich glaube nicht, daß er weiß, daß ich herauskomme.

Jemand sollte ihm sagen, daß ich komme! Ich glaube, ich werde es einfach alleine tun. Er wird sich umdrehen, und ich bin einfach schon da. Ich weiß nicht, wonach er sucht; es ist bestimmt etwas Wichtiges.

Eine der Schwestern beobachtet meine Mutter, und dann merkt sie, daß ich da bin. Sie hat blonde Haare und ein weißes Kleid und einen weißen Hut.

Ich fühle mich ganz kalt und eklig. Ich fühle mich nicht wohl. Eine Gruppe von Menschen greift nach mir, als ob sie nicht entscheiden könnten, wer mich nehmen soll. Ich will nicht, daß irgend jemand mich nimmt.

Ich glaube nicht, daß mir das besonders gefällt. Ich glaube, ich will wieder nach drinnen zurück. Ich mag diese vielen Leute nicht, diese Hände. Sie ziehen an mir. Ich glaube, sie haben Schwierigkeiten, den Rest von mir herauszubekommen.

Ich bin draußen, aber ein Teil von mir noch drinnen, der Rest der Nabelschnur und das ganze Zeug. Sie reichen mich immer noch von einem zum anderen, vom Arzt zu den Schwestern. Ich wünschte, sie würden sich endlich entscheiden, wer mich nehmen soll. Sie drücken und ziehen an mir herum. Sie betatschen mich.

Die falsche Farbe

Mir ist überall schrecklich kalt, besonders an den Händen und Füßen. Ich glaube, mir sollte nicht so kalt sein. Meine Mami versucht, sich umzuschauen und zu erkennen, was los ist. Sie drücken sie immer wieder auf die Liege hinunter. Sie beginnt zu weinen, weil sie nicht weiß, was vor sich geht, und sie glaubt, daß etwas mit mir nicht stimmt.
Mit mir ist alles in Ordnung. Mir ist nur kalt. Ich will einfach, daß mich diese Leute in Ruhe lassen, und sie fummeln immer noch an mir herum. Sie ziehen an meinen Händen und Füßen, reiben sie wirklich fest. Warum lassen sie mich nicht einfach in Ruhe? Mit mir ist alles in Ordnung, wirklich. Laßt mich einfach in Ruhe.
Jeder wuselt herum, zieht an meinen Fingern und reibt sie. Ich glaube, sie finden, daß ich die falsche Farbe habe... das ist es – meine Finger sind blau. Darum sind sie so kalt. Sie legen mich jetzt zu jemand hin, auf eine Decke, viele Decken. Jemand hält mich. Es ist die Schwester mit den blonden Haaren. Ich bin jetzt wirklich dick eingewickelt. Ich kann nicht mehr herumzappeln, aber wenigstens hören sie auf, mich zu betatschen.
Jetzt lächelt sie mich an. Und sie zeigt meiner Mami, daß es mir gutgeht. Aber ich bin immer noch ganz eingewickelt, deshalb kann meine Mutter nicht sehr viel von mir sehen bis auf mein Gesicht. Sie sieht immer noch besorgt aus. Meine Mami ist immer noch unsicher.
Sie darf mich ein Weilchen halten. Meine Hände sind immer noch kalt, eingewickelt. Mami weint immer noch ein bißchen,

aber nicht mehr wie vorher. Alles ist jetzt in Ordnung, also kann ich einschlafen.

Niemand hörte zu

Ich wußte, es ging mir gut. Ich versuchte, es jedem zu erzählen, aber sie hörten nicht zu. Ich versuchte, zu reden, aber sie haben mich nicht verstanden. Und ich versuchte, sie mit den Händen wegzustoßen, aber es waren zu viele. Ich weinte, versuchte zu reden, aber ich glaube, sie hielten es einfach für Weinen.

Wie es drinnen war

Drinnen [in der Gebärmutter] war es ruhig und warm und bequem. Dunkel. Niemand störte mich. Ich war sehr zufrieden so. Dann ist es ziemlich schnell gegangen. Alles war ruhig und einfach gut, dann wußte ich plötzlich, daß etwas passierte.
Es gab viel Gerumpel und Hinauf und Hinunter. Ich war nicht gerade erschrocken, nur wirklich überrascht. Ich hatte nichts getan, ich lag einfach da. Aber etwas passierte, und ich wußte, ich konnte nicht viel dagegen unternehmen. Zuerst dachte ich nicht, daß es etwas mit mir zu tun hätte. Ich dachte, ich würde einfach warten, und es würde bald wieder aufhören.
Es war vorher schon einmal passiert, dauerte aber nicht lange, nur ganz kurz. Deshalb stellte ich mir vor, wenn ich einfach ruhig liegen bliebe, würde es wieder aufhören wie vorher; es hätte nichts mit mir zu tun – es war etwas draußen. Aber dann wußte ich, daß es diesmal anders war, weil es immer weiterging und schlimmer wurde.

Die Wehen wurden stark

Ich wurde herumgestoßen und durchgeschüttelt. Ich hatte das Gefühl, daß etwas passieren würde, was mir nicht gefiel.

Ich dachte, daß keine Veränderung besonders gut sein würde, weil ich alles so mochte, wie es war, und nicht wollte, daß es anders wäre. Die Dinge änderten sich ohne mich.

Ich wollte nicht mitmachen müssen, aber ich hatte das Gefühl, ich müßte trotzdem. Ich hoffte immer noch, daß es aufhören würde, wußte aber im Grunde, daß das nicht der Fall war. Aber ich hatte immer noch keine Ahnung, wie alles enden würde, wohin das ganze Geschüttel und alles führen sollte.

Das Leben draußen

Dann war da plötzlich dieses gelbe Zimmer und diese Leute. Da fing ich an zu begreifen, was los war. Nicht sehr glücklich darüber. Ich glaube, ich habe ihnen gleich erzählt, was ich davon hielt!

Zuerst habe ich bloß lauter Grimassen geschnitten. Ich versuchte, richtig böse auszusehen, weil ich meine Hände nicht gleich freibekommen konnte. Ich wollte eigentlich meine Fäuste schütteln, aber sie steckten immer noch fest. Deshalb konnte ich nur Grimassen schneiden, weil ich nicht gleich gemerkt habe, daß ich Lärm machen konnte – das ist dann einfach von selber passiert.

Als ich [drinnen] allein war, brauchte ich keinen Lärm zu machen. Und das gefiel mir. Ich glaube, ich war ziemlich wütend über die ganze Sache, aber ich war nicht ganz sicher, auf wen ich wütend sein sollte, war eben allgemein wütend, glaube ich, weil ich gestört wurde.

Sobald ich meine Arme frei hatte, schüttelte ich sie herum. Ich hätte gern auf jemanden eingeschlagen! Ich glaube, ich habe ganz tüchtig herumgerudert. Da haben sie bemerkt, daß meine Hände blau waren. Ich war zu beschäftigt, um es zu merken. Außerdem wußte ich nicht, was blaue Hände waren. Ich wußte nur, daß ich ziemlich sauer war, und ungefähr zu diesem Zeitpunkt wurde mir klar, daß ich Lärm machen konnte.

Ich wurde einfach so wütend über das Ganze, daß etwas herauskam.

Ich war ziemlich überrascht, aber die anderen schienen nicht allzu überrascht. Sie haben nicht viel Notiz davon genommen. Ich war nicht nur wütend, sondern allmählich auch frustriert, weil ich überhaupt nichts tun konnte. Ich wollte um mich schlagen und auf jemand einhämmern, und alle drückten mich nach unten – alle diese Hände, die mich niederdrükken, an mir herumfummeln, reiben und grapschen. Deshalb machte ich einfach viel Lärm, weil das ungefähr das einzige zu sein schien, was ich tun konnte.

Atmen und Schreien

Das Atmen anzufangen war auch ziemlich merkwürdig. Ich hatte vorher nie etwas Ähnliches getan. Ich war immer nur herumgelegen und hatte der Stille zugehört, mich behaglich gefühlt. Das [Atmen] war noch eine Überraschung, wie der Lärm. Es war wie eine kleine Explosion. Als der Lärm herauskam, war die Luft da. Was aber gut war, weil die Luft den Lärm noch lauter machte. Je mehr Luft da war, desto lauter der Lärm. Das war gut, weil ich versuchte, ihre Aufmerksamkeit auf mich zu lenken.

Zuerst atmete ich nur stoßweise, jedesmal, wenn ich schrie. Dann merkte ich, daß ich es jedesmal zwischen den Schreien tat, und ich dachte auch darüber nach. Es lenkte mich irgendwie von meinem Zorn ab, weil ich mich darauf konzentrierte, was in mir vorging. Ich hörte zu, wie es klang. Spürte, wie die Luft ein- und ausströmte. Ließ sie rascher und langsamer strömen – das war eigentlich ganz nett. Ich dachte, wenn ich schon hier sein mußte, konnte ich mich auch mit so etwas wie Lärm und Luft beschäftigen. Das gab mir sozusagen etwas zu tun.

Eine große Veränderung

Eines der Dinge, die mich bei der ganzen Situation wirklich
wütend machten, ist folgendes: Die ganze Zeit war ich allein
da drin, alles war genau, wie ich es mir wünschte. Und ich
dachte, daß das alles war. Ich hatte schon das Gefühl, daß es
noch andere Dinge gab, aber keine Menschen, Menschen wie
ich. Aber sie spielten keine wirkliche Rolle, weil sie draußen
waren.
Als ich dann herauskam, machte es mich wahnsinnig, daß ich
nichts dazu zu sagen hatte. Als ich es versuchte, schenkte mir
niemand die geringste Beachtung. Das machte mich auch wütend, weil ich immer geglaubt hatte, ich wüßte, was los sei.

Ein intelligentes Bewußtsein

Ich spürte, daß ich eine Menge wußte – das tat ich wirklich.
Ich dachte, ich sei ziemlich intelligent. Ich habe mich nie als
Person, sondern nur als geistiges Wesen betrachtet. Und als
mir dann diese Situation aufgezwungen wurde, gefiel mir
das nicht besonders.
Ich sah, daß sich diese vielen Leute wirklich verrückt benahmen. Dann dachte ich, daß ich wirklich *intelligenter* wäre als
sie, weil ich wußte, was mit mir los war, und sie schienen das
gar nicht zu wissen.
Sie schienen mich nicht zu beachten. Sie machten *an* mir herum – an meiner *äußerlichen* Hülle. Aber sie benahmen sich, als
ob es sonst nichts gäbe. Als ich versuchte, sie aufzuklären,
wollten sie einfach nicht zuhören, als ob dieses Schreien nicht
wirklich etwas bedeutete. Es klang nicht besonders eindrucksvoll, aber ich konnte mich eben nicht anders äußern.
Ich hatte einfach das Gefühl, ich sei wirklich intelligenter als
sie.

12 Kathrin – eine Geburt nah am Tod vorbei

Kathrin öffnet uns ein magisches Fenster, durch das wir nicht nur die dramatischen Details einer ungewöhnlichen Geburt miterleben können, sondern auch die klugen Gedanken und Gefühle, die sie die ganze Zeit über hatte. Wie viele andere, die sich an ihre Geburt erinnern, berichtet sie aus einer doppelten Perspektive: als Teilnehmende und als Beobachterin. Sie ist sich ihrer körperlichen Existenz tief und schmerzhaft bewußt, was aber ihre geistige Aktivität nicht behindert. Mit einer geistigen Überlegenheit, die wir nicht für möglich gehalten hätten, berichtet sie die Fakten, erwägt Möglichkeiten, lotet den Charakter von Schwestern und Arzt aus und steht ganz allein moralische Dilemmas durch. Ihre Geschichte ist ein Paradebeispiel für das starke Band liebevoller Anteilnahme zwischen Baby und Mutter, das in Geburtsberichten oft greifbar wird.

Mehrmals in ihrem siebenunddreißigjährigen Leben hatte Kathrin an unerklärlichen Atemschwierigkeiten gelitten, einem Druck auf der Brust und dem Gefühl, nicht genug Sauerstoff aufnehmen zu können. Als wir diese Empfindungen unter Hypnose näher unter die Lupe nahmen, wurde Kathrin plötzlich von starken Gefühlen überwältigt, begann zu keuchen und zu weinen und erinnerte sich, daß sie bei der Geburt beinahe erstickt wäre. Es folgen Auszüge aus Kathrins Geschichte.

In der heutigen Zeit steht bei einer Geburt das Leben von Mutter und Kind sehr selten auf dem Spiel, aber in diesem Fall wurden dem Geburtshelferteam heldenhafte Anstrengungen abverlangt. Kathrin beschreibt in allen Einzelheiten das Verfahren, das ihr das Leben rettete, schätzt das Gespräch zwischen Schwester und Arzt richtig ein und ordnet deren Meinungen sogar in einen größeren Wissenszusammenhang ein, der auch ihr eigenes Wissen vom Leben »drinnen« einschließt.

Die Schwester will aufgeben und nach Hause gehen, weil sie sich schon zu lange abmühen und sie fürchtet, daß das Gehirn des Kindes unrettbar geschädigt ist. Der Arzt zeigt wilde Entschlossenheit, probiert verschiedene Schläuche aus und kämpft sich durch ein Verfahren durch, das er nie zuvor erprobt hat. Währenddessen sendet Kathrin Direktinformationen vom Ort des Geschehens: »Ich werde steif... taub... es hilft nicht.«

Hier taucht die Vision einer Geburtshilfe auf, bei der die Ärzte von den Babys tatsächlich Rückmeldungen erhalten und beide zusammenarbeiten, um Notsituationen bei der Geburt abzufangen. Während der Arzt versuchte, einen Schlauch in ihre Lungen einzuführen, berichtet sie uns: »Er ist zu tief unten... er ist ganz unten in meinem Magen!« Später, als ein dickerer Schlauch richtig eingeführt ist, sagt sie: »Ich kriege ein bißchen, aber es ist immer noch nicht genug. Wenn er ihn nur ein kleines bißchen tiefer hineinschieben könnte.« Sie merkt kritisch an, daß die Leute nicht begreifen, daß Babys sich *mitteilen* können und dazu keine Worte brauchen.

Während dieses Martyriums kehren Kathrins Gedanken und Sorgen immer wieder zur Mutter zurück. Noch im Mutterleib merkt Kathrin, daß sich bei der Mutter ein kritischer Zustand entwickelt hat, und sie steht vor einer einsamen Entscheidung, bei der es um Leben und Tod geht. Anscheinend ist sie die erste, die von einer inneren Blutung Kenntnis hat, und sie versucht, die Blutung mit ihrem Körper zu stoppen. Wenn sie sich dreht, wie sie es für die Geburt tun muß, wird die Situation lebensbedrohend. Kathrin will nicht sterben und will nicht, daß ihre Mutter stirbt. Wenn ihre Mutter stirbt, will sie »auch sterben und sein, wo sie ist.«

Notsituation im Mutterleib

(*Stöhnend*) Überall ist soviel Blut. Noch weiß es niemand. Sie [Mutter] ist voll davon, und ich bin die einzige, die es am Herausfließen hindert! (*Schluchzt*)
Ohhh… Wenn ich herauskomme und sie stirbt, wird sie nie wissen, wie sehr ich sie liebe! Und ich will, daß sie es weiß. Sie hat mit mir viel gesprochen, bevor ich geboren wurde, aber niemand sonst wußte davon, weil man sie für albern gehalten hätte.
Ich glaube, sie sollten die Dinge einfach laufen lassen und mich sterben lassen. Ich habe das Gefühl, sie hat genug gelitten. (*Keucht und schluchzt*) Ich habe es [ihr Leiden] nicht gespürt, bis das Blut zu fließen anfing. (*Heftiges Schluchzen*)
Ich hatte das Gefühl, ich müßte ertrinken, und ich wußte, daß das nicht so sein sollte. (*Schluchzt*) Ich weiß nicht, was ich tun soll!
Oh Gott, ich will nicht in Blut ertrinken! Ich habe Angst, daß das passiert. (*Schluchzt*) Ich will auch nicht, daß *sie* stirbt. Wenn ich nicht herauskomme, werden sie mich einfach packen. Ohhh, sie begreifen einfach nicht, was los ist!
Ohhh, jetzt bin ich draußen, und ich kann es [das Blut] sehen; es ist überall! Und sie [Mutter] sieht so hilflos aus. Ich wünschte, ich hätte etwas tun können.
Wenn ich nur könnte, würde ich mit ihr sprechen. Ich hätte ihr gesagt, daß alles gut sein würde. Sie wissen nicht, daß Babys das tun können. Wir müssen nicht ständig Worte benutzen.
Sie halten mich mit dem Kopf nach unten und schlagen mich dauernd. Ich mag nicht, wenn man mich schlägt. Ich kann es nicht wirklich spüren, aber es gefällt mir trotzdem nicht.

Wenn sie mich einfach zu meiner Mutter brächten, ginge es uns beiden gut. Sie machen jetzt meine Mutter sauber und tun Blut in sie hinein. Sie versucht, mit meinem Vater zu sprechen, ihn zu beruhigen. Ohhh, ohhh, ich wünschte, sie würden sich jetzt etwas für mich einfallen lassen! Ich fühle mich jetzt völlig taub. Ich bin steif. Die Schwester will, daß der Arzt aufhört, weil sie glaubt, daß ich tot bin. Der Arzt sagte einfach, sie soll die Klappe halten… sie werden nicht aufhören.

Der Arzt will nicht aufgeben

Ich wünschte, sie würden sich beeilen! Ich bin steif wie ein Brett. (*Keuchend*) Er will einen Schlauch in meinen Hals stecken, aber ich will das nicht. Ohhh, mir wird schlecht davon werden! (*Keucht*) Es hilft nicht! Er schiebt ihn mir bis ganz hinunter. Es ist schrecklich! Ohhh, ich habe das Gefühl, sie haben ihn zu tief hinuntergeschoben. Er ist ganz unten in meinem Magen. (*Tiefe Seufzer, keuchend*) Der Arzt hält mich in seinen Armen. Und er hat den Schlauch zu weit hinuntergeschoben, weil er das vorher noch nie gemacht hat. Es ist ein neues Verfahren. Und ich kann nichts tun.
Er nimmt den Schlauch jetzt in seinen Mund. Er sagt allen, sie sollen ihm aus dem Weg gehen und ihn in Ruhe lassen. Sie glauben, er spinnt. Er weiß, daß das die letzte Chance ist, weil ich viel zu lange ohne Sauerstoff war! Er hält mich, weil er spürt, daß ich steif bin. Ohhhh, meine Hände tun weh, sie sind so taub! Er hat den Schlauch jetzt in seinem Mund, aber er ist nicht dick genug. Da zieht er ihn einfach heraus, er ist ganz außer sich, und schreit jemand an.
Er will einen dicken Schlauch. Er will den dicksten, den sie gefahrlos in meinen Hals stecken können. Sie brachten gerade einen anderen, und er ist wütend auf die Schwester, weil sie zu lange braucht. Er sieht einen großen dicken da drüben und schreit sie an, sie solle ihn schnell nehmen. Er hängt an

etwas anderem dran, aber er packt ihn und stopft ihn in mich hinein, so schnell er kann, und stößt ihn nach unten, so weit es geht, und schreit, Schere, schnell. Ohhhh! (*Keuchend*) Er schneidet ihn wirklich schnell ab, kürzt ihn, so daß er kaum aus meinem Mund herausschaut. Er drückt meinen Kopf nach hinten und legt seinen Mund praktisch über mein ganzes Gesicht. (*Keuchend*) Ich kriege ein bißchen [Luft], aber es ist immer noch nicht genug. (*Wiederholtes Keuchen*) Wenn er ihn nur ein kleines bißchen tiefer hineinschieben könnte!

Oh, es hat so lang gedauert! Ich kann nichts spüren, außer dem oberen Teil meiner Brust. [Der Rest] fühlt sich tot und taub an. Und es fühlt sich an, als ob mein Körper zusammenschrumpft. Deshalb sagt die Schwester immer wieder: »Sie ist tot.« Sie will nach Hause gehen. Sie waren die ganze Nacht hier. Er drückt auch auf meinen Magen. Ich wünschte, ich könnte meine Hand ausstrecken; es tut weh. Wenn sie sich nicht beeilen, werde ich wirklich in Schwierigkeiten kommen. Die Schwester sagte, sogar wenn sie mich jetzt zum Atmen brächten, wäre ich nicht in Ordnung; sie sagte, es hätte viel zu lange gedauert.

Ich weiß aber, daß alles gut sein wird, wenn sie mich zum Atmen bringen. Aber [die Schwester] weiß, daß ich so lange nicht geatmet habe, daß mein Gehirn tot sein muß – das denkt sie jedenfalls. Aber ich weiß, daß sie unrecht hat. Sie hat nie zuvor gesehen, wie so etwas gemacht wird.

(*Keuchend*) Ich merke, daß er [der Arzt] mir wirklich helfen will. Er zieht den Schlauch aus mir heraus, und das fühlt sich scheußlich an; mir wird schlecht davon. Und er reibt jetzt meine Brust mit den Fingern. (*Atmet schwer, seufzt*) Ich atme jetzt selbst, aber es ist mühsam. Wir alle fühlen uns jetzt allmählich besser. Ich möchte weinen, und ich bin nicht sicher, warum…

Wird sie ihre Mutter je wiedersehen?

Ohhhh! Sie sagten gerade, *ich* würde auch sterben. Es gibt nicht genug Blut für meine Mutter. Sie drücken immer noch an mir herum. (*Keuchend*)
…Ihr geht es jetzt gut, aber ich kann nicht atmen. Ich würde immer noch gern wissen, wo sie ist.
Ich kann sie jetzt sehen. Sie versucht, ihre Arme nach mir auszustrecken. Sie ist zu schwach, und ich kann immer noch nicht atmen. Ich möchte gern, aber ich kann immer noch nicht. (*Keucht*) Ich versuche es, aber es fühlt sich immer noch nicht richtig an. Ich habe das Gefühl, die Luft kommt nicht tief genug hinunter. Ich spüre, wie die Luft hineinkommt, aber es fühlt sich nicht richtig an. Ich werde wirklich taub.
Jemand haute mir gerade [auf] den Po. Sie haben ziemlich fest zugeschlagen…
Ich muß zu meiner Mutter, aber sie legen mich ganz allein in ein Zimmer. Ich war sehr verwirrt. Ich war nicht sicher, ob ich meine Mutter jemals wiedersehen würde. Ich dachte, sie muß schließlich doch gestorben sein, und deshalb stecken sie mich in dieses Zimmer, bis sie sich überlegt haben, was sie mit mir anfangen.

Geht es Mutter gut?

Ich weiß nicht, warum ich weine! (*Schluchzt und zittert heftig*) Ich habe einfach Angst und bin traurig und weiß nicht, warum. Ich denke an meine Mami. Ich will nicht, daß sie stirbt! (*Schreit auf*) Ich kann sie nicht sehen! Ich weiß nicht, wo sie ist. (*Schluchzend*) Ohhh… Ich glaube, meine Mami stirbt! Ich will nicht leben, wenn sie stirbt! Ich habe Angst.
Sie schneiden an ihr herum. Es fließt viel Blut. (*Stöhnt, die Zähne klappern*) Sie verblutet! Ich weiß es einfach.
(*Schluchzend*) Ich kann nicht atmen. Es ist mir egal, ich will

sowieso nicht atmen. Mir gefällt es hier überhaupt nicht, es macht mir Angst! Ich fühle mich irgendwie taub. (*Seufzt schwer*)

Sie versuchen, mich zum Atmen zu bringen. Ich wünschte, sie würden damit aufhören. Sie drücken an mir herum. Sie zwingen mich zum Atmen. Es klappt nicht! Ohhh, ich werde ganz taub. Ich will wissen, wo meine Mami ist! (*Verzweifeltes Schluchzen*)

Es ist alles meine Schuld! Ich weiß, daß es so ist… (*Zähneklappern, Stöhnen*) Deswegen wollte ich nicht herauskommen, weil ich wußte, daß es Ärger geben würde. Ich wollte ihr nicht wehtun. Deswegen wollte ich mich nicht drehen. (*Spricht mit kindlichem Wimmern, schluchzt*) Sie hätten mich dazu gezwungen, herauszukommen, deshalb mußte ich einfach!

Ich weiß nicht, wo meine Mami ist! Ohhh, ich kann nicht atmen. Ich werde nicht atmen, bis es ihr gut geht!

(*Seufzt*) Ich war von dem Gefühl erfüllt, wenn meine Mami tot wäre, dann wollte ich auch sterben und sein, wo sie ist. Das einzige, woran ich denken konnte, war, daß ich sterben wollte. Und ich fühlte mich total verlassen. Ich konnte nicht verstehen, warum sie mich allein ließen, weil doch nichts Schlimmes an mir war.

Mir ging es wirklich schlecht, weil meine Mutter vor der Geburt zu mir gesagt hatte, ich würde etwas ganz Besonderes werden. Sie wußte, daß ich ein Mädchen bin. Deshalb wußte ich, daß die Schwester unrecht hatte. Ich wußte, daß alles mit mir in Ordnung wäre, wenn ich anfangen könnte zu atmen. Die ganze Zeit, als ich dort war, haben sie mich nie zu meiner Mutter gebracht…

Heute ist Kathrin eine tatkräftige Managerin mit einem scharfen Verstand und einer wunderbaren Persönlichkeit. Ihre Beziehung zu ihrer Mutter war immer herzlich und liebevoll.

13 Georg – Die Magie der Berührung

In Georgs köstlichen Beschreibungen seiner ersten Erfahrungen »draußen« leuchtet wahre Lebensfreude. Er erzählt uns alles, vom Springen der Fruchtblase während der Wehen bis zu seiner Ankunft in den Armen seiner Mutter. Sachverständig deutet er die vielen Bedeutungen von Berührung und zeigt uns, daß Berührung sowohl angstvoll wie freudvoll sein kann; die Empfindungen der Haut bringen Aufregung, Beruhigung und Seligkeit. Seine neuen Erfahrungen sind für ihn interessant, aber von ständiger Angst gefärbt.
Wieviel Spaß es macht, seine Augen, Ohren und Muskeln zu benutzen! Er sieht Bilder im Schlaf. Das bohrende Gefühl des Hungers ist neu, Fläschchen sind neu, aber er weiß, was er zu tun hat.
In der Berührung und der Nähe seiner Mutter spürt er etwas Magisches, und er fühlt ihren Stolz, wenn sie immer wieder seinen Namen vor sich hinsagt, »zu ihrer eigenen Genugtuung.« Wenn sie mit ihm spricht, fühlt er sich wohl. Er weiß, daß er sich »bei diesem Menschen um nichts Sorgen zu machen« braucht. Er spürt, daß im Gegensatz zu allen anderen, die sich um ihn kümmern, die Anteilnahme seiner Mutter *umfassend* ist.

Zufriedenes Warten

Dunkelheit. Um mich herum ist alles warm. Ich habe ein Gefühl der Erwartung, als ob ich wüßte, daß etwas geschehen wird. Es ist ein neues Gefühl. Von allen Seiten werde ich gedrückt und geschoben. Ich warte auf etwas, von dem ich weiß, daß es mich glücklich machen wird. Dunkelheit... und ein Gefühl der Zufriedenheit – das scheint der Grundton meiner Gefühle zu sein.

Ich höre einen anderen Herzschlag. Mir ist klar, daß die Geräusche, die ich höre, nicht *meine* Geräusche sind. Rings um mich ist alles in Bewegung. Was mich umgibt, schiebt mich ständig herum.

Beginn der Wehen

Meine Haut fühlt sich anders an [nach dem Platzen der Fruchtblase]. Etwas fehlt, etwas von dem, was um mich herum war, ist weg. Es ist immer noch warm, aber anders. Als nächstes merke ich, daß ich eine andere Lage einnehme. Ich spüre, wie ich nach unten gezogen werde, bis ich auf dem Kopf stehe, als ob mein Kopf auf dem Grund wäre. Etwas hält mich sehr, sehr fest umschlossen und schiebt mich, schiebt mich dauernd voran. Da ist Angst, viel Angst!

Bewegung, merkwürdige Bewegung – nichts, woran ich gewöhnt wäre. Sehr viel Bewegung. Es ist wärmer, heiß. Etwas schiebt mich vorwärts. Es ist überall. Ich drehe mich, und es ist immer noch da. Die Angst geht weg.

Da ist das Gefühl des Wartens, als ob ich wüßte, daß gleich etwas passieren wird. Wieder etwas um mich herum. Es bewegt sich. Die Angst kommt zurück, viel Angst! Es passiert so viel! Ich bin nicht mehr, wo ich war, das merke ich.

Es ist rings um mich herum. Ich spüre, wie es an mir vorbeigleitet. Ich fühle mich eingeschnürt, eingequetscht. Viel Angst! Es ist nicht mehr ruhig, nicht mehr still und friedlich. Die Geräusche – laute Geräusche, Luft, eine Art flüssiges Geräusch. Was da an mir vorbeireibt, macht ein schrecklich lautes Geräusch. Etwas anderes berührt mich. Das fühlt sich gut an. Es berührt mich... es ist der Arzt, denke ich. Ich kann die Form spüren, ich spüre Hände. Ich habe immer noch viel

Angst, aber die Hände fühlen sich gut an. Viel Angst und Schmerz!

Plötzlich geboren!

Alles passiert auf einmal. Dann ist da plötzlich nichts. Ich habe ein so merkwürdiges Gefühl auf der Haut! Ein Schwall kalter Luft erreicht mich und versetzt mich kurz in Aufregung. Die Angst ist ständig da, als das passiert. Angst ist das beherrschende Gefühl.

So viele Dinge geschehen, die mir nie zuvor passiert sind. Alles vorher war beständig, immer dasselbe. Nun ist alles anders.

Plötzlich gibt es etwas anderes, was ich nicht verstehe. Ich sehe Licht! Ich verstehe nicht, was das ist. Ich fürchte mich. Ich kann mich bewegen. Ich kann mich soviel bewegen, wie ich will, und nichts hält mich zurück. Doch ich weiß immer noch nicht, was passiert ist… Ich fürchte mich.

Ich höre verschiedene Stimmen. Eine Männerstimme sagt: »Alles in Ordnung; alles in Ordnung!« – eine sehr laute Stimme. Ich höre noch andere Stimmen. Ich hörte eine Stimme, die anders als die anderen war. Sie versuchte nicht, etwas zu sagen… machte nur Lärm. Ich hatte ein schmerzhaftes Gefühl, das mit dem Lärm zu tun hatte. An dieser Stimme war irgend etwas Besonderes. Plötzlich habe ich große Schmerzen. Ich schreie! Ich kann spüren, wie ich atme. Ich spüre, wie sich meine Kehle zusammenschnürt. Je mehr ich schreie, desto enger wird sie. Ich will aufhören, aber ich schreie nur noch mehr.

Beruhigende Berührung

Wenn mich jemand hält, tut mir das gut; aus irgendeinem Grund muß ich dann nicht schreien. Ich mag nicht Angst haben. Vorher, als alles dunkel war, wußte ich, daß alles in Ordnung war, sogar mit meiner Angst. Jetzt scheint die Angst stärker zu sein.

Jemand hält mich jetzt. Es fühlt sich gut an, etwas rund um mich herum zu haben. Ich kann meine Augen zumachen und alles ist wie vorher. Ich weiß nicht, wer mich hält. Ich kann keine Gesichter sehen, nur Formen. Ich weiß nicht, was das alles ist. Ich sehe die Gestalten von Leuten. Überall ist Licht. Sogar wenn ich meine Augen zumache, ist es heller als vorher. Immer gibt es Entdeckungen, Aufregung. Und immer noch viel Angst. Ich habe die meiste Zeit Angst, aber ein paar Dinge sind so angenehm!

Es macht soviel Spaß, meine Augen zu benutzen und die Dinge anzuschauen. Je mehr ich es tue, desto mehr Spaß macht es. Es gefällt mir sehr, wenn ich sehe, wie sich etwas bewegt. Jetzt spüre ich Bewegung; ich spüre, wie ich auf- und abhüpfe. Jemand hält mich; sie müssen irgendwohin gehen. Ich mag es, wenn sie mich berühren. Das fühlt sich gut an; auch das ist etwas Neues. Wenn sie mich berühren, spüre ich Wärme, Sicherheit.

Im Brutkasten

Ich sehe rings um mich etwas Glänzendes. Das Licht wird daran zurückgeworfen. Es ist Glas oder Plexiglas. Wenn ich mich jetzt bewege, ist es anders; etwas drückt an verschiedenen Stellen gegen meinen Rücken. Wenn ich meinen Kopf bewege, verändern sich die Lichter und die Farben; die Formen ändern sich. Erst ist es beängstigend – vorher hatte sich nichts bewegt. Was ich auch tue, immer ist etwas unter mir, etwas Festes – das ist eines der ersten Dinge, die mir bewußt wurden.

Das fühlt sich gut an. Ich bewege mich, und es ist da. Ich möchte so viel tun! Ich möchte mich bewegen, aber ich weiß nicht, wie ich mich so bewegen könnte, wie ich will. Es ist so anders, sich jetzt zu bewegen. Meine Hände und Beine können sich so leicht bewegen – ich kann an nichts anderes denken, als daß ich sie bewegen möchte. Es steckt keine Absicht dahinter, ich möchte nur spüren, wie sie sich bewegen. Ich bin dabei sehr ungeschickt.

So viele Geräusche! Sie sind viel lauter. Manchmal möchte ich, daß sie weggehen. Es gibt auch gute Geräusche. Gute Geräusche sind da, wenn mich jemand hält. Ich möchte, daß mich jemand hält. Ich möchte wieder Nähe spüren, etwas um mich herum.

Es gibt so viele Dinge, und keine Möglichkeit, sie in meinem Kopf nachzubilden. Ich möchte mehr Bilder haben, weiß aber nicht, wie ich an sie herankommen könnte. Ich möchte einfach Bilder haben, als ob ich mich umso besser fühlen würde, je mehr Bilder ich habe. Ich fühle mich leer ohne Bilder. Ich möchte Bilder *machen*, aber sie kommen einfach von selbst. Ich möchte *machen*, daß sich die Dinge bewegen, aber sie tun es nicht. Ich strecke meine Arme aus, da ist nichts. Ich möchte sehen, wie sich die Dinge bewegen. Ich kann mir selbst zuschauen, wie ich mich bewege; meine Arme bewegen sich vor meinem Gesicht. Ich liege immer auf dem Rücken. Ich sehe die Kiste immer noch. Es ist schwer, aus der Kiste herauszugucken.

Schlaf und Träume

Ich schlafe gern, denn wenn ich meine Augen zumache und das Licht weggeht, kommen die Bilder, Bilder der Dinge, die ich gesehen habe. Ich sehe sie nur nicht genau so, wie sie in

Wirklichkeit gewesen sind. Ich sehe glänzende Metalldinger, die mich neugierig machen. Ich sehe Bilder, und ich will sie anfassen. Ich will wissen, wie sich das Glänzende anfühlt. Ich strecke meine Arme aus, und da ist nichts! In der Kiste gibt es Enttäuschungen, aber ich mache immer noch Entdeckungen. Ich bin immer noch am Entdecken und Herumprobieren. Entdecke mich selbst. Teile von mir bewegen sich, wenn ich es will, und bewegen sich nicht, wenn ich es nicht will. Alles ist so neu! Ich entdecke dieselben Dinge viele Male. Meine Arme und Beine – ich bewege sie ständig, und jedes Mal ist wie das erste Mal.

Hunger

Ich bekam Hunger. Das war ein Gefühl, das ich noch nie zuvor gehabt hatte. Ich wußte, daß es nicht gut war. Es war unangenehm, schmerzhaft, und ich versuchte zu äußern, daß etwas nicht stimmte. Immer, wenn ich das tat, nahm mich jemand hoch und hielt mich auf dem Arm. Manchmal war das nicht genug. Ich wollte etwas zu essen und weinte weiter. Ich brauchte einige Zeit, bis ich Essen und Wohlfühlen miteinander in Verbindung brachte oder Essen und das Weggehen dieses Gefühls [des Hungers]. Es dauerte vielleicht zwei oder drei Male, bis ich wußte, daß ich es durch Essen loswerden konnte.
Trinken war immer warm und befriedigend. Nachdem ich die Erfahrung gemacht hatte, fand ich großen Gefallen daran, etwas, worauf ich mich freute. Das erste Mal hielt mich jemand dabei. Ich glaube, es war wahrscheinlich eine Frau. Sie hielt etwas [eine Flasche] an meine Lippen, und ich begann automatisch zu saugen, etwas hereinzuziehen. Die Milch kam, und ich schluckte. Ich wußte, was ich zu tun hatte.

Ich sehe das Klinikzimmer. Das war wohl später, vielleicht einen Tag später. Das Besondere daran war, daß es das erste Mal war, daß ich den Unterschied zwischen den Leuten, die mich hielten, erkannte. Dieses Mal, als sie [Mutter] mich hielt, merkte ich, daß sie eine andere Person war – jemand Besonderer. Irgendwie wußte ich einfach, daß ich bei ihr geborgen war, daß ich mir bei diesem Menschen um nichts Sorgen zu machen brauchte.

Sie wiederholte mehrmals stolz meinen Namen, als ob sie sagen wollte, »das ist mein Sohn.« Sie wiederholte meinen Namen einfach zu ihrer eigenen Genugtuung. Wenn sie zu mir oder über mich sprach, gab mir das ein gutes Gefühl. Wenn sie mich hielt oder zu mir sprach, war einfach irgend etwas anders. Ich merkte, daß sie an mir auf eine Weise Anteil nahm, wie es die anderen nicht taten. Die anderen kümmerten sich um mich, aber *ihre* Fürsorge war umfassend. Für die anderen war ich bloß ein Teil ihrer Arbeit. Bei ihr war ich das einzige, woran sie dachte – dieses Gefühl hatte ich.

Sie hält mich jetzt im Arm. Ich sehe, wie sie eine Flasche hält. Dieser Mensch nimmt Anteil an mir. Für diesen Menschen ist außer mir nichts wichtig.

14 Kristina wird von ihren Eltern geliebt

Kristina war das erste Kind schwedischer Einwanderer; sie wurde in einer Klinik im New Yorker Stadtteil Bronx geboren. Ihre Mutter sprach fast nur Schwedisch, daher konnte sie sich nur schwer mit den Geburtshelfern verständigen – aber das störte Kris nicht. Wie andere Babys scheint auch sie beide Sprachen zu verstehen und die Gefühlsausbrüche ihrer Mutter zu begreifen. Als der Vater auftaucht, hat sie keine Schwierigkeiten, die Äußerungen seines Stolzes, seiner Aufregung und seiner Liebe für sein amerikanisches Baby zu verstehen.

Alle Geburtserinnerungen sind nicht glücklich, aber diese würde ich ganz oben auf die Liste der glücklichen setzen. Im Alter von fast sechzig Jahren war Kris sehr überrascht, als diese Erinnerung in ihr lebendig wurde; sie hätte nicht geglaubt, daß sie in ihr steckte. Auch war sie von der Entdeckung überrascht, daß ihre Eltern so rasend glücklich waren, denn das war etwas, was man in späteren Jahren selten beobachten konnte. Das Wichtigste von allem war vielleicht, daß Kris wieder Zugang zu dem kostbaren Gefühl ihrer Vollkommenheit hatte. »Ich bin das große Los!« sagte sie. »Ich habe mich nie so vollkommen, so wunderbar gefühlt!«.

Geboren werden

Ich schaue auf den Boden, mein Kopf ist unten. Meine Schulter ist oben und steckt fest. Meine Güte, ist das komisch! Es ist kalt. Oh Gott! Das ist wirklich merkwürdig. Es ist... als ob jemand eine Hand um meine Taille legt. Ich bin so winzig...

232

nur ein winziges kleines Ding, sechs oder sieben Pfund schwer. Hier bin ich und schaue…

Ich bin unten, komme heraus, aber jemand greift nach mir, löst meine Schulter heraus. Die eine ist draußen. (*Sie bewegt die Schulter.*) Mein Kopf ist draußen. Mein Gesicht schaut nach unten. Sie machen sich an ihr [der anderen Schulter] zu schaffen. Eine dicke Schnur hängt da herum. Mein kleines Bein ist irgendwie gekrümmt. Du lieber Himmel, was für ein Durcheinander!

Meine Mutter schreit etwas wie »Juhuu!«. Es ist vorbei!

Meine Mutter… es ist, als ob ich von ihr Abschied nehme. Es war schön und warm da drinnen. Ich verstehe es überhaupt nicht. Es ist wirklich aufregend.

Ich sehe Wände und viele Fenster, große Fenster. Draußen ist wohl Tag. Ich kann das Licht so klar sehen. Da sind viele Fensterscheiben. Oh, es ist so hell in diesem Raum!

Ich hänge einfach so da… und diese häßliche Schnur geht irgendwo hinein. Ich bin ganz schmutzig, ich fühle mich verschwitzt und verklebt. Igitt! Und ich bin wirklich aufgeregt.

Da sind viele Geräusche, viele Leute schreien durcheinander. Es ist wirklich komisch, weil alle so reden, als ob sie aus der Bronx kommen, und tatsächlich spielt sich alles dort ab. Jemand sagt: »Leg sie hin, leg sie hin, es ist alles okay.«

Oh, ich schreie, wissen Sie, »bäääääh«… wirklich laut. Hier bin ich, Welt! Das ist ja wohl ein Ding! Mensch! Wer hätte denn sowas erwartet? Ich hätte das nie in meinem ganzen Leben gedacht. Mit mir ist alles in Butter, das kann ich euch sagen.

Es ist komisch, merkwürdig. Ich kann es aber fühlen, ich spüre, wie es mir geschieht. Ich bekomme irgendwie Sehnsucht nach meiner Mutter. Ich liege irgendwo, in einer Art kleinen Kiste. Ich schreie immer noch – ein sehr glückliches Schreien. Ich kann mein Gesicht sehen. Ich habe Haare, blond und hinten lockig. Ich bin ganz neu, brandneu. Und ich will zu meiner Mutter zurück, und zwar jetzt, *sofort*.

Ich warte, und die Leute da gehen um mich herum. Es ist in Ordnung. Die Sonne scheint, und ich will jetzt meine Mutter sehen, ihre Nähe spüren. Ich weiß, daß ich jetzt etwas nahe bei mir haben muß, daß ich aus dem Geburtskanal herauskommen und einfach hochklettern und mich an der Quelle allen Wohlbehagens festhalten soll, an meiner Mutter. Und sie liegt nur da und atmet schwer. Sie ist ganz erschöpft. Auch sie will mich jetzt wirklich bei sich haben. Sie hat sieben Jahre lang auf mich gewartet.

Ich liege einfach da und strample mit den Beinchen. Ich schreie und fühle mich einfach toll. »Bringt mich dorthin, wo ich sein soll!« Ich bin nicht schüchtern, einfach wie ein winzig kleines Tierchen.

Eine Schwester kommt vorbei. Sie hat eine kleine weiße Haube auf, wie von einem städtischen Krankenhaus, einen weißen, gestärkten Kittel… eine sehr dralle Person. Ha! Sie sieht sehr lustig aus. Ich glaube, sie wird mich hochnehmen.

Jetzt spüre ich, wie ich in etwas eingewickelt werde, eine Decke, eine weiße, kuschelige Decke; das ist alles, was ich anhabe. Und die Leute schäkern mit mir herum – dutzie, dutzie, dutzie – nette Laute. Aber mir ist es eigentlich gleichgültig. Ich muß woanders hin. Ich habe ein starkes Gefühl des Getrenntseins.

Und meine Mutter liegt gleich da drüben auf dem Tisch. Sie atmet heftig, und sie ist erleichtert, und sie fragt jetzt nach mir. Englisch macht ihr Schwierigkeiten. Sie gibt sich große Mühe.

Wieder zurück bei der Mutter

Jemand nimmt mich hoch, es ist die dralle Schwester mit dem Häubchen. Da ist sie und nimmt mich auf den Arm, und ich fühle mich allmählich ein bißchen wohler. Ich kann meine Mutter sehen. Sie streckt ihre Arme aus. Jetzt hält sie mich.

234

Oh Mensch! Das ist das Allertollste! Sie ist wirklich glücklich. Es ist so komisch! Ich bin einfach an sie gekuschelt wie ein brandneues Baby, und genauso soll es sein.

Meine Mutter redet und sagt so Sachen. Ich weiß nicht, was sie sagt, aber ich weiß, was sie will. Ich spüre, sie will, daß… mein Vater kommt und mich sieht. Sie sagt jemandem, daß sie meinen Vater sehen will. Sie ist einfach begeistert! Ich habe bei meiner Mutter nie eine solche Begeisterung gesehen. Sie ist einfach glücklich, glücklich, glücklich.

Ich liege da wie ein kleines Eichhörnchen, piepse vor mich hin und bin wirklich glücklich. Alles ist wunderbar. Die Welt ist schön. Außer daß mein Vater kommen und mich sehen muß. Meine Güte! Wie kann ich denn solche Gedanken haben?

Ich liege eingepackt da, und sie zupft an mir herum, schaut meine verwuschelten Haare an. Sie ist sehr zufrieden. Und sie redet auch Schwedisch mit mir, turtelt und schäkert mit mir. Sie ist wirklich stolz auf sich. Und ich fühle mich ganz naß und schleimig, aber es macht nichts.

Da ist die Frau mit dem großen Busen. Sie versucht, mit meiner Mutter zu sprechen. Noch mehr Geschäker… Mensch, wie sind wir zufrieden! Sie steht links, und ich liege links. Die anderen machen alle irgendwie sauber und klappern mit den Instrumenten auf dem Tablett herum.

Jetzt werden sie mich woanders hinbringen. Darüber bin ich nicht besonders glücklich. Die Schwester streckt die Arme nach mir aus. Ich will nicht weg, aber ich kann es einfach nicht glauben. Du liebe Güte, ist das merkwürdig! Ich fühle mich so behaglich und warm. Und meine Mutter streichelt meinen kleinen Kopf. Sie will auch nicht, daß ich weggehe. Ich glaube, ich spüre, welches Glück sie ausstrahlt. Aber sie hat auch Angst, das merke ich. Sie redet die ganze Zeit Schwedisch, sagt, daß sie Englisch lernen muß, aber in einer solchen Situation wird sie nervös. Sie versucht gerade, sich alles zurechtzulegen.

Ich weiß nur, daß ich daliege und glücklich bin wie ein Fisch im Wasser. Ich verstehe es überhaupt nicht... aber ich fühle mich immer noch so! Einfach eines von Gottes kleinen Kindern. Einfach vollkommen. Ich kann es kaum erwarten, wie es weitergeht. Es ist ein solches Wunder!

Es fällt mir sehr schwer, zu glauben, daß ich das alles jetzt erlebe. Es ist das Phantastischste auf der ganzen Welt. Ich *fühle* mich tatsächlich wie dieses vollkommene, winzig kleine Baby. Ich sehe mich, wie ich ruhig daliege. Und jetzt schlafe ich ein.

Aufregung über die Ankunft des Vaters

Ich sehe meinen Vater. Er ist so jung! Nein, es ist nicht zu fassen. Er hat Haare! Ich habe ihn nie so gesehen. Da sind seine Haare, sie sind ihm noch nicht ausgefallen – je, ist das komisch!

Er trägt ein weißes Hemd, und er ist so glücklich, als er dasteht und mit meinen Füßen spielt. Er ist irgendwie süß; er ist groß. Und meine Mutter, stolzgeschwellt, zeigt mich ihm. Meine Mutter hat sich wirklich selbst übertroffen! »Ist sie nicht süß!« Aber sie sagt es auf Schwedisch, und es kommt so sanft heraus.

Mein Vater ist sehr liebenswürdig; er lächelt und nimmt mich jetzt auf den Arm. Wieder reden sie Schwedisch. Kein Wunder, daß ich platze vor Stolz, so zufrieden wie ich mit mir bin. Und er schüttelt meine kleinen Fäustchen, und ich... fühle mich so geliebt. Ich fühle mich so erwünscht und geliebt. Es wird nicht lange so sein, ich weiß das.

236

Ein Gefühl der Vollkommenheit

Ich bin wie ein kleines Sahnetörtchen und *spüre* ihr Glück, das sie ausstrahlen. Sie haben sieben Jahre auf mich gewartet. Wenn sie enttäuscht waren, daß ich kein Junge war, haben sie es jedenfalls nicht gezeigt. Nein, nein, sie standen einfach da wie zwei alberne kleine Kinder. Und ich bin das große Los. Und ich weiß es auch. Ich bin so klein, und so vollkommen, und werde so geliebt! Und ich kann nicht einmal sprechen – nur schreien und brüllen und Theater machen. Meine kleinen Beinchen strampeln. Ich fühle mich einfach toll.
Ich habe keine Ahnung warum, aber mir wird ein großartiger Empfang bereitet. Ich habe meine Eltern nie so glücklich und begeistert gesehen. Meine Mutter ist absolut außer sich.
Sie kann nicht genug von mir bekommen, und natürlich werden sie mich jetzt von ihr wegbringen. Sie ist nicht sehr glücklich darüber. Mein Vater sagt, so ist es halt. Das ist das wunderbare Amerika, und es wird besser für mich sein – das spüre ich. Ich verstehe nichts davon, aber es ist einfach phantastisch.
Ich habe mich nie so vollkommen, so fabelhaft gefühlt! Zehn kleine Finger, zehn kleine Zehen, kleiner Quäker, der vor sich hinquäkt. Alles funktioniert. Ein Luxusmodell – nichts Verkehrtes daran! Gott, es ist wunderbar, so vollkommen zu sein, soviel Vergnügen zu schenken, zu sehen, was ich hier sehe, meine Mutter zu sehen. Und da ist mein Vater mit seinem kleinen amerikanischen Baby. Da ist es, so vollkommen, wie es überhaupt nur möglich ist – das kleine Olson-Mädchen.

15 Karls Reise in eine andere Welt

Karl gibt uns einen klaren, chronologischen Bericht über seine Reise durch den Geburtskanal. Neue Empfindungen werden mit den alten verglichen. Karl entdeckte nach der Geburt, daß es sich bei ihm und seiner Mutter um einen medizinischen Notfall handelte; seine Mutter hatte Blutungen und schwebte in Lebensgefahr. Mitten in der Krise wird er tief von den Worten des Arztes getroffen, der ihn einen Bankert nennt, und er fragt sich, ob er schuld an den Problemen seiner Mutter ist. Bevor er sicher weiß, ob sie lebt oder stirbt, wird er vom Schauplatz weggerollt, niemand bemerkt sein Bedürfnis, bei ihr zu sein oder beruhigt zu werden, daß sie in Sicherheit ist. Das Personal hat keine Ahnung, was ihn bewegt.

Karl spricht stellvertretend für viele, wenn er erzählt, wie sehr sich seine Welt ändert, nachdem er den einhüllenden Mutterleib verlassen hat und im kalten Kreißsaal landet, wo er beiseite gelegt wird. Häufig anzutreffen ist auch das Gefühl, daß das Zusammentreffen mit der Mutter wie ein Wiederfinden der Welt ist. Leider fragt sich Karl bereits, wem er vertrauen kann und wohin er wirklich gehört.

Die Reise durch den Geburtskanal

Ich höre solche Geräusche, wie sie der Magen macht. Und vor mir ist ein langer Tunnel. Ich selbst kann gar nicht sehen. Ich sehe nur Schatten, es ist nicht stockdunkel, aber es gibt nur ganz wenig Licht. Ich merkte, wie ich mich bewegte, dann blitzte Licht auf, aber ich war dann wieder zurück im Tunnel. Ich höre Laute von verschiedenen Leuten, die reden. Gedämpfte Laute. Ich glaube, ich werde jetzt nicht mehr so durchgewalkt. Ich sehe meine Beine oder den Rest nicht; sie sind irgendwo hinter mir. Ich liege auf dem Bauch. Ich weiß nicht, ob ich mich den Tunnel hinunterbewege, oder ob der Tunnel auf mich zukommt. Es scheint heller zu werden. Ich sehe, wie ich geboren werde, mein Kopf kommt zuerst heraus, mit dem Gesicht nach unten. Ganz plötzlich wurde es hell. Ich spüre, wie mein Körper nach unten gebeugt wird, als Kopf und Schultern herauskommen.

Der Arzt, oder wer mich hielt, beugt mich zu meinem Bauch. Ich vermute, daß ich so leichter herauskomme. Es ist kühl. Die Leute murmeln irgendwas, ich verstehe nicht, was sie sagen.

Vom Bauch aufs Blech

Der Arzt legt mich in eine metallene Schale. Sie ist kalt. Es gibt viele Lichter; daran bin ich nicht gewöhnt. Alles, was ich sehen kann, sind Lichter; ich kann niemanden sehen. Ich höre Geräusche, wie Dinge auf Tabletts fallen – Instrumente oder sowas – und wie die Leute murmeln. Niemand hat mich danach berührt.

Es kam mir so kalt vor, weil ich vorher an einem warmen Ort war. Als ich herauskam, war es das erste Mal, daß mir kalt war. Es fühlte sich komisch an, eine neue Erfahrung. Als ich auf den Kopf gestellt wurde, fragte ich mich, was jetzt los ist, weil ich vorher auch noch nie umgedreht worden war. Ich liege in dieser Schale, die etwa doppelt so breit ist wie ich. Ich weiß nicht, was vor sich geht, und ich friere.

Zum ersten Mal liege ich irgendwo und stoße nicht an den Seiten an; die einzige Stelle, wo ich etwas spüren kann, ist an meinem Rücken.

Verletzende Worte

Ich konnte alle diese Geräusche hören… als ob sie mich beiseite gelegt hätten, um sich um meine Mutter zu kümmern.

Ich konnte alle diese Instrumente und Dinger hören, aber sie taten nichts mit mir. Ich habe den Eindruck, daß meine Mutter blutete.

Ein Arzt sagte, daß sie sich abmühten, die Blutung zum Stillstand zu bringen. Er sagte, daß sie wirklich stark blutete, und: »Wir müssen dafür sorgen, daß das aufhört«. Sie arbeiten wirklich schnell, als ob sie nicht wüßten, ob sie es schaffen würden. Ich bekomme den Eindruck, sie glauben, daß meine Mutter sterben wird.

Sie glauben nicht, daß sie ihr helfen können. Ich bekomme mit, daß jemand etwas sagte wie: »Warum ist er nicht tot auf die Welt gekommen, dann wäre sie jetzt in besserer Verfassung!« Dann drang noch etwas anderes zu mir durch, daß der Arzt etwas von einem Bankert sagte – daß ich ein Bankert sei.

Es ist nicht so, als würde ich einem Gespräch zuhören; es sind nur so Inhalte oder ein kurzes Aufblitzen von Bedeutung, das ich erfasse, wenn Sie wissen, was ich meine.

Und dann merke ich, wie ich in Bewegung bin. Nicht so, als ob mich eine Schwester hochgenommen hätte; ich liege immer noch in dieser Schale, aber sie bewegt sich. Ich habe den Eindruck, auf einem Gestell zu liegen, und das Gestell rollt, und ich frage mich, wohin wir gehen. Ich weiß nicht, ob sie mit ihr fertig sind oder immer noch an ihr arbeiten. Ich habe sie nie sagen gehört, ob sie die Blutung stoppen konnten.

Alles war verwirrend für mich: Ich verstand nicht, was passierte, wo ich war, warum mir kalt war, warum plötzlich alles so hell war, und warum es immer noch hell war.

Kälte und Einsamkeit

Ich liege einfach da und nehme alles in mich auf. Ich fühle mich einsam. Ich kann niemand hören, niemand spüren. Es ist kalt und ich verstehe nicht, was passiert. In ein paar Minuten hat sich alles verändert. Ich spüre, wie ein Weinen in mir aufsteigt, als ob ich schreien oder ein Geräusch machen möchte. Ich wollte weinen, um zu sehen, ob jemand da war, ob jemand kommen würde. Ich weiß nicht, warum ich das tun wollte, denn ich hatte es nie zuvor getan; es ist wie ein Instinkt.

Mir ist überall kalt. Es gibt nichts, was Wärme ausstrahlt. Ich schreie laut und jemand kommt. Ich spüre schon Wärme, wenn jemand mir nur nahe ist; ich fühle die Hitze, die von ihnen ausgeht.

Sie nehmen mich nicht hoch. Wer immer auch da ist, er schaukelt bloß mein Gestell oder meine Schale, bewegt sie bloß. Mir geht es schon besser, wenn ich weiß, daß jemand da ist. Ich höre auf zu schreien.

Die Schale fährt immer noch vor und zurück, und ich schlafe ein. Ich höre niemand sprechen. Es ist, als ob die Schwester oder wer auch immer nur routinemäßig hergekommen wäre und mich geschaukelt hätte. Niemand sagte etwas, während ich in diesem Raum war. Das einzige Mal, daß ich die Anwesenheit eines Menschen spürte, war, als die Schale anfing, sich zu bewegen.

Auf der Säuglingsstation: Immer noch ohne Berührung

Als ich aufwachte, war ich woanders. Es ist wärmer, und ich kann Babygeschrei hören. Manche Geräusche klingen, als ob ich im selben Zimmer wäre. Dann gibt es entfernte Geräusche, vielleicht in einem anderen Zimmer. Ich habe eine Decke oder etwas über mir. Ich sehe nicht, daß ich hochgenommen oder berührt worden wäre. Bevor ich geboren wurde, wurde ich ständig von etwas berührt oder umgeben. Und dann nachher spüre ich keine Berührung…

Zurück bei der Mutter

Ich sehe, wie ich in eine Decke eingewickelt bin. Ich bin immer noch in der Klinik, aber bei meiner Mutter im Bett. Sie hält mich. Sie hat das Oberteil des Betts schräg gestellt, hat sich aufgesetzt und hält mich im Arm. Sie ist glücklich. Sie sagt, ich bin ein schönes Baby. Ich bin aber irgendwie durcheinander. Da ist etwas, was ich nicht verstehe. Vorher hat mich niemand gehalten, und jetzt hält mich jemand.
Ich verstehe es einfach nicht, fühle mich irgendwie unbehaglich. Ich gewöhnte mich gerade daran, nicht berührt zu werden, und ich nahm es hin. Und jetzt hält sie mich und knuddelt mich. Leute kommen herein, und sie muß mich ihnen vorführen. Ich glaube, sie ist stolz auf mich.

Karl fragt sich, wo er hingehört

Ich sehe andere Leute im Zimmer. Sie sorgen sich um meine Mutter. Ich sehe meinen Onkel und meine Großmutter. Sie sind erleichtert, daß meine Mutter nicht gestorben ist, und regen sich über ihre Entscheidung auf, mich zur Welt zu bringen, und darüber, daß sie das hohe Risiko, dabei zu sterben, auf sich genommen hatte. Sie streitet mit ihnen, sagt dem Sinn nach, daß sie lebt und daß sie wollte, daß ich lebe, und wenn sie gestorben wäre, hätte es sich gelohnt, wenn nur ich gut zur Welt gekommen wäre. Die anderen sehen es aber nicht so.
Ich fühle mich unruhig. Ich frage mich, gehöre ich denn wirklich zu denen? Ich frage mich, ob ich nicht wieder in meinem Bettchen liegen sollte, die anderen Babys schreien hören und nicht berührt werden sollte – als ob ich versuchte, zu entscheiden, wo ich eigentlich sein sollte. Dann kommt die Schwester herein und bringt mich in das andere Zimmer zu den anderen Kindern zurück.

16 Elisabeth – Wie's ein Baby gern hätte

Ärzte sind für ihre guten Ratschläge bekannt. Was wäre, wenn uns Babys Ratschläge erteilen könnten? Welche Art von Geburt würden sie denn »verordnen«? Elisabeth gibt uns eine Vorstellung davon. Ihre Wünsche spiegeln Bemerkungen wider, die man in fast jedem Geburtsbericht finden kann. Sie wurde vor etwa zwanzig Jahren in einer Mittelstadt in Colorado geboren, aber ihre Geburt hätte fast überall in der westlichen Welt stattfinden können. Sie berichtet uns von ihren schlimmsten und besten Erfahrungen und führt aus, wie *sie* es gemacht hätte, wenn *sie* die Dinge in der Hand gehabt hätte.

Ihre kurze Beschreibung der Vorgänge im Kreißsaal liest sich wie ein Lehrbuch über die Geburt im Maschinenzeitalter. Es beginnt damit, daß sie von einem Fremden zum anderen gereicht wird, und endet im Brutkasten. Dazwischen erlebt sie eine kalte Waage, schmerzhafte Nadelstiche, wird kopfunter gehalten, während ihr eine klebrige Salbe in die Augen geschmiert wird, ihr werden Fuß- und Handabdrücke abgenommen.

Die gängigen Praktiken der Geburtshilfe treiben einen Keil zwischen das Baby und seine Mutter, die ihr Kind weder mit Berührungen noch mit Worten beruhigen kann. Elisabeth stellt sich vor, was ihr die Mutter gegeben hätte, wenn sie nur die Gelegenheit dazu gehabt hätte: »Sie hätte liebe kleine Dinge zu mir gesagt, mir erzählt, daß sie mich haben wollte, daß ich gut für sie sei und daß sie mich liebte.«

Viel später genießen Elisabeth und ihre Mutter die Wonne des Zusammenseins. Elisabeth streckt ihre Ärmchen aus, und die Mutter hält ihren winzigen Finger. Als sie im Arm ihrer

Mutter liegt, weiß Elisabeth, es gibt jemanden, der versteht, daß sie »*jetzt und unmittelbar*« Bedürfnisse hat – doch darum kann man sich auf der Säuglingsstation nicht kümmern. Sie ist entzückt, daß sie die Aufmerksamkeit ihrer Mutter dadurch erlangen kann, daß sie »herumturtelt und sie zum Lächeln bringt« und nicht zu schreien braucht. »Ich versuche, vor allem durch meine Augen zu sprechen«, sagt sie.

Im Kreißsaal

Ganz plötzlich lande ich in den Händen des Arztes, und er reicht mich einer Schwester, die mich auf die Waage legt. Die war kalt, und das gefiel mir nicht. Ich wollte bei meiner Mami liegen, und statt dessen bin ich da drüben auf der blöden Waage!...
Sie stachen mir in die Ferse, um eine Blutprobe zu entnehmen, glaube ich, um zu sehen, was für eine Sorte Blut ich habe.
Sie tun etwas in meine Augen und halten mich fest, damit ich mich nicht wegdrehen kann. Salbe; sie ist ganz klebrig. Das gefiel mir nicht, weil ich die Augen nicht öffnen konnte...
Dann meine Fußabdrücke. Dann meine Handabdrücke. Dann wickelten sie mich in eine Decke und legten mich in einen Brutkasten.

Wenn sie zu bestimmen hätte

Ich hätte die Lampen abgedunkelt, so daß es nicht so hell gewesen wäre, als ich geboren wurde.
Ich wäre gern auf den Bauch meiner Mutter gelegt worden, dort hätte ich hingepaßt. Ich wußte nicht, wie ich es anstellen sollte, um auf die Waage zu passen.
Ich hätte sie gern mit mir reden gehört. (*Bricht in Tränen aus*) Ich wollte einfach zu meiner Mami!

244

Sie wollten bloß, daß ich herauskam und die Sache vorbei wäre. Für sie war es reine Routine... Ich glaube nicht, daß meine Mami die Sache so haben wollte...

Wenn ihre Mami zu bestimmen hätte

Sie hätte ihre Beine unten gehabt. Sie hätte mich in ihre Arme geschlossen und gehalten, sobald ich geboren war. Mein Vater wäre dagewesen und hätte ihr geholfen.
Sie hätte liebe kleine Dinge zu mir gesagt, mir erzählt, daß sie mich haben wollte, daß ich gut für sie sei und daß sie mich liebte. Ich weiß, daß sie das alles fühlte, aber sie hatte nicht die Möglichkeit, es mir gleich zu sagen.

Zurück bei der Mutter

Mutter sitzt im Bett und ist bereit, mich zu stillen. Sie sieht müde aus, aber glücklich.
Ich hatte eine Decke um, eine rosa Decke, und ich versuche, herauszugucken, damit ich sehe, wie sie aussieht. Sie streckt ihre Arme aus und lächelt. Die Schwester reicht mich behutsam zu ihr hinüber; ich bin dankbar für diese Behutsamkeit. Meine Mutter hält mich in ihrem linken Arm, sie schaut mich immer an, und ich schaue sie immer an. Ich möchte gern meine Hand ausstrecken und nach ihrem Finger greifen. Meine Hand ist oberhalb der Decke und rudert herum. Sie nimmt sie und hält sie fest. Ich fühle mich sehr erleichtert. Ich fühle stark mit ihr mit, und ich spüre, wie erleichtert sie ist, daß sie mich bei sich hat. Ich spüre, daß es jemanden gibt, der versteht, daß ich *jetzt und unmittelbar* Bedürfnisse habe.
Und ich will mich nicht durch Schreien in den Mittelpunkt setzen. Ich möchte ihre Aufmerksamkeit dadurch gewinnen, daß ich herumturtle und sie zum Lächeln bringe. Deshalb versuche ich, lauter solche Sachen zu tun, und sie springt wie

verrückt darauf an. Ich versuche, vor allem durch meine Augen zu sprechen.
Mensch, bin ich froh, daß es [die Geburt] vorbei ist! Ich bin froh um jede Minute, die ich bei meiner Mutter bin.

Schluß:
Mit Ihrem bewußten Baby leben

Babys sind nicht mehr, was sie einmal waren. Jede neue Entdeckung über sie flößt uns mehr Respekt und Ehrfurcht vor ihnen ein. Geburtsberichte öffnen einen Türspalt, durch den wir einen Blick ins Reich des Bewußtseins werfen können. Hier ist kein Raum für Teströhrchen, Maße und Gewichte; es ist ein unsichtbares Reich, wo die Wissenschaft mal mit kühnen Schritten voranschreitet, dann wieder zaghaft auf Zehenspitzen tappt. Als Mutter oder Vater, die sich dem Zauber der Schwangerschaft öffnen, werden Sie sich fragen, wie Sie mit dem erwachenden Bewußtsein Ihres Babys umgehen sollen. Wenn Geburtsberichte wahr sind, werden wir viele unserer früheren Vorstellungen über das Wesen eines Babys neu überdenken müssen. Geburtsberichte sind bezaubernd persönlich und aufschlußreich; darüber hinaus enthalten sie Zündstoff, konfrontieren uns mit unvermuteter Intelligenz und legen uns nahe, daß Babys einen neuen Status verdienen, den einer bewußten Persönlichkeit. Babys teilen mit der restlichen Menschheit die Fähigkeit, ihr Bewußtsein zu bereichern und zu erweitern – und das ist ein Punkt, den wir erst seit kurzem bei uns selbst gelten lassen. Die Psychologie bezeichnet dies als »veränderte Bewußtseinszustände« oder »unbewußte« Zustände; sie hat uns langsam mit einer Reihe von Bewußtseinsformen bekanntgemacht, die vom Normalen abweichen und in denen Dinge möglich sind, die man einst für unmöglich gehalten hat.
Im ersten amerikanischen Lehrbuch der Psychologie von 1890 schrieb der Harvardprofessor William James, der nor-

male Wachzustand sei nur eine Form des Bewußtseins; ringsum befänden sich, von der dünnsten aller Trennwände abgeschirmt, potentielle Bewußtseinsformen ganz anderer Natur. Als Beispiele führt er an: Schlaf, Träume, Tagträume, hypnotische Trance, Meditation und psychische Zustände wie Telepathie, Hellsehen und mediale Fähigkeiten.

Seit Anfang der siebziger Jahre, als das Interesse an Geist und Psyche explosionsartig anwuchs, wurde James ursprüngliche Liste um Bewußtseinsformen erweitert, die durch Biofeedback, bewußtseinsverändernde Drogen, Atemtechniken und Nahtoderfahrungen erzeugt werden. Neue Experimente mit Tiefenentspannung, gelenkten Phantasien, Meditation und Hypnose haben ebenfalls zur Entdeckung einer bunten Vielfalt von Erinnerungen an die Geburt und an das Leben im Mutterleib geführt, zu Erinnerungen an vergangenes Leben und zu verschiedenen Formen außersinnlicher Wahrnehmung. Das Bewußtsein des Neugeborenen schließt möglicherweise alle diese Möglichkeiten ein.

Babys in Trance

Wenn Sie Ihr Baby länger beobachten, werden Sie sehen, wie es manchmal in eine selbstausgelöste Trance verfällt. Manche Psychologen nennen diese Zustände »Starr-Anfälle«, weil die Babys dabei zwanzig bis dreißig Sekunden lang völlig regungslos daliegen, weder Beine, Arme, noch Augen bewegen, keine Miene verziehen und keinen Laut von sich geben. Die Augen sind offen, stimmen aber nicht überein. Diese Episoden enden meist mit einem Blinzeln. Eine solche Trance ist etwas, das man beim Erwachsenen Autohypnose nennen würde, und scheint ähnlichen Zielen zu dienen: Ausruhen, Flucht vor Schmerzen oder Langeweile, tiefes Nachdenken über ein Erlebnis in der Vergangenheit – oder Zeitvertreib.

Sich in Trance zu versetzen kann für ein Baby eine tolle Sache sein. Wie Träume, jene anderen privaten Erfahrungen veränderter Bewußtseinszustände, die Babys mit uns gemein haben, sind Trancezustände ein Ausdruck kreativer geistiger Tätigkeit und intelligenter Selbststeuerung.

Geist unabhängig vom Gehirn

Unzählige neue Entdeckungen haben offenbart, daß sogar Ungeborene Zeichen intelligenter Steuerung zeigen, lange bevor sich das Gehirn entwickeln konnte, und daß viele der Fähigkeiten Ihres Babys angeboren sind. Beispiele dafür sind Lernen, Erinnern, Träumen, persönliche Ausdrucksformen und die Fähigkeit, sich mitzuteilen. Ich glaube, daß sich diese nichtkörperlichen, weniger sichtbaren Vorgänge am besten als Produkte des Geistes begreifen lassen, die einem anderen Entwicklungsplan als das Gehirn unterliegen und unabhängig davon aktiv werden können. Bei manchen Nahtoderfahrungen während medizinischer Eingriffe zum Beispiel ist das Gehirn betäubt, nicht aber der Geist, und während das Gehirn an seinen Ort gebunden ist, kann der Geist unter bestimmten Bedingungen woandershin »wandern« und Informationen zurückbringen, die das beweisen.

Seit den Arbeiten des Nobelpreisträgers Sir Charles Sherrington in den dreißiger Jahren hat die Ansicht, daß Gehirn und Geist voneinander getrennt sind, in der Neurologie immer mehr Eingang gefunden. Zwar ist diese Vorstellung noch nicht in breiten Kreisen akzeptiert, aber die Ergebnisse von Studien über außerkörperliche Erfahrungen, Erinnerungen an vergangenes Leben und andere veränderte Bewußtseinszustände lassen eine solche Trennung doch immer wahrscheinlicher erscheinen. Vielleicht hilft es Ihnen als Eltern, sich das Gehirn als Bio-Computer vorzustellen, dessen der Geist sich bei allen körperlichen Aktivitäten bedient. Darum sind auch Gesundheit oder Schädigung des Gehirns von so weitreichender Bedeutung. Der Geist ist vielleicht schon tätig, aber ein irgendwie beeinträchtigtes Gehirn verhindert, daß er sich normal ausdrücken kann. Meiner Meinung nach darf man mit Sicherheit annehmen, daß der Geist Ihres Babys voll arbeitet, während das Gehirn sich noch abmühen muß, heranzureifen.

Geist unabhängig von Sprache

Es wird Ihnen leichter fallen, sich mit Ihrem Baby zu verständigen, wenn Sie sich von dem Irrtum freimachen, Sprache sei die Grundlage des Denkens. Wir beginnen gerade erst zu begreifen, daß Denken und Mitteilungsvermögen viel grundlegendere Dinge sind als Sprache. In der Tat vertreten manche Forscher die Ansicht, Denken und Kommunikatonsvermögen seien dem Menschen angeboren, als integrale Bestandteile des Bewußtseins, unabhängig vom Alter.

Wie Sie beobachten können, wird Ihr Neugeborenes sofort zeigen, daß es ohne jede Übung mehrere »Universalsprachen« beherrscht. Ein intelligentes Mitteilungsvermögen zeigt sich in einer Reihe bedeutungsgeladener Laute und Schreivariationen, einer eindrucksvollen Mimik, in Körperbewegungen und Handzeichen, unmißverständlichen Gefühlsäußerungen und dem sofortigen Nachahmen von Gesten und Gesichtsausdrücken Erwachsener.

Bis vor kurzem gestand man Neugeborenen noch nicht zu, daß sie denken können, aber Denken liegt jedem Lernen zugrunde und auch jedem genauen Zuhören und forschenden Schauen, mit dem Babys ununterbrochen beschäftigt sind. Keine dieser geistigen Aktivitäten wartet auf die Entwicklung herkömmlicher Sprache. Das heißt, daß Sie sich bei Ihrer

Verständigung mit Ihrem Baby nicht auf die übliche Sprache zu beschränken brauchen.

Geist unabhängig vom Raum

In den letzten zwanzig Jahren wurden im Rahmen ausgedehnter Studien über außerkörperliche Erfahrungen Tausende von Fallgeschichten veröffentlicht. Viele Berichte außerkörperlicher Erfahrungen stammen von Menschen, die den Tod erlebt haben. Personen, die einen Herzstillstand, schwere Unfälle oder kritische Operationen überlebt haben und eine Zeitlang klinisch tot gewesen waren, berichten uns, wie sie sich zwischen Leben und Tod bewegt haben. Was sie dabei entdeckt haben, wird Ihnen helfen, eine weitere Bewußtseinsdimension Ihres Babys zu würdigen.

Bei vielen Geburtsberichten fällt auf, daß der Berichtende sich selbst und die Ereignisse aus einer gewissen Entfernung wahrnimmt, aus einer Perspektive oberhalb oder neben der tatsächlichen Lage des Subjekts. Das Baby findet dies vielleicht verwirrend. Zum Beispiel:

David

Manchmal fühle ich mich, als ob ich irgendwo im Raum wäre und wahrnehme, was vor sich geht, und dann bin ich wieder das Kind und sehe alles von diesem Standpunkt aus… Ich frage mich, wie ich hinter mir herumschauen kann?

Lisa

Es ist, als ob ich im selben Zimmer stehen würde. Manchmal kann ich es fühlen, manchmal schaue ich zu.

251

Vicki

Es ist wie ein blitzschnelles Hin und Her. Es ist, als ob ich jemand anders wäre und zuschaue, was geschieht. Bilde ich mir das alles nur ein? Ich glaube nicht, wage aber kaum zu sagen, was ich wirklich sehe.

Lore

Ich fühle mich schwerelos, schwebend. Niemand weiß, daß ich da bin; sie können mich nicht einmal sehen. Ich schaue dauernd durch das Fenster der Säuglingsstation; es ist komisch. Ich kann doch nicht auf beiden Seiten des Fensters sein! Ich schaue das Baby an; das bin ich.

Der Wissenschaftler John Lilly beschreibt seine eigenen außerkörperlichen Erfahrungen bei der Geburt. Er hatte das Gefühl, er wäre eingequetscht, in der Falle, und würde sterben. Er »spaltete [sich] ab... kam kurz heraus und schaute von draußen zu«, wo er sah, wie sich seine Mutter abkämpfte, um ihn zu gebären. Mehrere Stunden wartete er und schaute zu, während sein Kopf im Geburtskanal steckengeblieben war. Plötzlich, sagt er, trat der Kopf durch, das Baby kam heraus, und er schlüpfte in den Babykörper zurück. Er sagte, er hätte seinen Körper nach der Geburt noch viele Male verlassen, meist, um »auf Erkundungsreise« zu gehen.
Diese Unabhängigkeit des Geistes vom Raum haben Babys und Erwachsene gemein. Der Kardiologe Michael Sabom berichtet über mehrere Fälle, in denen Patienten detaillierte Beschreibungen ihrer eigenen Operation abgaben, die sie von einem Punkt oberhalb des Operationstischs mitverfolgt haben. Diese Patienten, die nichts über Chirurgie wußten, hatten eine Vollnarkose und waren mit Tüchern abgedeckt; sie hätten die Operation nicht einmal dann sehen können, wenn

sie wach gewesen wären. Dr. Sabom stellte die Berichte der betreffenden Chirurgen und ihrer Patienten zum Vergleich nebeneinander – wie auch ich selbst es bei meiner Studie mit den Geburtsberichten von Mutter und Kind getan habe (Kapitel 8). Sie stimmten überein.

Geist unabhängig von der Zeit

So beunruhigend es auch ist – Babys wissen bei der Geburt mehr, als sie in den neun Monaten im Mutterleib auch nur annähernd hätten lernen können. Wann und wo konnten sie soviel lernen? Ihre geistige Aktivität scheint sich über die normalen Zeitgrenzen hinweg auszudehnen.

Eine mögliche Antwort geben uns die spektakulären Fälle von Erinnerungen an vergangene Leben. Die wissenschaftliche Forschung hat auf diesem kontroversen Gebiet in den letzten Jahrzehnten große Fortschritte gemacht, die uns neue Antworten auf uralte Fragen über das Wesen von Geist und Psyche bieten. Besonders aufschlußreich sind hier die wissenschaftlichen Arbeiten von Ian Stevenson, Professor für Psychiatrie an der Medizinischen Fakultät der Universität von Virginia, der zweitausend Fälle aus zehn Kulturen rund um die Welt untersucht hat. Die Ergebnisse, bisher in sechs gelehrten Bänden veröffentlicht, sind verblüffend.

Stevenson interessierte sich vor allem für die Erinnerungen von Kindern, da er glaubte, ihre frühesten Erinnerungen seien noch am wenigsten von kulturellen Einflüssen gefärbt. 1983 berichtete er über eine Studie von 345 Kindern aus Indien und den USA, die behaupteten, sich an ein früheres Leben zu erinnern. In der Mehrzahl der Fälle fand Stevenson Bestätigungen für die Richtigkeit der Erinnerungen, darunter auch den Bericht einer noch lebenden Person, deren Leben mit der Erinnerung des Kindes übereinstimmte.

In beiden Ländern begannen die Kinder, von ihren Erinnerungen an ein vergangenes Leben zu erzählen, sobald sie sprechen konnten, etwa im Alter von drei Jahren. Im allgemeinen hörten sie mit fünf Jahren auf, über diese Erinnerungen zu sprechen – zum selben Zeitpunkt reden Kinder in der Regel auch nicht mehr über ihre Geburtserinnerungen. Manche Kinder erinnerten sich an fünfzig oder mehr Einzelheiten, unter anderem an zahlreiche Eigennamen, von denen viele nachgeprüft werden konnten. Im Gegensatz zu den Fällen in Indien kamen die Fälle in den USA oft in Familien vor, deren Mitglieder nicht an die Wiedergeburt glaubten, und wo sich die Eltern über das Kind lustig machten, es schimpften und gelegentlich sogar bestraften, weil es behauptete, es könne sich an ein früheres Leben erinnern.

Erinnerungen an ein vergangenes Leben waren für diese Kinder nicht nur etwas Abstraktes. Manchmal bestanden sie darauf, sich so anzuziehen, wie es ihrem Geschlecht im vergangenen Leben entsprach. Wer sich an einen gewaltsamen Tod erinnerte, hatte oft Angst vor der speziellen Mordwaffe oder der Todesart. Die Kinder lebten ihre Erinnerungen aus, genau wie Menschen ihre Geburtserinnerungen oder ihre außerkörperlichen Erinnerungen ausleben.

Peter, Olaf und Sarah sind drei meiner Patienten, bei denen die Unabhängigkeit des Geistes von der Zeit greifbar wurde. Der elfjährige Peter überraschte mich mit dem folgenden kurzen Bericht, als er gebeten wurde, zum Zeitpunkt seiner Geburt zurückzugehen.

Peter

Ich kann nicht. Ich bin draußen, aber es ist dunkel. Ich bin tot. Ich bin tot. Alle diese Leute um mich herum weinten. Ich atme nicht…

Jetzt lassen sie mich in die Erde hinunter. Ich bin in einer

Kiste, einer schwarzen Kiste... Es ist im Jahr 1840. Der Westen. Es gibt Cowboys...

Olaf wurde bei seiner Geburt durch aufblitzende Erinnerungen des Ertrinkens verstört. Diese standen offenbar in bezug dazu, wie er in seinem vorangegangenen Leben gestorben war.

Olaf

Es war so, als ob dieses Wasser über meinem Kopf wäre. Es hat mir im Mutterleib nicht gefallen. Ich fühlte mich seekrank und im Wasser herumgewirbelt... ein Gefühl des Ertrinkens. Ich kann meinen Kopf nicht über das herumschwappende Wasser halten....
Ich sehe vor mir diese Mauer, eine Schloß- oder Burgmauer, und ich sehe, wie ich ins Meer falle und ertrinke. Ich war auf dieser Mauer... ein erwachsener Mann, etwa dreißig Jahre alt... niedergeschlagen, von Sorgen gequält...
[Wieder bei der Geburt] Ich schnappe nach Luft...

Bei ihrer Geburt war Sarah entrüstet, als sie entdeckte, daß sie wie ein Baby behandelt wurde, und daß ihre Eltern nicht erkannten, wer sie wirklich war. Ihre Erinnerungen an ein früheres Leben als königliche Hoheit mischten sich unter ihr gegenwärtiges Leben. Die jetzigen Umstände fanden nicht ihren Beifall.

Sarah

Ich bin *kein* Baby. Ich bin alt. Ich habe kein bestimmtes Alter... Ich kenne sie seit langem. Ich verstehe nicht, warum sie sich benehmen, als ob sie mich erst so kurz kennen. Ich bin wirklich frustriert. Ich soll doch nicht das *Baby* sein, ich soll doch die Dinge in der Hand haben.
Ich weiß, daß sie mich Sarah nannten, weil Sarah »Prinzes-

sin« bedeutet. Sie *wissen*, wer ich war, deshalb haben sie mich Sarah genannt. Ich wünschte, sie würden sich erinnern, weil es für mich umso schwerer ist, mich an meine wirkliche Identität zu erinnern, je länger sie mich so behandeln. Ich will einfach nicht, daß sie die Führung übernehmen, und es sieht so aus, als könnte ich ihnen das nicht erklären... Sie begreifen es nicht.

Ich sitze auf dem Sofa... schaue meine Mutter an und denke, wie haben wir denn das fertiggebracht? (*Lacht*) Wie kommt es, daß wir in diesem kleinen Haus in Pacific Beach sind und auf diesem alten Sofa sitzen?

Jeder findet mich so frühreif... Ich finde es lustig. Ich habe immer noch einen Sinn für Humor... es geht verrückt zu auf der Welt.

Geist und Persönlichkeit

Wenn Sie Ihrem Baby in die Augen schauen, werden Sie ganz stark die Gegenwart einer Persönlichkeit spüren. Die Wissenschaft hat lange gebraucht, das zur Kenntnis zu nehmen. Vielleicht zögern Sie selbst, die Anzeichen von Entschlossenheit, Urteilsvermögen, Vornehmheit, Mitgefühl und Mut zu akzeptieren, die in den Geburtserinnerungen durchscheinen. Ich sehe sie als persönliche Wahrzeichen an, als Fingerabdrücke der Persönlichkeit.

Babys zeigen bei der Geburt ein Bewußtsein ihrer selbst, wenn sie Aufnahmen ihres eigenen Schreiens erkennen und darauf reagieren. Sie beweisen Einfühlungsvermögen, wenn sie auf das Schreien Gleichaltriger reagieren und aufmerksam Ihre Schwierigkeiten bei den Wehen verfolgen. Babys sprechen davon, daß sie ihre Arme ausstrecken und ihre Mutter trösten wollen.

Unsere Unfähigkeit, Babys eine Persönlichkeit zuzugestehen,

könnte sie daran hindern, ihre Möglichkeiten voll zu entfalten. Linda, die Sie in Kapitel 8 kennengelernt haben, machte im Alter von sechzehn Jahren im Anschluß an die Erinnerung an ihre Geburt die Bemerkung, daß sie sich bei ihrer Geburt »weise« fühlte und großes Wissen besaß. Bis zum Alter von drei Jahren jedoch war sie zu einem unauffälligen Kind geworden, das die von ihr erwartete Rolle ausfüllte. Sie sagte, sie sei das »dumme kleine Kind« geworden, das sie nach Ansicht aller sein sollte, und mußte ein zweites Mal erwachsen und weise werden!

Linda ist natürlich nicht die einzige, die ihr Selbstgefühl in Worte faßt. Marion findet tiefsinnige Worte dafür: »Ich fühlte mich warm, sicher, zufrieden, ein selbstsicheres Kind, aber sehr weise, ein weiser Mensch im Körper eines Kindes.«

Geburtsberichte lassen erkennen, daß Babys eine eigene Identität besitzen; sie bekommen sie nicht von ihren Eltern. Babys handeln überlegt und bauen Erfahrungen um den inneren Kern eines Selbst herum auf. Diese Identität ist aber zerbrechlich und vielen Bedrohungen ausgesetzt. Ablehnung, ständige Kritik oder körperliche Mißhandlung kann diese Identität erschüttern, sie verunsichern und vielleicht sogar zerschlagen, was zu Problemen führt, die Jahre später psychotherapeutische Behandlung nötig machen. Aber diese Verkümmerung des Selbst muß nicht sein. Mit Freundlichkeit und Achtung der Person Ihrer Kinder gegenüber können Sie mehr für sie tun als Sie je für möglich gehalten haben.

Wie das Spektrum der Farben, die in der Sonne aus einem Prisma leuchten, enthüllen Geburtsberichte die vielen Facetten der Bewußtseinsdimensionen.

Geburtserinnerungen machen Ihnen deutlich, daß Ihr Baby ein geisterfülltes Wesen ist. Die Person, die sich dieses Geistes bedient, ist viel eher bereit, mit Ihnen Kontakt aufzunehmen, als Sie vielleicht vermutet haben. Ich habe das Gefühl, daß Babys in der Zukunft noch größere Überraschungen für uns bereithalten als bisher, zum Teil deshalb, weil sie endlich unsere Aufmerksamkeit besitzen. Wir müssen uns auf haarsträubende Geschichten über Babys gefaßt machen, die Worte sprechen, einfache Liedchen singen, lächeln oder lachen. Babys besitzen unerwartete Fähigkeiten. Sie kommen geheimnisumwoben bei uns an, in Windeln gewickelte Genies, die sich als Babys »verkleidet« haben.

Manche von Ihnen werden die Vorstellung, daß Babys ein derartiges Bewußtsein besitzen sollen, unglaublich finden.

Andere werden sagen: »Das habe ich schon immer gewußt!«

Anhang

Anmerkung:
Abtreibung

Abtreibung ist für fast jeden ein schmerzhaftes Thema. Ich kenne einige Schwestern und Ärzte, die beschlossen haben, keine Abtreibungen mehr durchzuführen, und andere, die sie weiter durchführen, nicht, weil sie es gern tun, sondern weil sie davon überzeugt sind, daß diese Wahlmöglichkeit bestehen bleiben sollte.

Viele, die ungeborene Babys lieben, sind leidenschaftliche Gegner der Abtreibung. Ich teile ihr Anliegen, sehe aber auch die Familien, vor allem die Frauen, die immer eine unverhältnismäßig hohe Last tragen mußten, wann immer sexuell etwas schieflief. Ich glaube, es steht ihnen zu, selbst zu entscheiden, was in ihrem Körper passiert.

Manche meiner Kollegen haben das Thema Abtreibung auf einfache Grundsätze zurückgeschraubt, die es ihnen ermöglichen, ganz dafür oder ganz dagegen zu sein. Das ist mir nicht gelungen. Abtreibung ist zwangsweise ein komplexes Thema, weil so vieles zu berücksichtigen ist: 1. Wissenschaft und Theologie, 2. Moral und Politik, 3. moralische Fragen, die über das Wohlergehen von zwei oder mehr Betroffenen entscheiden, nicht nur von einem, 4. quälende seelische Entscheidungen, 5. die medizinische Praxis, 6. Rechte, die die Privatsphäre und Gewissensentscheidungen betreffen, und 7. Bevölkerungsprobleme von weltweiten Ausmaßen. Noch dazu ist jeder dieser Aspekte in Zusammenhang mit Fragen spiritueller Natur zu sehen, die eine Sache des persönlichen Glaubens sind und nicht unbedingt von jedermann geteilt werden.

Meine eigenen Erfahrungen mit Geburtserinnerungen haben

mir gezeigt, daß das menschliche Bewußtsein mehr ist als nur körperlich und in allen Stadien Kontinuität und Reife besitzt. Für mich ist intelligentes Leben vor der Geburt eine Realität, allerdings eine spirituelle. Die genaueste Bezeichnung für nichtkörperliches, aber bewußtes Leben, die ich kenne, ist »Geist«. Der Geist, mit dem wir es in der frühen Schwangerschaft zu tun haben, ist ein Geist, für den gerade ein Körper im Bau ist, welcher aber noch nicht funktioniert.

Geister ohne Körper erleiden auf dem Gebiet von Recht und Gesetz Schiffbruch. Dies ist einer der Gründe, warum es so schwer ist, auf Fragen der Abtreibung eine Antwort zu finden. Aus praktischen Gründen müssen Geister vollständig verkörperlicht sein, um in unserem System der Rechtsprechung als Personen behandelt zu werden. So gesehen glaube ich, daß der Oberste Gerichtshof der USA eine weise Entscheidung traf, als er die körperliche Lebensfähigkeit als Voraussetzung nannte, wenn es darum geht, sich mit den Rechten des Ungeborenen zu befassen.

Wer kann denn schon über Geister bestimmen? Das ist weder eine Aufgabe für die Kirche oder den Staat noch für die Wissenschaft. Persönlich bin ich überzeugt davon, daß der Schöpfer für Geister schon die richtigen Vorkehrungen getroffen hat; im Gegensatz zu vielen anderen glaube ich nicht, daß man einen Geist töten kann. Die Vorstellung, daß Menschen den Geist »ermorden« könnten, erscheint aus theologischer Sicht als Anmaßung. Mit gutem Grund scheinen Leben und Tod des Geistes unserem Zugriff entzogen worden zu sein.

Wenn Eltern eine Abtreibung in Erwägung ziehen, vermute ich, daß die Ungeborenen diese Gedanken wahrnehmen, und daß es ihnen helfen würde, wenn die Eltern mit ihnen offen und mitfühlend darüber sprechen. Empfehlungen für diesen schwierigen Dialog wurden von perinatalen Psychologen erarbeitet (genauere Hinweise dazu können Sie den »Quellen und Literaturhinweisen« entnehmen). Mütter berichteten, daß sie nach einem solchen ernsten Gespräch einen Strom der Liebe vom Ungeborenen kommen spürten, Heilung erfuhren und sich in ihrer Entscheidung bestärkt fühlten.

Manche meinen, sie müßten das Ungeborene schützen, weil es sich nicht selbst schützen kann. Diese Vorstellung von der spirituellen Welt ist vielleicht nicht ganz gerechtfertigt. Meiner Auffassung nach ist ein Geist alles andere als hilflos. Wenn die Voraussetzungen nicht stimmen, kann ein Geist seinen unfertigen Körper verlassen. Solche Fehlgeburten ereignen sich oft aus physischen Gründen, aber vielleicht hat das Ungeborene auch selbst eine Wahlmöglichkeit. Wenn Sie ein Geist wären, würden Sie dann auf eine Abtreibung warten, die schon beschlossene Sache ist und drohend bevorsteht?

Frauen, die mit ihrem Gewissen über eine Abtreibung ins reine gekommen sind, haben das Recht auf eine angemessene medizinische Versorgung. Schlecht durchgeführte Abtreibungen sind eine Bedrohung für Leben und Gesundheit. Jahrhundertelang sind verzweifelte Frauen zur Engelmacherin gegangen; noch heute sterben etliche dabei. In Lateinamerika und Afrika schätzt man, daß die Hälfte der Todesfälle im Zusammenhang mit Schwangerschaften durch unerlaubte Abtreibungen bedingt sind. Für die Dritte Welt bedeutet das eine Viertel Million Tote. Vor nicht allzu langem passierte das auch bei uns. Den Frauen medizinische Hilfe zu verweigern, ist kein geeigneter Weg, um den Babys zu helfen.

Aber auch Abtreibungskliniken sind kein Grund zum Jubeln. Sie sind kein glücklicher Ort, weder für das Personal oder die Patienten noch für die Geister der Ungeborenen. Was hier abläuft, ist ein todernstes Geschäft; man korrigiert die »Irrtümer«, die durch Unwissenheit, Fehleinschätzungen, Vergewaltigung oder Krankheit entstanden sind. Wer Abtreibungskliniken schließen will, schafft diese Probleme damit nicht aus der Welt.

Um den gesetzlichen Schutz für das Ungeborene zu erweitern, bemühen sich manche Aktivisten um die Herabsetzung der Altersgrenze, ab wann ein Baby als überlebensfähig gilt, nämlich ab wann Frühgeburten durch außerordentliche medizinische Eingriffe gerettet werden können. Dies drängt die Medizin in eine Rolle, die sie bereits mehr schlecht als recht erfüllt: Menschen durch Maschinen am Leben zu erhalten. Weil die Apparate zur Verfügung stehen, wird eine zunehmende Zahl viel zu früh geborener Babys in unwirklich anmutenden Säuglings-Intensivstationen unter Schmerzen an lebenserhaltende Miniaturgeräte angeschlossen.

Mitleiderregend winzige Babys von der Größe eines Schuhs, mit halb unfertigen Körpern, werden in eine solche von Menschenhand geschaffene Gebärmutter gezwungen und »auf wunderbare Weise« gerettet, aber der Preis ist hoch – die täglichen Versorgungskosten gehen in die Tausende, mehrfache chirurgische Eingriffe sind notwendig, und auf eine beträchtliche Zahl dieser Babys wartet ein Leben mit schweren Behinderungen. Als der Oberste Gerichtshof der USA die Lebensfähigkeit auf 28 Schwangerschaftswochen festsetzte, wählte er bereits eine bedenkliche Altersgrenze. Heute können manche Babys schon mit 24 Wochen gerettet werden, aber die Bedingungen, unter denen das geschieht, sind erschreckend. Die Grenze der Lebensfähigkeit noch weiter herabzusetzen würde unsagbares Leiden bedeuten, da immer mehr körperlich unreife Babys an Maschinen enden würden. Manchmal bleiben die Abtreibungsversuche einer Mutter wirkungslos, und ihr Baby überlebt. Solche lebensbedrohlichen Ereignisse prägen sich in das Bewußtsein des Ungeborenen ein und können, obwohl sie stark verdrängt werden, schließlich ans Licht kommen. Bis dahin können sie einen heimtückischen, verborgenen Einfluß ausüben, dem schwer beizukommen ist, weil das wahre Problem nicht erkannt wird. Für das Ungeborene ist ein Abtreibungsversuch ein erschreckendes Erlebnis, das ein grundlegendes Verhaltensmuster aus Mißtrauen, Zorn, Schuldgefühlen oder Depressionen schaffen kann, welches das Verhalten jahrelang beeinflußt. Eine Mutter, die erkennt, welchen Schaden der Abtreibungsversuch verursacht hat, kann aber den psychischen Heilungsprozeß durch einen ehrlichen Dialog mit ihrem Kind unterstützen, wenn sie den Mut dazu hat.

Psychotherapeuten bekommen regelmäßig Klagen von Patienten zu hören, die den Abtreibungsversuch ihrer Mutter nur überlebt haben, um einem womöglich noch schlimmeren Schicksal ausgesetzt zu sein: unerwünscht und ungeliebt zu sein. Dieser Zustand kann viel seelisches Leiden verursachen, ist aber durchaus vermeidbar. Geplante Elternschaft ist eine mögliche Alternative, die dazu beiträgt, daß jedes Kind erwünscht ist, jedes Kind geliebt wird. Adoption erreicht dasselbe Ziel und sollte erleichtert werden.

In Zukunft wird es der medizinischen Technologie wahrscheinlich gelingen, Methoden der Geburtenkontrolle zu entwickeln, die sowohl für Männer als auch für Frauen wirklich ungefährlich sind. Dann werden auch die Abtreibungen stark zurückgehen. Aber die Technologie kann nicht alle menschlichen Irrtümer verhindern. Menschen haben sexuellen Kontakt miteinander und scheinen dann überrascht zu sein, wenn sich eine Schwangerschaft einstellt. Die Lösung der Abtreibungsfrage liegt nicht nur in der Hand der Ärzte, sondern auch der Erzieher. Wir brauchen die Vision einer bewußten Elternschaft, die zwischen sexueller Aktivität und dem Zeugen eines Kindes unterscheidet, die das Leben bejaht, auf das Leben vorbereitet und das Leben willkommen heißt.

Wäre alles vollkommen, gäbe es keine ungewollten Schwangerschaften, und man bräuchte keine Abtreibungen. Aber solange es Unvollkommenheiten gibt, glaube ich, daß das, was Babys in ihren Geburtserinnerungen ausdrücken, für uns Anlaß sein sollte, mit ihnen so human und einfühlsam wie nur möglich umzugehen.

Anmerkung:
Elterliche Schuldgefühle

Wenn Eltern hören, daß sich Babys an ihre Geburt erinnern, sehen sie sich einer erschreckenden neuen Möglichkeit gegenüber: daß nämlich ihr Kind von Anfang an Gefühle und Denkfähigkeit besaß und von dem, was bei seiner Geburt gesagt und getan wurde, womöglich negativ beeinflußt wurde.

Unwillkürlich fragen Sie sich: Was hat sich mein Baby dabei gedacht? Habe ich ihm bleibenden Schaden zugefügt? Vielleicht erkennen Sie einen Zusammenhang zwischen einem Ereignis in der Schwangerschaft und dem Verhalten Ihres Kindes seither. Vielleicht ist bei der Geburt etwas passiert, das erklären könnte, warum die Bindung Ihres Kindes zu Ihnen mehr oder weniger stark ist. Solche Gedanken können Schuldgefühle aufwühlen.

Hier sind einige Vorschläge, was Sie tun können, um mit solchen Schuldgefühlen fertigzuwerden:

Denken Sie über die Geburt nach und sprechen Sie darüber. Es ist sinnvoll, sich über Ihr Leben während der Schwangerschaft klar zu werden, über die Gefühle, die Sie bei der Geburt Ihres Kindes hatten, und alle besonderen Worte, die an das Baby gerichtet wurden. Die Vergangenheit läßt sich nicht ändern, aber sie zu verstehen kann eine starke Heilwirkung auf Sie ausüben und die Schuldgefühle nehmen. Wenn Sie über alle Fehler oder traumatischen Ereignisse sprechen, können Sie und Ihr Baby nur Nutzen daraus ziehen.

Ich glaube, daß uns Babys auf geheimnisvolle Weise verstehen können, wenn wir ernsthaft und ehrlich die Wahrheit aussprechen. Kinder machen sich über die Dinge genau wie die Erwachsenen ihre Gedanken, daher werden sie erleichtert sein, wenn ihre Eltern die Realität schildern, wie sie ist.

Sie haben wahrscheinlich Hemmungen, die persönlichen Anteile von Schwangerschaft und Geburt offenzulegen, aber diese Intimitäten sind lebendige Geschichte für Ihr Kind. Solche Informationen lassen sich aus anderer Quelle meist nicht erhalten. Wahrscheinlich glauben Sie, Sie sprechen über Negatives, aber Ihr Innerstes ehrlich zu enthüllen ist ein Zaubermittel, das negative Gefühle in positive verwandeln kann.

Hören Sie auf, Ihre Schuldgefühle auszuleben. Vielleicht haben Sie es sich angewöhnt, sich schuldig zu fühlen. Übertriebene Schuldgefühle können bei Ihnen Familientradition sein, überliefert von den Großeltern und Eltern auf die Kinder. Fragen Sie sich einmal, ob Schuldgefühle Ihre Art sind, Liebe zu zeigen. Wenn das so ist, schieben Sie dem sofort einen Riegel vor. Konzentrieren Sie sich statt dessen darauf, wie Sie wirklich Ihre Liebe zeigen können.

Bescheiden Sie sich damit, einer unter vielen Einflüssen zu sein. Eine Hauptquelle für Schuldgefühle ist die Vorstellung, Elternsein bedeute, jeden und alles im Leben Ihres Kindes unter Kontrolle zu haben – doch das stimmt nicht wirklich. Wenn Kinder etwas falsch machen, nehmen die beunruhigten Eltern die Verantwortung dafür auf sich und fragen sich, was sie falsch gemacht haben. Die Antwort auf diese Frage lautet wahrscheinlich: Nichts. Eltern sind nur eine der vielen Kräfte, die im Leben eines Kindes zusammenwirken. Wenn Sie Ihren Beitrag als Einfluß, nicht als Kontrolle zu sehen lernen, wird Ihr Gesamtvorrat an Schuldgefühlen auf eine angemessene Größe zusammenschrumpfen.

Kinder reagieren unterschiedlich. Lassen Sie sich davon trösten, daß Kinder ihre eigenen Gefühle und Gedanken haben. Schauen Sie sich Familien mit zwei Kindern an, denen dieselben guten (oder schlechten) Eltern beschert worden sind. Das eine Kind genießt als Erwachsener öffentliches Ansehen, das andere entwickelt sich zum schwarzen Schaf. Nicht die Schuld der Eltern, sondern die Entscheidung des Kindes hat diese unterschiedliche Entwicklung bedingt.

Kinder können Sie zum Narren halten, wenn sie sich einfach nichts aus den Dingen machen, die Sie wichtig finden. Alle Kinder reagieren auf ein Trauma verschieden. Ich glaube, der Grund dafür ist, daß manche weiter entwickelt sind als andere. Eine Mutter in meiner Studie hatte Schuldgefühle wegen einer spontanen Bemerkung, die sie im Kreißsaal hatte fallen lassen. Sie hatte gesagt – halb im Scherz, halb im Ernst -: »Was für ein häßliches Monster!« Aber diese Bemerkung tauchte in den Geburtserinnerungen der Tochter gar nicht auf. Vielleicht hat sie sich ihr nicht eingeprägt, oder sie war reif genug, um sie an sich abprallen zu lassen. Mutter wie Tochter zufolge hatten die beiden eine gute Beziehung zueinander.

Von Babys lernen. Eltern sind nicht vollkommen, wer aber versucht, eine gute Mutter oder ein guter Vater zu sein, muß auch seine Irrtümer zugeben können. Die Bemerkung einer Mutter zum Arzt: »Warum haben Sie ihr nicht einfach die Nabelschnur um den Hals gewickelt und sie erwürgt?« entzweite Mutter und Kind für viele Jahre. Für die beiden war es notwendig, miteinander zu sprechen, das Gift zu neutralisieren und eine gemeinsame Basis zu finden. In solchen Fällen leisten die Schuldgefühle dann einen guten Dienst, wenn sich die Betroffenen auf Versöhnung, auf *Lernen* konzentrieren anstatt auf Bedauern.

Wir haben lange gebraucht, bis wir Babys in der Rolle von Lehrern akzeptiert haben. Babys nehmen Sie – unvorbereitet,

268

ohne zu wissen, was Sie zu tun haben – und machen aus Ihnen eine Mutter oder einen Vater. Zwar machen Sie Fehler, das stimmt, aber Babys geben Ihnen ständig zu verstehen, was sie brauchen. Babys wissen zum Beispiel, wann sie hungrig sind, und können Ihnen das besser beibringen als Sie es ihnen. Ihre Lernbedürftigkeit ist vielleicht Ihr größtes Plus. Während Ihr Baby heranwächst, lernen Sie immer mehr.

Dem Anschein nach bloß ein Baby, doch eines, das Weisheit und Mut zeigt – sind Sie bereit, sich darauf einzulassen? Halten Sie Ausschau nach den zarten Gesten des Trostes und der Liebe, die es für Sie bereit hält. Ihr Baby beobachtet Sie, spürt, ob Sie glücklich oder mutlos sind, versucht, Sie zu zerstreuen oder zu unterhalten, und wird vielleicht sogar ein Ablenkungsmanöver inszenieren, wenn eine dritte Partei den Frieden stört.

Vielleicht weiß Ihr Baby wie über so vieles andere auch über Ihre Schuldgefühle Bescheid und versucht, Ihnen zu helfen. Können Sie sich für diese Möglichkeit öffnen?

Quellen und Literaturhinweise

Einführung: Wie Neugeborene wirklich sind

Einer der ersten, die die internationale Aufmerksamkeit darauf lenkten, wie die Geburt vom Standpunkt des Babys aus aussieht, war der französische Geburtshelfer Frédérick Leboyer: *Geburt ohne Gewalt*. München: Kösel, (1975) 5. Aufl. 1988.

Den umfassendsten Überblick über alle Aspekte von Schmerz bei Neugeborenen geben K. J. S. Anand und P. R. Hickey: »Pain and Its Effects in the Human Neonate and Fetus«, in: *New England Journal of Medicine* 317. S. 1321-1329, 1987.

Zu den wenigen Büchern, die die weitreichenden Fähigkeiten von Neugeborenen würdigen, gehören: Tom Bower: *A Primer of Infant Development*. San Francisco: W.H. Freeman, 1977; Edward Tronick und Lauren Adamson: *Babies as People: New Findings on Our Social Beginnings*. New York: Collier Books, 1980; Marshall und Phyllis Klaus: *Neugeboren. Das Wunder der ersten Lebenswochen*. München: Kösel, 1988. Die Ansichten des französischen Psychologen Jean Piaget (die in meinen Augen den Neugeborenen einen schlechten Dienst erweisen) zitiert Burton White: *The First Three Years of Life*. New York: Prentice Hall Press, S. 12-30, (1975) 2. Aufl. 1985.

Das erste Lehrbuch auf dem neuen Gebiet der prä- und perinatalen Psychologie ist Thomas Verny (Hg.): *Pre & Perinatal Psychology: An Introduction*. New York: Human Sciences Press, 1987. In Nordamerika ist die Organisation, die sich mit allen psychologischen Aspekten der Geburt befaßt, die »Pre & Perinatal Psychology Association of North America« (PPPANA), die 1983 von Dr. Thomas Verny gegründet wurde und allen Interessierten offensteht. Der Verband hat alle zwei Jahre internationale Kongresse abgehalten: in Toronto (1983), San Diego (1985) und San Francisco (1987). Mitglieder erhalten das *Pre & Perinatal Psychology Journal* und einen periodischen Nachrichtenbrief. Wenn Sie weitere Informationen wünschen, schreiben Sie an PPPANA Headquarters, 13 Summit Terrace, Dobbs Ferry, N.Y. 10522, USA.

In Europa beschäftigt sich mit Themen pränataler Psychologie die 1971 gegründete »International Society for Study of Prenatal Psychology and Medicine« (ISSPP). Die ISSPP hat bisher acht Kongresse und Symposien veranstaltet. Um Informationen über die alle drei Jahre stattfindenden Konferenzen zu erhalten, schreiben Sie bitte an den Präsidenten Dr. Peter Fedor-Freybergh, Engelbrektsgatan 19, S- 114, 32, Stockholm, Schweden.

1 Körper und Gehirn entstehen

Um das Alter des Fötus anzugeben, gibt es zwei verschiedene Methoden. Manche bevorzugen die Angabe »post menstruationem« (Zeit vom ersten Tag der letzten Regel bis zum Tag der Geburt) oder nach der Kopf-Rumpf-Länge, der Größe des Fötus vom Scheitel bis zum Steiß; nach diesem System dauert eine Schwangerschaft vierzig Wochen. Embryologen sind am Alter vom Tag der Befruchtung an (»post conceptionem«) interessiert, daher zählen sie von diesem Zeitpunkt ab in Tagen und Wochen; nach diesem System dauert die Schwangerschaft achtunddreißig Wochen.

Die berühmtesten intrauterinen Photographien von der Befruchtung und der Entwicklung im Mutterleib stammen von Lennart Nilsson: *Ein Kind entsteht: Bilddokumentationen über die Entwicklung des menschlichen Lebens im Mutterleib.* München: Bertelsmann, Neuausgabe 1984. Zu erwähnen ist auch der Film von Nilsson: *The Miracle of Life.* Boston: WBGH Educational Foundation, 1983.

Begeisterung für die Embryologie vermittelt den werdenden Eltern Geraldine Flanagan: *Die ersten neun Monate des Lebens.* Reinbek: Rowohlt, 1963. Eine einfühlsame und informative Darstellung der ersten Sinnesempfindungen und Gefühle des Ungeborenen wahrend seiner Entwicklung im Mutterleib bietet Katharina Zimmer: *Das Leben vor dem Leben. Die seelische und körperliche Entwicklung im Mutterleib.* München: Kösel, (1984) 2. Aufl. 1988. Die medizinisch exakten Untersuchungen des Fötus an der Universität Pittsburgh begannen mit Davenport Hooker: *The Prenatal Origin of Behavior.* Lawrence, Kansas: University of Kansas Press, 1952.

Bewegungsmuster des Fötus sind beschrieben bei L. G. R. Van Dongen und E. G. Goudie: »Fetal Movement Patterns in the First Trimester of Pregnancy«, in: *British Journal of Obstetrics & Gynecology*. 87, S. 191-193, 1980; und bei A. William Liley: »The Foetus as a Personality«, in: *Australian & New Zealand Journal of Psychiatry*. 6 (2), S. 99-105, 1972.

Über Einflüsse, die das Ungeborene schädigen können, informiert Richard M. Goodman: *Damit es ein gesundes Baby wird. Wie Eltern Gesundheitsrisiken vermeiden können.* Weinheim: VCH Verlagsgesellschaft (edition medizin), 1988.

Ein Ratgeber für Eltern zum Umgang mit Teratogenen ist Ronald und Barbara Gots: *Caring for Your Unborn Child.* New York: Stein & Day, 1977. Die Gefahr von Mißbildungen in Zusammenhang mit Alkoholkonsum zur Zeit der Befruchtung wird aufgezeigt von Claire Ernhart, R. Sokol u.a.: »Alcohol Teratogenicity in the Human: A Detailed Assessment of Specificity, Critical Period, and Threshold«, in: *American Journal of Obstetrics & Gynecology*. 156 (1), S. 33-39, 1987.

Führend in den Untersuchungen zum »fließenden Gehirn« sind Richard Bergland: *The Fabric of Mind.* New York: Viking, 1985; und Candace Pert: »Neuropeptides: The Emotions and Bodymind«, in: *Noetic Sciences Review*. 2 (Spring), S. 13-18, 1987.

2 Wach und bewußt

Wer sich ausführlich über die Sinne des Neugeborenen informieren will, findet 200 Literaturnachweise in David B. Chamberlain: *Consciousness at Birth: A Review of the Empirical Evidence.* San Diego, Ca.: Chamberlain Communications, 1983 (Bestelladresse: 909 Hayes Ave., San Diego, California 92103, USA). Der neueste wissenschaftliche Überblick über Sinne und Wahrnehmung bei Säuglingen ist Phillip Salapatek und Leslie Cohen (Hg.): *Handbook of Infant Perception.* Band 1, New York: Academic Press, 1987.

Über die Pionierarbeit Henry Trubys zum Schreien von Säuglingen können Sie nachlesen im Aufsatz von John Lind (Hg.): »The Newborn Infant Cry«, in: *Acta Paediatrica Scandinavica*. 163 (Supplement), 1965. Ein neuerer Überblick aller Studien über das Schreien ist Barry M. Lester und C. F. Z. Boukydis (Hg.): *Infant Crying*. New York: Plenum, 1985.

3 Lernen und Erinnern

Interessante Informationen über das Leben vor der Geburt, einschließlich der vorgeburtlichen Erinnerungen von Boris Brott, finden sich in Thomas Verny und John Kelley: *Das Seelenleben des Ungeborenen*. München: Rogner und Bernhard, 1981.

Ein Überblick über alle Aspekte der Denktätigkeit Neugeborener mit 250 Literaturverweisen ist David B. Chamberlain: »The Cognitive Newborn: A Scientific Update«, in: *British Journal of Psychotherapy*. 4 (1), S. 30-71, 1987.

Wie Säuglinge Stimmen erkennen wird in folgenden Studien dargestellt: Jacques Mehler, Josiane Bertoncini u.a.: »Infant Recognition of Mother's Voice«, in: *Perception*. 7, S. 491-497, 1978; und Anthony DeCasper und William Fifer: »Of Human Bonding: Newborns Prefer Their Mothers' Voices«, in: *Science*. 208, S. 1174-1176, 1980.

Bahnbrechende Studien über die Nachahmungsfähigkeit Neugeborener stammen von Andrew Meltzoff und Keith Moore: »Imitation of Facial and Manual Gestures by Human Neonates«, in: *Science*. 198, S. 75-78, 1977; und von Tiffany M. Field u.a.: »Discrimination and Imitation of Facial Expressions by Neonates«, in: *Science*. 218, S. 179-181, 1982.

Die besonderen Vorteile eines frühen Kontakts Neugeborener mit ihren Eltern werden abgehandelt in Marshall Klaus und John Kennell: »Early Events: Later Effects on the Infant«, in: Justin Call, Eleanor Galenson und Robert Tyson (Hg.): *Frontiers of Infant Psychiatry*. New York: Basic Books, S. 7-16, 1983.

Veröffentlichungen und Workshops werden in vielen amerikanischen Städten angeboten von der Infant Stimulation Education Association, UCLA Center for Health Sciences, Factor Building 5- 942, Los Angeles, Calif. 90024, USA; und vom Better Baby Institute, 8801 Stenton Ave., Philadelphia, Pa. 19118, USA.

Bücher, Leitfäden und Tonbänder zum Thema der Kommunikation mit dem Ungeborenen finden Sie in Evlyn Bowen: *Lovestart*. Los

Angeles: Hay House, 1988; Sie können sich auch wenden an The Prenatal University, 27225 Calaroga, Hayward, Calif. 94545, USA.
Einen einfühlsamen Überblick über Lern- und Gedächtnisprozesse beim Neugeborenen geben Carolyn Rovee-Collier und Lewis P. Lipsitt: »Learning, Adaptation, and Memory«, in: Paul Stratton (Hg.): *Psychobiology of the Human Newborn*. London und New York: Wiley & Sons, Kapitel 7, 1982.

4 Eine gewinnende Persönlichkeit

Sir William Liley war einer der ersten, der sich in einem faszinierenden Aufsatz mit der Persönlichkeit des Fötus befaßte: »The Foetus as a Personality«, in: *Australian & New Zealand Journal of Psychiatry*. 6 (2), S. 99-105, 1972.
Die Traumtätigkeit von Neugeborenen einschließlich Frühgeborener wurde maßgeblich dargestellt von Howard P. Roffwarg, Joseph Muzio und William Dement: »Ontogenetic Development of the Human Sleep-Dream Cycle«, in: *Science*. 152, S. 604-619, 1966.
T. G. R. Bower geht der Bedeutung des Lächelns von Neugeborenen nach: *A Primer of Infant Development*. San Francisco: W. H. Freeman, Kapitel 3 und 7, 1977.
Der aufschlußreiche Film über einen Vater und sein Baby und ihre synchrone Kommunikation wurde von Daniel N. Stern gedreht; darüber berichtet Louis W. Sander: »New Knowledge about the Infant from Current Research: Implications for Psychoanalysis«, in: *Journal of the American Psychoanalytic Association*. 28, S. 181-198, 1980.
Viele Informationen über Neugeborene, darunter auch der Bericht über das Experiment maskierter Mütter beim Füttern, finden sich in Edward Tronick und Lauren Adamson: *Babies as People: New Findings on Our Social Beginnings*. New York: Collier Books, 1980.

Das Foto eines Fötus, der mit völlig entrücktem Gesichtsausdruck seine Nabelschnur umfaßt hält, ist enthalten in Lennart Nilsson: *Ein Kind entsteht: Bilddokumentationen über die Entwicklung des menschlichen Lebens im Mutterleib*. München: Bertelsmann, Neuausgabe 1984. Ein umfassender Überblick über weltweite Studien zum Schreien im Mutterleib gibt der Aufsatz von George H. Ryder: »Vagitus Uterinus«, in: *American Journal of Obstetrics & Gynecology*. 46, S. 867-872, 1943. Die vielen Bedeutungen des Schreiens nach der Geburt werden untersucht von Barry M. Lester und C. F. Z. Boukydis (Hg.): *Infant Crying*. New York: Plenum, 1985.

Handzeichen von Säuglingen wurden beobachtet von Hanus und Mechthild Papousek: »Mothering and the Cognitive Head-Start: Psychobiological Considerations«, in: H. R. Schaffer (Hg.): *Studies in Mother-Infant Interaction*. London: Academic Press, S. 70-71, 1977. Pionierarbeiten auf dem Gebiet der Kommunikationsfähigkeit von Neugeborenen sind beschrieben in T. Berry Brazelton und Heidelise Als: »Four Early Stages in the Development of Mother-Infant Interaction«, in: *The Psychoanalytic Study of the Child*. 34, S. 349-369, 1979; Heidelise Als: »The Newborn Communicates«, in: *Journal of Communication*. 27, S. 66-73, 1977; und Colwyn Trevarthen: »The Foundations of Intersubjectivity: Development of Interpersonal and Cooperative Understanding in Infants«, in: David R. Olson (Hg.): *The Social Foundations of Language and Thought: Essays in Honor of Jerome S. Bruner*. New York: W. W. Norton, Kapitel 14, 1980.

Die Überlegenheit von Neugeborenen beim Hören der kleinsten sprachlichen Klangsegmente wurde entdeckt von Janet F. Werker und Richard C. Tees: »Cross-Language Speech Perception: Evidence for Perceptual Reorganization During the First Year of Life«, in: *Infant Behavior & Development*. 7, S. 49-63, 1984. Die Fähigkeit Neugeborener, von den Lippen zu lesen, wird aufgezeigt von Barbara Dodd: »Lip Reading in Infancy: Attention to Speech Presented In- and Out-of-Synchrony«, in: *Cognitive Psychology*. 11, S. 478-484, 1979.

Visuelles Konzentrationsvermögen wird abgehandelt von M. Scaife und Jerome Bruner: »The Capacity for Joint Visual Attention in the Infant«, in: *Nature*. 253, S. 256-265, 1975.

6 Geburtserinnerungen auf der Spur

Berichte über Geburtserinnerungen, die unter Hypnose abgegeben wurden, umfassen die Zeitspanne eines Jahrhunderts, angefangen mit einem Buch des Franzosen Albert de Rochas, der Experimente aus den neunziger Jahren des letzten Jahrhunderts anführt, bis zum Artikel von David B. Chamberlain: »The Significance of Birth Memories«, in: *Pre & Perinatal Psychology Journal*. 2 (Summer), S. 136-154, 1988. Bedeutende Fortschritte auf diesem Gebiet wurden erzielt von Leslie M. LeCron: »A Hypnotic Technique for Uncovering Unconscious Material«, in: *International Journal of Clinical and Experimental Hypnosis*. Band 2, S. 1-3, und Band 11, S. 137-142, 1954; außerdem von David B. Cheek: »Maladjustment Patterns Apparently Related to Imprinting at Birth«, in: *American Journal of Clinical Hypnosis*. 18 (2), S. 75-82, 1975.

Der erste führende Wissenschaftler, der etwa ab 1904 eine Psychologie der Geburt entwickelte, war Otto Rank: *Das Trauma der Geburt und seine Bedeutung für die Psychoanalyse*. Leipzig und Wien, 1924. Ihm folgten andere Pioniere, darunter Nandor Fodor: *The Search for the Beloved: A Clinical Investigation of the Trauma of Birth and Prenatal Condition*. New York: Hermitage, 1949; L. Ron Hubbard: *Dianetik. Die moderne Wissenschaft der geistigen Gesundheit*. Genf: Ariston, 1979; Arthur Janov: *Der Urschrei: Ein neuer Weg der Psychotherapie*. Frankfurt a. M.: Fischer, 1973; und Stanislav Grof: *Topographie des Unbewußten. LSD im Dienst der tiefenpsychologischen Forschung*. Stuttgart: Klett-Cotta, 1978.

Die neuesten Bücher über Theorie und Methode des Rebirthing stammen von Sondra Ray: *Ideal Birth*. Berkeley, Calif.: Celestial Arts, 1985; Sondra Ray und Bob Mandel: *Birth and Relationships: How Your Birth Affects Your Relationships*. Berkeley, Calif.: Celestial Arts, 1987; und Jim Leonard und Phil Laut: *Neu geboren werden. Rebirthing: der Weg zu Selbstentfaltung und Lebensfreude*. München: Kösel, 1988.

7 Kleine Kinder erinnern sich

Ich freue mich über jede Zusendung von Geburtserinnerungen, über die sehr kleine Kinder berichten, und bitte meine Leser, sie an folgende Adresse zu richten: Chamberlain Communications, 909 Hayes Ave., San Diego, Calif. 92103, USA.

Linda Mathison aus Seattle hat als erste Informationen über die Geburtserinnerungen Zwei- bis Dreijähriger zusammengestellt. Ich danke Linda und der Zeitschrift *Mothering* für die Erlaubnis, einige ihrer Berichte zu verwenden. Linda A. Mathison: »Does Your Child Remember?«, in: *Mothering*. Herbstausgabe, S. 103-107, 1981.

Die bezaubernde Geschichte des Zweijährigen in der Badewanne lieferte der Psychiater Rima Laibow: »Birth Recall: A Clinical Report«, in: *Pre & Perinatal Psychology Journal*. 1 (Herbst), S. 78-81, 1986. Die Anthropologin Robbie Davis-Floyd gibt den in der ersten Person gehaltenen Bericht ihres Kindes wieder, das von einer »Schlange« und einem »Wauwau« als Gefährten im Mutterleib erzählt.

Die Geschichte des Geheimnisses, das eine Dreijährige enthüllt hat, verdanke ich Cathy Morales und den Herausgebern der *NAPSAC News*, wo die Geschichte in der Frühjahrsausgabe 1983 erschienen ist.

8 Die Erinnerungen decken sich

Einen ausführlichen Vergleich aller Erinnerungen finden Sie bei David B. Chamberlain: »Reliability of Birth Memories: Evidence from Mother and Child Pairs in Hypnosis«, in: *Journal of the American Academy of Medical Hypnoanalysts*. 1 (Dezember), S. 89-98, 1986. Diese Studie wurde erstmals der American Society of Clinical Hypnosis, Minneapolis, im November 1980 vorgestellt. Informationen über sämtliche wissenschaftlichen Veröffentlichungen des Autors können Sie bei folgender Adresse erhalten: Chamberlain Communications, 909 Hayes Ave., San Diego, Calif. 9103, USA. Bitte legen Sie einen Umschlag mit Ihrer Anschrift und Internationale Antwortscheine bei.

Bahnbrechende Forschungsarbeiten über die Zuverlässigkeit und

Gültigkeit von Geburtserinnerungen, die unter Hypnose abgegeben werden, wurden geleistet von David B. Cheek: »Sequential Head and Shoulder Movements Appearing with Age Regression in Hypnosis to Birth«, in: *American Journal of Clinical Hypnosis*. 16 (4), S. 261-266, 1974 (siehe auch David Cheek und Ernest Rossi: *Mind-Body Therapy*, New York: W. W. Norton, 1988); Vladimir L. Raikov: »Age Regression to Infancy by Adult Subjects in Deep Hypnosis«, in: *American Journal of Clinical Hypnosis*. 22 (3), S. 156-163, 1980; und Vladimir Raikov: »Hypnotic Age Regression to the Neonatal Period: Comparisons with Role Playing«, in: *International Journal of Clinical & Experimental Hypnosis*. 30 (2), S. 108-116, 1982.

Eine weiterführende Diskussion von Hypnose und Gedächtnis ist zu finden in Helen M. Pettinati (Hg.): *Hypnosis and Memory*. New York: Guilford Press, 1988. Einen Einblick in die Mechanismen des Gedächtnisses auf Zellebene gibt Arnold Buchheimer: »Memory: Preverbal and Verbal«, in: Thomas Verny (Hg.): *Pre and Perinatal Psychology: An Introduction*. New York: Human Sciences Press, S. 55-62, 1987.

Schluß: Mit Ihrem bewußten Baby leben

John Lilly berichtet über die außerkörperlichen Erfahrungen bei seiner Geburt in: *Der Scientist: irdische und kosmische Realität*. Basel: Sphinx-Verlag, 1984. Eine leicht zugängliche Zusammenfassung über die Forschungen auf dem Gebiet der außerkörperlichen Erfahrungen gibt das Kapitel 12 in Kenneth Ring: *Life at Death: A Scientific Investigation of the Near-Death Experience*. New York: Coward, MacCann & Geoghegan, 1981. Zum selben Thema hat der Autor ein weiteres Buch veröffentlicht: *Den Tod erfahren – das Leben gewinnen: Erkenntnisse und Erfahrungen von Menschen, die an der Schwelle zum Tod gestanden und überlebt haben*. Bern/München: Scherz, 1985. Die Ablösung des Geistes vom Körper bei chirurgischen Notoperationen wird dramatisch dargestellt im Kapitel 6 von Michael B. Sabom: *Erinnerung an den Tod: eine medizinische Untersuchung*. München: Goldmann, 1983.

Seltene Informationen über veränderte Bewußtseinszustände von Neugeborenen finden sich in T. Berry Brazelton: »Observations of the Neonate«, in: *Journal of the American Academy of Child Psychiatry.* 1, S. 55-56, 1962; Brian Hopkins und Titia V. W. Palthe: »Staring in Infancy«, in: *Early Human Development.* 12, S. 216-267; und David B. Cheek: »Prenatal and Perinatal Imprints: Apparent Prenatal Consciousness as Revealed by Hypnosis«, in: *Pre & Perinatal Psychology Journal.* 1 (Winter), S. 97-110, 1986.

Die akribische Arbeit des Medizinprofessors Ian Stevenson – ein Meilenstein in unserem Verständnis von Bewußtsein und Gedächtnis – wurde in sechs Bänden von der Virginia University Press veröffentlicht. Der neueste Band hat den Titel *Cases of the Reincarnation Type* (1979). Seine Studie über Erinnerungen von Kindern an vergangene Leben heißt: »American Children Who Claim to Remember Previous Lives«, in: *Journal of Nervous and Mental Desease.* 171, S. 742-748, 1984. Auf Deutsch sind folgende Titel von Ian Stevenson erschienen: *Reinkarnation – Kinder erinnern sich an frühere Erdenleben.* Grafing: Aquamarin, 1989; und *Reinkarnation: Der Mensch im Wandel von Tod und Wiedergeburt.* Freiburg i. Br.: Aurum, 5. Aufl. 1986.

Anmerkung: Abtreibung

Die Anfänge eines Systems der Kommunikation mit dem Ungeborenen werden beschrieben von Helen Watkins: »Treating the Traumas of Abortion«, in: *Pre & Perinatal Psychology Journal.* 1 (2), S. 135-142, 1986; und Clara M. Riley: »Transuterine Communication in Problem Pregnancies«, in: *Pre & Perinatal Psychology Journal.* 1(3), S. 180-190, 1987. Tonbandkassetten (in vier Sprachen) über »Mutter-Fötus-Kommunikation« sind erhältlich über Clara Riley, Ph. D., 31542 Coast Highway, Suite Nr. 2, South Laguna, Calif. 92677, USA.